Sozialleistungen in der Betreuungspraxis

Sozialleistungen in der Betreuungspraxis

Von Grundsicherung bis Teilhabeleistungen

von
Rainer Sobota

3. Auflage

Reguvis

Bibliografische Information der Deutschen Nationalbibliothek
Die Deutsche Nationalbibliothek verzeichnet diese Publikation in der Deutschen Nationalbibliografie; detaillierte bibliografische Daten sind im Internet über https://portal.dnb.de/opac.htm abrufbar.

Reguvis Fachmedien GmbH
Amsterdamer Straße 192
50735 Köln

service@reguvis.de
www.reguvis.de

ISBN (Print): 978-3-8462-1600-2
ISBN (E-Book): 978-3-8462-1601-9

Titelabbildung: © Synaptic Studio/stock.adobe.com
Gesamtherstellung: Reguvis Fachmedien GmbH

Printed in Germany

Vorwort

Das Sozialrecht in Deutschland mit seinen Sozialleistungen hat die Aufgabe soziale Risiken seiner Bürger:innen abzusichern. Seit Gründung der Bundesrepublik Deutschland hat diese Aufgabenstellung Verfassungsrang. Praktisch ergibt sich aus der verfassungsrechtlichen Festschreibung, dass jeder Mensch dem Grunde nach darauf vertrauen kann, dass sich der Staat im Falle einer Notlage um ihn kümmert.

Es steht also keinesfalls im Belieben der Politik und erst recht nicht der Verwaltung, ob Leistungen erbracht werden und wenn ja, wie. Vielmehr hat sich der Umfang daran auszurichten, dass die betroffenen Menschen in der Lage sein müssen, ihre Grundrechte ausüben zu können. Das Recht zur Ausübung der Grundrechte steht jedem Bürger zu.

Genau daraus ergibt sich, dass jeder Bürger den Anspruch darauf hat, dass sich der Staat im Falle einer Notlage um ihn kümmert, ihm hilft. Die Notlagen entstehen mindestens aus den Lebensrisiken, denen jeder Mensch ausgeliefert ist, z.B. Wohnungslosigkeit, Einkommensverlust resultierend aus Arbeitslosigkeit, Krankheit, Alter, Pflege, Schwangerschaft usw. Es soll aber auch soziale Ungleichheiten beseitigen, die sich aus der unterschiedlichen Verteilung von Ressourcen zur Ausübung der Grundrechte ergeben, vor allem Vermögensungleichheiten (z.B. soziales Mietrecht, Arbeitsrecht, Steuerrecht etc.). Diese umfassende Sicht führt dann auch dazu, dass eine Zählung der Sozialleistungen zu keinem genauen Ergebnis führen kann. Zuletzt haben Forschungsinstitute über 500 Leistungen gezählt.

So betrachtet ist das Sozialrecht ein **prägendes Element staatlichen und gesellschaftlichen Zusammenlebens** und nicht beschränkt auf die Sozialleistungen, die in den Sozialgesetzbüchern I bis XIV zusammengefasst sind.

In den vergangenen Monaten sind u.a. darüber Diskussionen entstanden, wie viel Sozialleistungen es überhaupt gibt und ob von der Anzahl her weniger Sozialleistungen nicht genauso den grundgesetzlichen Festschreibungen entsprechen würden und zudem noch wirkungsvoller, zielgenauer und effizienter erbracht werden könnten. Diese Diskussion lenkt davon ab, was die jeweiligen Protagonisten eigentlich erreichen wollen. Viele der Beteiligten wollen im Grunde genommen nur den finanziellen Aufwand für die Finanzierung der Sozialleistungen verringern, mindestens aber einen weiteren Aufwuchs verhindern. Wie *„sozial"* der Staat sein will, unterliegt innerhalb der verfassungsrechtlichen Vorgaben immer der politischen Diskussion.

Auch wenn dieser Aspekt für die **Betreuungspraxis** keine Rolle spielt oder spielen darf, ist sie dennoch davon betroffen. Letztlich sind auch die Betreuungsleistungen der Betreuenden Ergebnis des verfassungsrechtlichen Auftrags an den Staat, sich im Falle einer Notlage um seine Bürger zu kümmern. In der Betreuungspraxis haben die Betreuenden immer einen doppelten Arbeitsauftrag: Nämlich die jeweiligen Klienten zu einem selbstbestimmten menschenwürden Leben zu verhelfen und gleichzeitig für Rahmenbedingungen zu sorgen, die diese notwendige Unterstützung ermöglichen.

Dieses Buch hat den Anspruch, Betreuenden einen **Überblick über die Leistungen** zu geben, die zu Hilfe und Unterstützung der betreuten Menschen potenziell zur Verfügung stehen. Es konzentriert sich dabei auf die Sozialleistungen, die in den SGB I bis XIV zusammengefasst sind. Der Anspruch ist nicht, Detailkenntnisse zu vermitteln. Detailkenntnisse sind den jeweiligen einzelnen detaillierten Darstellungen anderer Autoren in anderen Fachbüchern zu entnehmen.

Derzeit leben wir in einer Zeit, in der das gesamte Sozialrecht reformiert werden soll. Vor allem die Kosten für Gesundheit, Pflege und Rente sollen so beeinflusst werden, dass erwartete Kostensteigerungen verhindert werden. Die Vorschriften zum SGB II (Bürgergeld, Grundsicherung) wurden bereits „reformiert". 2025 hatten konservative Politiker noch davon geträumt, durch eine Reform mehrere Milliarden Euro Kosten einsparen zu können. Das Ziel ist auf jeden Fall nicht erreicht. Was bei der Reform des SGB V, VI und XIII an Einsparungen erreicht werden kann, ist noch unklar.

Diese Reformen ändern jedoch nichts an den Gründen, warum Menschen in Notlagen geraten und deshalb auf staatliche Hilfen angewiesen sind. Eine große Zahl langzeitarbeitsloser Menschen verfügt über keine oder schlechte schulische und berufliche Abschlüsse. Eine besser organisierte und durchgeführte schulische und berufliche Bildung könnte den Anteil der Menschen, die in Notlagen geraten, vermindern – um nur ein Beispiel zu nennen.

Rainer Sobota

Mai 2026

Inhaltsverzeichnis

Literatur

Blömer/Fischer/Klaeren/Peichel, Eine Inventur im „Haus der sozialen Hilfe und Förderung", ifo Forschungsberichte, 2025.

Bundesarbeitsgemeinschaft der Integrationsämter und Hauptfürsorgestellen, ABC Fachlexikon Beschäftigung schwerbehinderter Menschen, 6. Ausgabe 2018.

Bundesministerium für Arbeit und Soziales (Hrsg.), Soziale Sicherung im Überblick, Bonn 2023, online abrufbar unter: https://www.bmas.de/SharedDocs/Downloads/DE/Publikationen/a721-soziale-sicherung-im-ueberblick.pdf?__blob=publicationFile&v=6 (Abruf: 12.1.2026)

Bundesministerium für Arbeit und Soziales (Hrsg.), Tabelle I-1: Sozialleistungen insgesamt 1960 bis 2025, https//www.bmas.de/SharedDocs/Downloads/DE/Soziale-Sicherung/sozialbericht-2021-tabelle-i-1.html (Abruf: 4.5.2026)

Gesetze für die Soziale Arbeit, Textsammlung für Studium und Praxis, 15. Auflage 2025.

Kittner, Arbeits- und Sozialordnung 2026, Gesetze, Einleitungen, Übersichten, 51. Auflage 2026.

Sobota, R., Leitfaden Persönliches Budget, Herausgegeben vom Bundesverband der Berufsbetreuer*innen e.V., 1. Auflage 2013.

Walhalla Fachredaktion, Das gesamte Sozialgesetzbuch SGB I bis SGB XIV, Mit Durchführungsverordnungen und Sozialgerichtsgesetz (SGG), 41. Auflage 2026.

Beratungsstellen / Links zu interessanten Internetseiten

beta Institut zu Leistungen der beruflichen Reha: http://www.betanet.de/betanet/soziales_recht/Teilhabe-am-Arbeitsleben-398.html

beta Institut Rahmenbedingungen beruflicher Reha: http://www.betanet.de/betanet/soziales_recht/Teilhabe-am-Arbeitsleben---Umsetzung-1290.html

Bundesarbeitsgemeinschaft Rehabilitation (BAR): http://www.bar-frankfurt.de/

Bundesarbeitsgemeinschaft Rehabilitation (BAR) zur medizinischen Rehabilitation: http://www.bar-frankfurt.de/rehabilitation-und-teilhabe/leistungen-zu-reha-und-teilhabe/medizinische-rehabilitation/

*Bundesverband der Berufsbetreuer*innen* (BdB e.V.): https://www.bdb-ev.de

Bürgergeldrechner des Für soziales Leben e.V.: http://www.buerger-geld.org/rechner/

Deutscher Verein für öffentliche und private Fürsorge e.V.: https://www.deutscher-verein.de/de/

Die wichtigsten staatlichen *Sozialleistungen im Überblick*: https://wegweiser.awo-konstanz.de/12-die-wichtigsten-staatlichen-sozialleistungen-im-ueberblick.html (Abruf: 12.1.2026)

Erwerbslosen- und Sozialhilfeverein Tacheles e.V.: https://tacheles-sozialhilfe.de/startseite/

Gemeinsamer Bundesausschuss: https://www.g-ba.de/

Gesetze im Internet: http://www.gesetze-im-internet.de/, https://dejure.org/gesetze/

REHADAT Recht, Sammlung von Entscheidungen und Gesetzen zur beruflichen Teilhabe von Menschen mit Behinderungen oder Schwerbehinderung: https://www.rehadat-recht.de/de/

Teilhabeberatung: https://www.teilhabeberatung.de/

Teilhabeberatung, Angebote der EUTB: https://www.teilhabeberatung.de/beratung/beratungsangebote-der-eutb

Umsetzungsbegleitung Bundesteilhabegesetz: https://umsetzungsbegleitung-bthg.de/service/aktuelles/aenderungen-2018

A Einleitung

I. Ziel und Zweck der Darstellungen

Dieses Buch richtet sich vorrangig an rechtliche Betreuer, Bevollmächtigte und andere im Sozial- und Gesundheitswesen Tätige, die ein umfassendes Fallmanagement zur Unterstützung von Menschen mit Beeinträchtigungen bei den Fähigkeiten zur Selbstsorge und Selbstverantwortung anbieten. Es dient **der Orientierung** und bietet einen **Überblick über die wichtigsten Sozialleistungen**, die im Betreuungsalltag zur Bearbeitung und Entscheidung anstehen.

Betreuer müssen mit vielen unterschiedlichen Fallkonstellationen umgehen können und brauchen deshalb ein breites Wissen über die von der Allgemeinheit zur Verfügung gestellten Hilfen zur Gestaltung der Lebenslage ihrer Klientinnen und Klienten. Mit dem am 12.5.2021 veröffentlichten Reformgesetz der rechtlichen Betreuung hat sich vor allem der Schwerpunkt der Arbeit der rechtlichen Betreuer:innen verschoben. Wurden sie bisher vorrangig als Vertreter ihrer Klientinnen und Klienten gesehen, sind sie zukünftig

- in erster Linie deren Unterstützer,
- an den Wunsch ihrer Klientinnen und Klienten gebunden und
- nur noch ausnahmsweise deren Vertreter.

Die folgenden Darstellungen konzentrieren sich darauf, die Informationen zu vermitteln, die zur **Bearbeitung der am häufigsten vorkommenden Fälle** benötigt werden. Gleichzeitig wird darauf verzichtet, Detailwissen bezüglich einzelner Sozialleistungen zu vermitteln. Jede Sozialleistung hätte es verdient, tiefergehend dargestellt zu werden. Das ist aber nicht Aufgabenstellung in diesem Buch.

Im Sozialrecht abgebildeter gesellschaftlicher Grundkonsens

Jeder Mensch genießt in Deutschland die im Grundgesetz festgelegten Freiheitsrechte, insbesondere das Recht, das eigene Leben unbeeinflusst vom staatlichen Zugriff und gesellschaftlicher Kontrolle selbst organisieren zu können.

Hinweis

Staatliche Hilfe soll dazu führen, dass auch unterstützungsbedürftige Menschen ihre Grundrechte wahrnehmen können.

Um dies zu verdeutlichen, wird in den letzten 20 Jahren vermehrt darauf Wert gelegt, das Selbstbestimmungsrecht unterstützungsbedürftiger Menschen stärker zu beachten.

Die Wahrnehmung des Selbstbestimmungsrechts als Teil der eigenen Freiheit hat jedoch da seine Grenzen, wo andere Menschen in der Ausübung ihrer Freiheit unzulässig eingeschränkt werden oder die Wahrnehmung der eigenen Freiheitsrechte Gesetzesverstöße nach sich ziehen würde. Niemand ist grenzenlos frei.

Die „Kehrseite" des „Freiheitsrechts" Selbstbestimmung ist die **Pflicht zur Selbstsorge und Selbstverantwortung**.

Die **Selbstsorge** bezieht sich auf alle Bereiche des eigenen Lebens, vor allem auf die Sicherung der eigenen Lebensgrundlagen. Bevor hier die Allgemeinheit unterstützt, muss in dieser Hinsicht jeder Mensch zunächst für sich selbst sorgen, in dem er

- sich um ein eigenes Einkommen bemüht,
- das eigene Einkommen für die eigene Lebensgestaltung einsetzt oder – wenn vorhanden – eigenes Vermögen dafür nutzt und
- sich um seine eigenen Angelegenheiten, auch die persönlichen Angelegenheiten, kümmert.

Im gesetzlichen Kontext der Sozialleistungen wird dies mit **„Selbsthilfe"** bezeichnet.

Behinderung bildet hier innerhalb gewisser Grenzen eine Ausnahme. Die Gesellschaft geht davon aus, dass **Menschen mit Behinderung** einen Anspruch darauf haben, diese behinderungsbedingten Benachteiligungen ausgeglichen zu bekommen. Sichtbares Zeichen dafür ist z.B. der „Behindertenparkplatz".

Selbstverantwortung bedeutet, die eigenen Entscheidungen *und* Handlungen mit den Anforderungen und Bedingungen der Umwelt abzugleichen, diese zu berücksichtigen und die Konsequenzen der eigenen Entscheidungen und Handlungen zu tragen.

Der Staat unterstützt seine Bürger:innen durch Regelungen bei der Absicherung von gravierenden Lebensrisiken mit **gesetzlich vorgeschriebenen Versicherungen** (Krankenversicherung, Arbeitslosenversicherung, Rentenversicherung, Unfallversicherung und Pflegversicherung) und die Gesellschaft hilft dem einzelnen Menschen mit **steuerfinanzierten Hilfen**, wenn er in Not gerät und allein nicht wieder herausfindet, etwa im Falle von Langzeitarbeitslosigkeit, Alter oder Behinderung (Grundsicherung für Arbeitsuchende nach SGB II und Grundsicherung für dauerhaft voll erwerbsgeminderte und alte Menschen nach SGB XII, Kindergeld, Wohngeld etc.).

II. Lebenssituation der Klient:innen rechtlicher Betreuung und Aufgaben der rechtlichen Betreuer:innen

Klient:innen der rechtlichen Betreuung sind in ihren **Fähigkeiten zur Selbstsorge und bei der Selbstverantwortung** beeinträchtigt. **Diese Beeinträchtigungen führen dann oftmals zu prekären Lebensverhältnissen.** Sozialleistungen sollen diese prekären Lebensverhältnisse eigentlich verhindern, kommen aber gar nicht zum Zuge oder sie können ihre Wirksamkeit nicht entfalten. Hauptgrund dafür könnte darin zu sehen sein, dass Sozialleistungen in ihrem Zugang und in ihrer Ausführung immer von der **Mitwirkung des Leistungsberechtigten** abhängig sind (siehe §§ 60 ff. SGB I). Die Beeinträchtigungen der Selbstsorge und Selbstverantwortung bringen es aber oftmals mit sich, dass die **Mitwirkungsmöglichkeit** (Antragstellung, Antragsverfahren, Annahme von Unterstützung) **nicht oder nicht ausreichend** besteht.

Diese Situation ist in der UN-Behindertenrechtskonvention (UN-BRK) beschrieben und geregelt: Menschen, die an der Ausübung ihrer Rechts- und Handlungsfähigkeit gehindert sind, haben Anspruch auf Unterstützung (siehe Art. 12 UN-BRK).

Die prekären Lebensverhältnisse sind dann häufig der Anlass für die Einrichtung einer rechtlichen Betreuung, derzeit in Deutschland die einzige gesetzlich geregelte Unterstützung i.S.v. Art. 12 UN-BRK.

Zur **Verhinderung prekärer Lebensverhältnisse** stellt der Staat eine Vielzahl unterschiedlicher Hilfen bereit, die es zu nutzen gilt. In diesem Zusammenhang stellt sich dann die Frage, wie es – möglicherweise auch ohne einen rechtlichen Betreuer zu bestellen – gelingen kann, Menschen mit Beeinträchtigungen bei der Selbstsorge und der Selbstverantwortung den Zugang zu den staatlichen Hilfen zu sichern. Das auf Mitwirkung ausgerichtete System der sozialen Sicherung scheint dazu nicht in der Lage zu sein. Im Sozialleistungssystem verankerte Zugangshilfen (Beratungs- und Unterstützungsangebote der Sozialleistungsträger und Sozialleistungserbringer) können für diesen Personenkreis diese Leistung oftmals nicht erbringen, weil auch sie auf Mitwirkung angewiesen sind. Hier müssen dann die Betreuer ihr Recht auf Vertretung (siehe § 1823 BGB) in Anspruch nehmen und notwendige Verwaltungsverfahren anstoßen und begleiten, also den Unterstützungsprozess steuern und kontrollieren.

Praxistipp: Grundqualifikationen für Betreuer:innen

▶ *Die Orientierung und den Überblick über die Sozialleistungen zu haben und damit umgehen zu können gehört deshalb – neben der Kenntnis der betreuungsrechtlichen Regelungen im BGB und den anderen umfangreichen Regelungen im Zivilrecht – zu den Grundqualifikationen für Betreuer:innen, die ja – im Unterschied zu den vielen anderen sozialen Helfern – zur Herstellung der Selbstsorgefähigkeit und der Selbstverantwortung ihrer Klient:innen die nicht ausreichenden Fähigkeiten der Selbstsorge ausgleichen („zurüsten") müssen.*

Da eine rechtliche Betreuung in der Regel erst dann eingerichtet wird, wenn der individuelle Unterstützungsbedarf zur Gestaltung einer individuellen Lebenslage sehr groß ist, sind Betreuer mehr als andere Unterstützer gefordert, **Ressourcen für individuelle Lösungen** zu suchen und zu gestalten. Leider sind die Rahmenbedingungen für die Ausübung der Tätigkeit der Betreuer nach wie vor nicht so, dass diese in der erforderlichen Intensität den Unterstützungsbedarf ihrer Klientinnen und Klienten decken können. Daran hat auch die letzte Reform des Vergütungsrecht für Betreuer nichts geändert. So lange die Grundlage für die Vergütungszahlung an rechtliche Betreuer:innen die in der Vergangenheit gezahlten Vergütungen sind, können neue Anforderungen in der Arbeit dort nicht abgebildet sein. Der Bedarf bemisst sich dann immer daran, was bisher gezahlt worden ist und man unterstellt, dies sei auch der zukünftige Bedarf.

Hier zeigt sich ein grundsätzliches Problem dieser Gesellschaft, das nicht nur im Betreuungsrecht, sondern auch im Sozialrecht anzutreffen ist. Rechtsansprüche werden nicht in der gesetzlich vorgesehenen Form oder dem erforderlichen Umfang umgesetzt, weil die Umsetzungsinstanzen die dafür notwendigen Ressourcen nicht bereitstellen (können). So steht der Rechtsanspruch auf einen Kindergartenplatz oder die Ganztagsbeschulung oftmals nur im Gesetz. Das gilt auch für die Inklusion oder andere soziale Leistungen wie z.B. die Ausführung von Teilhabeleistungen als Persönliches Budget.

Die betreuungsbedürftigen Klientinnen und Klienten dabei zu unterstützen, im Rahmen der zur Verfügung stehenden Möglichkeiten ein Leben nach eigenen Wünschen führen zu können (siehe § 1821 Abs. 2 BGB) bedeutet für Betreuer,

- die notwendigen finanziellen Mittel dafür herbeizuschaffen, den Lebensunterhalt zu sichern und
- die notwendigen finanziellen Mittel dafür zu sichern, ärztliche, pflegerische, sozialarbeiterische und pädagogische Hilfen zur Herstellung von Teilhabe zur Verfügung zu haben.

Hinweis

Prekäre Lebensverhältnisse können nur dann beseitigt werden, wenn der Mensch über die notwendigen Ressourcen im Bereich Einkommen, Wohnung, Ausbildung/Bildung, Arbeit, Freizeit und sozialen Beziehungen verfügt.

III. Bedeutung der Sozialgesetze für die Gesellschaft

Deutschland gibt mehr als 50 % des Staatshaushaltes für Sozialleistungen aus. Im Jahr 2013 wurden rund 146 Milliarden Euro und im Jahr 2025 sollen rund 213 Milliarden Euro für die soziale Sicherung ausgegeben werden.[1]

Im fachlichen und politischen Kontext wird **soziale Gerechtigkeit** unterschiedlich definiert. Unterschieden wird zwischen

- Leistungsgerechtigkeit,
- Bedarfsgerechtigkeit,
- Generationengerechtigkeit,
- Verteilungsgerechtigkeit oder auch
- Teilhabegerechtigkeit.

Im politischen Diskurs ist fast jeder für soziale Gerechtigkeit, allerdings unter jeweils unterschiedlichem Blickwinkel. Nach Auffassung der Bertelsmann-Stiftung wird in Deutschland die soziale Gerechtigkeit vorrangig unter dem Gesichtspunkt der Teilhabegerechtigkeit diskutiert.[2]

Diese Auffassung zugrunde legend verwundert es nicht, dass nach einem mehrere Jahre andauernden Diskussionsprozess zur **Reform der Eingliederungshilfe in der Sozialhilfe** im Ergebnis das SGB IX völlig neu ausgestaltet und zum 1.1.2018 – mit Übergangsregelungen bis in das Jahr 2023 hineinreichend – als „Bundesteilhabegesetz" (Artikelgesetz zur Änderung der Vorschriften im SGB IX und in anderen Gesetzen) eingeführt wurde. Dem folgend sind auch in anderen Sozialgesetzbüchern Änderungen vorgenommen worden. Sie wurden aber auch schon vorher, insbesondere das Recht der Kranken-, Pflegeversicherung und der

1 Siehe Sozialausgaben des Bundes – Politik und Zeitgeschichte: https://crp-infotec.de/deutschland-sozialausgaben-bund/ (Abruf: 12.1.2026)

2 Bertelsmann Stiftung, Nachholbedarf in Sachen soziale Gerechtigkeit, Pressemitteilung, 3.1.2011

Sozialhilfe, ständig entsprechend den veränderten gesellschaftlichen Rahmenbedingungen angepasst.

Messlatte für die Beurteilung der Bedeutung von Sozialleistungen sowohl für die anspruchsberechtigten Menschen als auch für die Gesellschaft ist der im Gesetz formulierte Anspruch. **Ziel der Sozialgesetze** ist demnach die *„Verwirklichung sozialer Gerechtigkeit und sozialer Sicherheit"* (siehe § 1 Satz 1 SGB I). Erreicht werden soll das durch die Gestaltung von sozialen und erzieherischen Hilfen. Der den Leistungsträgern offenstehende Gestaltungsrahmen soll dahingehend genutzt werden, dass

- *„gleiche Voraussetzungen für die freie Entfaltung der Persönlichkeit, insbesondere auch für junge Menschen"* geschaffen werden,
- *„die Familie"* geschützt und gefördert wird,
- der *„Erwerb des Lebensunterhalts durch eine frei gewählte Tätigkeit"* ermöglicht wird und
- *„besondere Belastungen des Lebens, auch durch Hilfe zur Selbsthilfe"*, abgewendet oder ausgeglichen werden (siehe § 1 Satz 2 SGB I).

Zur Herstellung der Versorgungssicherheit soll das Sozialrecht dazu beitragen, dass „die zur Erfüllung der (...) Aufgaben erforderlichen sozialen Dienste und Einrichtungen rechtzeitig und ausreichend zur Verfügung stehen". Insbesondere in ländlich geprägten Regionen wird dieser Anspruch und diese Verpflichtung oftmals nicht eingehalten.

Prävention und Nachteilsausgleich stehen bei der Ausgestaltung des Sozialrechts im Vordergrund. Ob die Leistungsträger ihren Gestaltungsspielraum und ihren Leistungsverpflichtungen entsprechend des gesetzlich vorgegebenen Anspruchs nachkommen, kann leider zu oft angezweifelt werden. Zu oft und zu nachhaltig haben Betreuer feststellen müssen, dass die Versorgungssicherheit nicht mehr gegeben ist. *„Pflegenotstand"*, *„Ärztenotstand"* etc. seien als Stichworte dazu genannt. Immer öfter ist eine **Diskrepanz** zwischen theoretisch **vorhandenen Hilfsmöglichkeiten** und tatsächlich **verfügbaren Hilfsmöglichkeiten** festzustellen. Und in dem Rennen um die knappen Ressourcen fallen dann die Menschen mit Beeinträchtigungen bei der Selbstsorge und Selbstverantwortung als erste „hinten runter".

Der **Leistungskatalog** der Sozialleistungen ist groß. Sichtbar wird dies, wenn man die verschiedenen Gesetze, die die Sozialleistungen abbilden, betrachtet. Diese sind:

Überblick über die Sozialgesetze

▶ **Sozialgesetzbuch Bücher I bis XII und XIV:**

- *(I) Allgemeiner Teil*
- *(II) Bürgergeld, Grundsicherung für Arbeitsuchende*
- *(III) Arbeitsförderung*
- *(IV) Gemeinsame Vorschriften für die Sozialversicherung*
- *(V) Gesetzliche Krankenversicherung*
- *(VI) Gesetzliche Rentenversicherung*
- *(VII) Gesetzliche Unfallversicherung*

- *(VIII) Kinder- und Jugendhilfe*
- *(IX) Rehabilitation und Teilhabe von Menschen mit Behinderungen*
- *(X) Sozialverwaltungsverfahren und Sozialdatenschutz*
- *(XI) Soziale Pflegeversicherung*
- *(XII) Sozialhilfe*
- *(XIV) Soziale Entschädigung*[3]

Besondere Teile des Sozialgesetzbuches (siehe § 68 SGB I):

- *Ausbildungsförderung*
- *Reichsversicherungsordnung*
- *Alterssicherung der Landwirte*
- *Krankenversicherung der Landwirte*
- *Mit dem SGB XIV verbundene Vorschriften:*
  - *§ 59 Abs. 1 Bundesgrenzschutzgesetz*
  - *§§ 4, 5 Häftlingsgesetz*
  - *§§ 21, 22 Strafrechtliches Rehabilitationsgesetz*
  - *§§ 3, 4 Verwaltungsrechtliches Rehabilitationsgesetz*
- *Bundeskindergeldgesetz*
- *Wohngeldgesetz*
- *Adoptionsvermittlungsgesetz*
- *Unterhaltsvorschussgesetz*
- *Bundeselterngeld- und Elternzeitgesetz (1. und 2. Abschnitt)*
- *Altersteilzeitgesetz*
- *Schwangerschaftskonfliktgesetz (5. Abschnitt)*

Das SGB I ist der allgemeine Teil des Sozialgesetzbuches. Es werden die Aufgaben des Sozialgesetzbuches dargestellt und die sozialen Rechte formuliert (Abschnitt 1). Dem zweiten Abschnitt kann entnommen werden, wie durch umfassende Information, vor allem Aufklärung, Beratung und Auskunft, leistungsberechtigte Menschen von möglichen Hilfen erfahren sollen. Speziellere, für alle Sozialleistungsträger gemeinsam geltende Vorschriften sind dann im dritten Abschnitt des SGB I zu finden.

Das SGB II regelt die Grundsicherung für Arbeitssuchende (vormals ALG 2, dann Bürgergeld, jetzt Grundsicherungsgeld). Arbeitslose Menschen, deren Einkommen gar nicht oder nur teilweise ausreichend ist, um den Lebensunterhalt decken zu können, haben einen Anspruch auf Hilfe. Das gilt auch für Personen, die zuvor keine Beiträge in die Sozialversicherung entrichtet haben. Hier gilt der Grundsatz von Hilfe zur Selbsthilfe als „Gegenleistung" für die Solidari-

3 Neueinführung; BVG und OEG seit 2024 entfallen

tät der Gesellschaft. Zur Selbsthilfe gehört vor allem, den Lebensunterhalt durch Erwerbsarbeit sicherzustellen. Aus dem SGB II können deshalb auch Ansprüche auf Förderung bei der Arbeitsaufnahme abgeleitet werden. Die Höhe der Leistung ist bedarfsabhängig und soll die notwendigen Kosten für den Lebensunterhalt und der Unterkunft umfassen.

Das SGB III ist die „Arbeitslosenversicherung", aktuell benannt als „Arbeitsförderung". Mit Hilfe dieses SGB soll vor allem die staatliche Arbeitsmarktpolitik umgesetzt werden und der Versicherungsfall „Arbeitslosigkeit" vermieden oder die Zeitdauer der Arbeitslosigkeit verringert werden. Diese Leistungen kann beanspruchen, wer zuvor Beiträge für die Arbeitslosenversicherung bezahlt hat. Die Höhe der Leistung im Einzelfall korrespondiert mit der Höhe der eingezahlten Beiträge.

Das SGB IV beinhaltet die gemeinsamen Vorschriften für die Sozialversicherung, also vor allem für SGB III, SGB V, SGB VI, SGB VII, SGB XI, jedenfalls soweit in diesen Gesetzen keine „Spezialregelungen" bestehen.

Das SGB V, überschrieben mit „Gesetzliche Krankenversicherung", ist der „Dino" unter den Sozialgesetzen. Schon 1883 wurde das erste Gesetz zur Krankenversicherung beschlossen. Das Besondere an diesem Gesetz ist die Tatsache, dass (fast) jeder Bürger der Bundesrepublik dort versichert sein muss. Ersatzweise kann auch eine private Krankenversicherung gewählt werden. Nicht krankenversichert sind lediglich die Menschen, die die gesetzlichen Voraussetzungen dafür nicht erfüllen. Neben der Hilfe im Falle einer Krankheit kann auch Krankengeld gezahlt werden. Das gilt für den Fall einer länger andauernden Arbeitsunfähigkeit mit der Folge des Verlustes des Arbeitseinkommens.

Das SGB VI ist die gesetzliche Rentenversicherung. Sie leistet für ihre Mitglieder Rentenzahlungen für den Fall, dass aus Gründen des Alters oder Krankheit einer Erwerbstätigkeit nicht mehr nachgegangen werden kann. Grundlagen für die Berechnung der Höhe der Renten sind vor allem Höhe und Dauer der im bisherigen Erwerbsleben eingezahlten Beiträge. Neben den Renten werden auch Leistungen zur Rehabilitation erbracht.

Das SGB VII als Unfallversicherung sichert das Risiko von Unfallfolgen ab. Voraussetzung für Leistungen aus dem SGB VII ist deshalb auch immer ein Unfall. Versichert sind vor allem Arbeitnehmer (während der Arbeit), Kinder z.B. in Schulen und Kindergärten, aber auch Unternehmer in der Landwirtschaft, der Fischerei und der Schifffahrt, ehrenamtliche Mitarbeiter in Wohlfahrtsorganisationen und Religionsgemeinschaften und häusliche Pflegepersonen. Nicht versichert sind Unfälle im privaten Umfeld bei Aktivitäten aus privater Veranlassung.

Das SGB VIII, überschrieben mit „Kinder- und Jugendhilfe" ist der Nachfolger des Kinder- und Jugendhilfegesetzes. Jungen Menschen Förderung und Schutz zu bieten sind Aufgaben dieses Gesetzes. Es dient aber auch den Eltern der jungen Menschen dazu, ihre verantwortungsvolle Erziehungsarbeit zu unterstützen und zu begleiten.

Das SGB IX, auf das noch genauer eingegangen wird, regelt die Rechte von Menschen mit Behinderungen als Nachteilsausgleich zur Förderung der Selbstbestimmung. Das SGB IX ist – ähnlich wie das SGB IV – als gemeinsam geltende Vorschriften für alle Rehabilitationsträger zu sehen. Zum Januar 2018 hat es eine bis zum Dezember 2019 andauernde Einführung des Bundesteilhabegesetzes (BTHG) gegeben. Seit Januar 2020 ist das SGB IX auch Leistungsgesetz für die Eingliederungshilfe, die bis dahin in ihren Resten noch im SGB XII geregelt war.

Dem SGB X sind die für die Sozialverwaltungen geltenden Verfahrensvorschriften zu entnehmen. Sie gelten dem Grunde nach für alle Sozialverwaltungen und unterscheiden sich vom SGB I – dem allgemeinen Teil – dadurch, dass diese Vorschriften den Zeitraum abdecken, in dem ein konkretes Verwaltungsverfahren stattfindet und dieses vereinheitlichen will. Das Verfahren für die Leistungsbewilligung und Leistungsgewährung soll bundesweit nach einheitlichen Standards erfolgen. Geregelt ist dort auch der Sozialdatenschutz.

Das SGB XI ist die „soziale Pflegeversicherung" und regelt, wer pflegebedürftig ist und im Falle von Pflegebedürftigkeit Ansprüche nach dem SGB XI erhalten kann. Die Pflegeversicherung gibt es erst seit 1994 und sie ist damit die „jüngste" Sozialversicherung. Ausgestaltet ist sie als „Teil-Kasko Versicherung". Ein festgestellter Pflegebedarf wird immer nur zum Teil durch Zahlung einer pauschalen Summe an den Leistungsberechtigten oder direkt an den die Dienstleistung erbringenden Einrichtungsträger oder Dienstleister gezahlt. Vor Einführung der Pflegeversicherung war das Lebensrisiko „Pflegebedürftigkeit" ausschließlich Privatsache. Konnten sich pflegebedürftige Menschen die Pflege nicht mehr leisten, mussten Kinder oder Eltern mit ihrem Einkommen oder Vermögen „einspringen". Waren auch sie nicht dazu in der Lage, wurde die notwendige Pflege durch Zahlungen des zuständigen Sozialhilfeträgers sichergestellt (Hilfe zur Pflege nach dem SGB XII). Derlei Ansprüche bestehen auch heute noch. Sie beziehen sich aber nur auf die Zahlungen, die nicht durch eigenes Einkommen oder Vermögen gedeckt werden können. Wegen der hohen Freibeträge werden Verwandte nur selten zur Zahlung herangezogen.

Das SGB XII ist im Dezember 2003 beschlossen worden und ist das Nachfolgegesetz des 1961 eingeführten Bundessozialhilfegesetzes (BSHG). Neben den gesellschaftlichen Veränderungen, vor allem im Zusammenhang mit der Dauerarbeitslosigkeit, waren die Arbeitsmarktreformen der damaligen Bundesregierung wesentlicher Baustein für ein Reform der Sozialhilfe. Zu den Prinzipien des Sozialhilferechts gehören aber immer noch die Bedarfsdeckung, die Einzelfallentscheidung und der Nachranggrundsatz. Aber auch hier werden immer mehr Bedarfe zusammengefasst in Form einer Pauschale gezahlt (z.B. Bekleidungspauschale bei Heimunterbringung oder Aufnahme der Bekleidungsbedarfe im Regelsatz, genauso wie die pauschale Abdeckung von Bedarfen für Strom). Hilfe erhält nur, wer sich nicht selbst helfen kann oder die notwendigen Hilfen von Anderen erhalten kann. Damit sind vor allem zum Unterhalt verpflichtete Verwandte und andere Sozialleistungsträger zu verstehen. Neben der Hilfe zum Lebensunterhalt gehört die Grundsicherung im Alter und bei dauerhafter voller Erwerbsminderung, die Hilfen zur Gesundheit, die Hilfe zur Pflege, die Hilfe zur Überwindung besonderer sozialer Schwierigkeiten und die Hilfe in anderen Lebenslagen zum Leistungsspektrum der Sozialhilfe.

Das SGB XIV ist ganz neu hinzugekommen und betrifft das soziale Entschädigungsrecht. Im SGB XIV sind alle Entschädigungsleistungen in einem separaten Sozialgesetzbuch zusammengefasst. Das Gesetz wurde im Dezember 2019 verabschiedet und ist zu unterschiedlichen Zeitpunkten bis 2024 in Kraft getreten. Das SGB XIV hat mit seinem Inkrafttreten das gesamte soziale Entschädigungsrecht zusammengefasst. Leistungsberechtigt sind Geschädigte, deren Angehörige, Hinterbliebene und nahestehende Personen. Schädigungen können aus Gewalttaten, den Auswirkungen der beiden Weltkriege, der Ableistung von Zivildienst und nicht gewollten Auswirkungen von Schutzimpfungen entstehen. Leistungen des neuen sozialen Entschädigungsrechts sind u.a. Krankenbehandlung, Leistungen zur Teilhabe und Pflegebedürftigkeit sowie Entschädigungszahlungen. Eine *sachliche* Begründung dafür, dass für das neue Sozialgesetzbuch in der logischen Reihenfolge nicht die dreizehn vergeben wurde, gibt es übrigens nicht.

IV. Tätigkeitsrahmen und die Situation der rechtlichen Betreuung und ihrer Klienten

Die 1992 neu eingeführte Betreuung (siehe §§ 1814 ff. BGB) hat die bis dahin geltende Vormundschaft und Pflegschaft für Volljährige abgelöst. Entmündigung sollte durch Rechtsfürsorge ersetzt werden. Für Menschen, die vorher *„unter Vormundschaft gestellt worden sind"*, sollte fortan eine natürliche Person die notwenige Unterstützung leisten, die erforderlich ist, damit die Klientin oder der Klient am Leben in der Gesellschaft teilhaben (siehe § 1901 Abs. 2 und 4 BGB a.F.) und seine damit verbundenen **Rechte und Pflichten wahrnehmen** kann (siehe Art. 12 UN-BRK). Leider hält sich bis heute die Formulierung *„unter Betreuung gestellt"* weiterhin hartnäckig, obwohl es dazu theoretisch keinen Anlass mehr gibt – und das, obwohl zum Januar 2023 eine weitere Reform des Betreuungs- und Vormundschaftsrechts erfolgte, die die Wunscherfüllung und nicht mehr die Funktion *„Vertreter von..."* in den Mittelpunkt der Arbeit der Betreuer:innen stellt.

Im Zuge der Reform wurde auch die Bezugnahme auf das Vormundschaftsrecht abgeschafft. Es sind nun zwei voneinander weitestgehend entkoppelte Rechtsgebiete. Beibehalten wurde die Orientierung auf eine in der Regel **ehrenamtlich geleistete Unterstützungsleistung**. 33 Jahre nach der Jahrhundertreform des Jahres 1992 werden immerhin rund 55 % der Betreuungen ehrenamtlich und 40 % der Betreuungen hauptberuflich geführt. Betrachtet man die Zahlen der ehrenamtlich geführten Betreuungen, so fällt auf, dass es größtenteils Familienangehörige sind. Ehrenamtliche „Fremdbetreuer" sind eher selten.[4]

Im Mittelpunkt der letzten Reform des Betreuungsrecht stand die Abkehr vom Primat der Vertretung. Dieses wurde ersetzt durch das **Primat der Unterstützung**. Die vertretungsweise Besorgung der Angelegenheit durch den:die Betreuer:in soll seither das letzte Mittel sein (siehe § 1821 BGB).

Nach wie vor überträgt das Gesetz (BGB) dem rechtlichen Betreuer ein Vertretungsrecht, damit – soweit erforderlich – die Besorgung von Angelegenheiten (Aufgabenbereiche) auch vertretungsweise erfolgen kann, und benennt – insbesondere im Zusammenhang mit der Beschreibung der Tätigkeit (siehe § 1821 BGB) und den genehmigungspflichtigen Entscheidungen (siehe §§ 1827 bis 1834 und 1848 ff. BGB) – **einen Rahmen für die Aufgabenerledigung**. Im Zuge der Reform werden nun auch erstmalig Anforderung an die Qualifikation beruflicher Betreuer:innen formuliert (siehe §§ 23 bis 30 BtOG).

4 Vgl. Deinert, BtPrax 2016, 218

In der seit Einführung der UN-BRK) laufenden Diskussion zur **Vereinbarkeit von rechtlicher Betreuung und UN-BRK** wird die Frage gestellt, ob und inwieweit sich das System der Rechtsfürsorge mit dem in der UN-BRK geregelten Paradigma der Selbstbestimmung in Einklang bringen lässt oder in Einklang steht. Wie sehr das Betreuungsrecht in den Gedanken der Handelnden vor Ort, den Gerichten, den Betreuungsbehörden, den Betreuern, den anderen Helfern aus dem Sozial- und Gesundheitsbereich und vor allem der Bevölkerung noch von den Vorstellungen der UN-BRK entfernt ist wird u.a. daran deutlich, dass auch der BGH als höchstes Zivilgericht in seinen Entscheidungen immer wieder davon spricht, dass die Klienten *„unter Betreuung gestellt"* worden sind.[5] Ein deutlicher Hinweis darauf, dass im juristischen Diskurs entgegen fachlichen Entwicklungen im Bereich der Berufsbetreuer die rechtliche Betreuung in erster Linie als Vertretungsinstrument und nicht als Unterstützungsinstrument für Menschen mit Behinderung angesehen wird. Die Monitoringstelle zur Umsetzung der UN-BRK regt eine systematische Prüfung des Betreuungsrechts und die Einführung und Schulung der unterstützten Entscheidung als geeignetes Mittel zur Weiterentwicklung an.[6]

Die Einführung der UN-BRK als geltendes Recht in Deutschland hat allerdings auf Seiten der Bundesregierung in Gestalt des Bundesjustizministeriums (BMJV) in der Auseinandersetzung mit den Anforderungen aus der UN-BRK zu einer deutlichen Veränderung der Sichtweise der rechtlichen Betreuung geführt. Danach **kann** ein rechtlicher Betreuer stellvertretend tätig werden. Er **darf** dies aber nur dann tun, wenn es *„zwingend erforderlich für die Besorgung der Angelegenheiten"* ist.[7] Eine ähnliche Weiterentwicklung bei der Einschätzung der Aufgaben der Betreuung wird in den Länderjustizministerien in der Form leider nicht nachvollzogen.

Zwischenzeitlich führten die Diskussionen um die Berücksichtigung der Vorschriften der UN-BRK im Betreuungsrecht auf Betreiben des BMJV nicht nur zu einer Untersuchung der Qualität der Betreuungsarbeit.[8] Der aus der Koalitionsvereinbarung[9] der letzten „Merkel-Regierung" aus CDU, CSU und SPD resultierende Auftrag zur Vornahme von strukturellen Veränderungen im Vormundschafts- und Betreuungsrecht hatte zu einem Gesetzesentwurf geführt, der diesen Anpassungsnotwendigkeiten an die UN-BRK nachkommen sollte und auch vom Bundestag am 5.3.2021 beschlossen worden ist.[10] Der Bundesrat hat dem Gesetzesvorschlag von Bundestag und Bundesregierung am 26.3.2021 ohne weitere Veränderungen zugestimmt.[11] Nunmehr befindet sich die Betreuungsrechtsreform seit 2023 in der Umsetzung.

Damit steht dem Betreuungswesen ein auf die UN-BRK abgestimmtes Gesetz zur Verfügung. Im Gesetz löst man sich von der aus der Tradition der Vormundschaft kommenden Vorstellung, der Betreuer könne besser als der Klient beurteilen, was das „Wohl" der Klienten sei. Maßgeblich ist nicht das „Wohl", sondern der „Wunsch", den es umzusetzen gilt. Das „Wohl"

5 Siehe u.a. BHG, Beschl. v. 1.7.2025, XII ZB 89/15

6 Siehe Parallelbericht an den UN-Fachausschuss für die Rechte von Menschen mit Behinderungen anlässlich der Prüfung des ersten Staatenberichts Deutschlands gemäß Artikel 35 der UN Behindertenrechtskonvention; Monitoring-Stelle zur UN-Behindertenrechtskonvention; März 2015

7 Siehe Antworten der Bundesregierung im Rahmen der ersten Staatenprüfung zum Themenbereich des Artikel 12 UN-BRK auch 2014

8 Siehe Qualität in der rechtlichen Betreuung, ISG – Institut für Sozialforschung und Gesellschaftspolitik GmbH

9 Siehe Seite 133 Koalitionsvertrag zwischen CDU, CSU und SPD – 19. Legislaturperiode

10 Siehe Deutscher Bundestag – Reform des Vormundschafts- und Betreuungsrechts

11 Siehe Bundesrat – Suche – Gesetz zur Reform des Vormundschafts- und Betreuungsrechts

ist im Gesetz gestrichen worden. Ausnahmen von der Umsetzungspflicht des „Wunsches" sind darauf begrenzt, dass

1. eine erhebliche Gefahr für das Vermögen besteht und
2. der Klient *„aufgrund seiner Krankheit oder Behinderung"* dies *„nicht erkennen oder nicht nach dieser Einsicht handeln kann"* (siehe § 1821 BGB-E).

Ebenso anders positioniert worden ist der Betreuer hinsichtlich des Rehabilitationsauftrages. Während bisher die Aufgabe formuliert worden ist, den Klienten dabei zu unterstützen, Krankheit und Behinderung zu bessern oder eine Verschlimmerung zu verhindern, so haben Betreuer nun innerhalb ihres Aufgabenkreises die Pflicht, darauf hinzuwirken, dass der Klient zukünftig ohne Betreuer seine Angelegenheiten selbst besorgen kann. Die Aufgabe besteht also darin, das eigene Hilfeangebot überflüssig zu machen (siehe § 1821 Abs. 6 BGB).

Das nachfolgende Bild soll schematisch und stark vereinfachend zeigen, wie die rechtliche Betreuung wirkt.

- Ziel ist es, einer Person die individuell definierte Teilhabe (Teilhabe und Partizipation) zu ermöglichen.
- Dabei **unterstützt, ergänzt oder ersetzt** der:die Betreuer:in die Fähigkeiten seiner Klientel (die Personbezogenen Faktoren), soweit dies zur Zielerreichung erforderlich ist.
- Sozialleistungen und Sozialleistungserbringer gleichen – soweit möglich – Umwelt bzw. umfeldbezogene Faktoren aus und verbessern die Gesundheitsbedingungen.

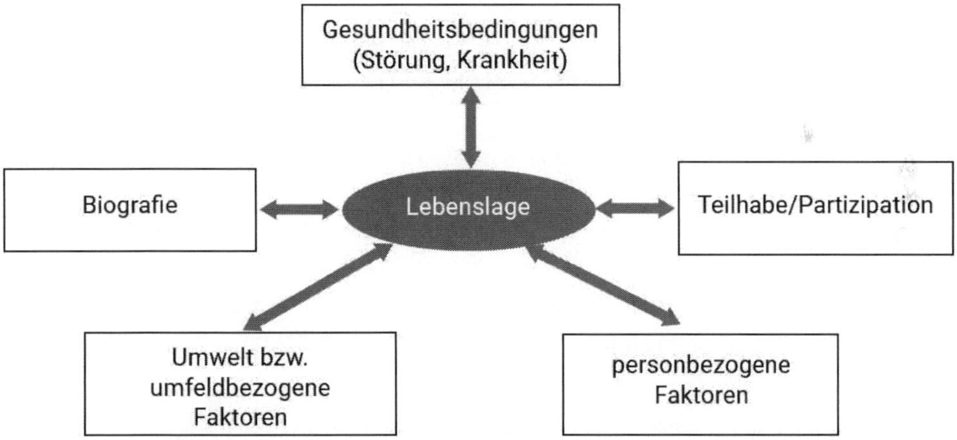

Abbildung: Wirkung rechtlicher Betreuung

1. „Besorgung von Angelegenheiten" als Aufgabe der rechtlichen Betreuung

Der im BGB festgelegte gesetzliche Rahmen für die rechtliche Betreuung regelt den Inhalt von rechtlicher Betreuung nicht. Beschrieben wird nur der Rahmen für die Tätigkeit des Betreuers.

Hinweis

Entgegen allgemein verbreiteter Ansicht wird auch keine Betreuung eingerichtet, sondern immer ein Betreuer bestellt.

„Betreuung" ist keine Maßnahme des Gerichts zur Hilfe in schwierigen Lebenslagen. Vielmehr soll eine natürliche Person die beeinträchtigten Fähigkeiten unterstützen oder ersetzen, die die Klientin oder der Klient braucht, aber selbst nicht hat (personbezogene Faktoren). Ziel ist, ein Leben nach eigenen Wünschen und Vorstellungen führen zu können (Teilhabe/Partizipation).

Durch die Betreuerbestellung soll eine besondere Form der Unterstützung für Menschen, die ihre „Angelegenheiten" ganz oder teilweise nicht selbst „besorgen" können und die zum Zwecke der Besorgung unterstützt und/oder vertreten werden müssen, angeboten werden (siehe §§ 1821 Abs. und § 1823 BGB). Erstmals wird im Gesetz darauf hingewiesen, dass die **„Unterstützung"** zu den Tätigkeiten des Betreuers gehört. Weitere inhaltliche Ausführungen dazu bestehen nicht. Es ist weder definiert, was eine „Angelegenheit" ist, noch ist definiert, was unter „Besorgung" zu verstehen ist. Gleiches gilt für die Formulierung „rechtlich(e)". Zu den Anpassungsnotwendigkeiten der UN-BRK gehörte, die derzeit noch vorherrschende Vertretungsperspektive durch eine Unterstützungsperspektive zu ersetzen (siehe § 1814 Abs. 1 BGB). Dem ist mit der neuen Gesetzesänderung genüge getan.

Besorgung ist ein vom Betreuer zu organisierender Unterstützungsprozess, der sich auf die Entscheidungsfähigkeit und Handlungsfähigkeit des Klienten bezieht. Bezeichnet wird das auch als **Entscheidungsfindung**. „Entscheidungsfindung" bedeutet in diesem Fall immer, dass das Treffen einer Entscheidung und die Umsetzung dieser Entscheidung Teil des Besorgungsprozesses sind („Unterstützte Entscheidungsfindung").

Die unterstützte Entscheidungsfindung ist darauf ausgerichtet, dass die Klientin oder der Klient in die Lage versetzt wird, das eigene Leben nach eigenen Wünschen selbst zu gestalten (siehe § 1921 Abs. 2 Satz 1 BGB). Die gesetzlich normierte Zielsetzung, die Fähigkeiten zur Besorgung der eigenen Angelegenheiten durch den Klienten selbst „wiederherzustellen" oder zu „verbessern" (siehe § 1821 Abs. 6 BGB), ist dabei handlungsleitend. In vielen Fällen aber auch nicht umsetzbar.

Die wichtigsten zu unterstützenden Fähigkeiten zur Besorgung von Angelegenheiten sind

- die Erkenntnis- und Urteilsfähigkeit, die Grundlage für Entscheidungen darstellen,
- die Kommunikationsfähigkeit, die dafür sorgt, die Entscheidung an Dritte, an der Umsetzung Beteiligte zu transportieren und
- die Handlungs- und Regelungsfähigkeit, die dafür sorgt, dass verbindlichen Regelungen zur Umsetzung getroffen werden können.

Fehlen diese Fähigkeiten, gehen Wünsche in der Regel nicht in Erfüllung.

Es gehört weiterhin zur Kunst des Gerichts bzw. des einzelnen Richters, die jeweils zu besorgenden „Angelegenheiten" einem von ihm zu definierenden „Aufgabenbereich" zuzuordnen, damit der Betreuer eine zuverlässige Beschreibung dafür hat, in welchen Bereichen er zum Zwecke der Besorgung ein **Vertretungsrecht** hat.

Ob das Vertretungsrecht von dem Betreuer in Anspruch genommen wird, unterliegt dem Grundsatz der „Erforderlichkeit" und befindet sich in der Entscheidungsmacht des Betreuers (siehe §§ 1821 Abs. 1, 1823 BGB).

Auch für die Anordnung eines Aufgabenbereichs durch das Gericht gilt der Grundsatz der Erforderlichkeit. Deshalb muss ein Aufgabenbereich so formuliert sein, dass er möglichst zielgenau Inhalt und Umfang des Vertretungsrechts des Betreuers beschreibt (siehe § 1815 Abs. 1 BGB). Diese Anforderung steht z.T. in deutlichem Gegensatz zur geübten Gerichtsrealität:

Beispiel:

Die 50-jährige Hanna B. hat keine Probleme damit, das auf dem Girokonto eingehende Geld für den eigenen Lebensunterhalt einzusetzen und über den Monat hinweg einzuteilen. Leider neigt sie dazu, sich bei Haustürgeschäften oder Internetaktivitäten zu Vertragsabschlüssen überreden zu lassen, deren Bezahlung sie nicht übersehen kann.

Da eine Betreuung immer erst eingerichtet wird (werden kann), wenn „das Kind schon in den Brunnen" gefallen ist, zeigt sich das Problem dadurch, dass das Girokonto gepfändet ist und seitens der Vertragspartner viel Papier und weitere Kosten produziert worden sind.

Das Gericht beschließt hier die Bestellung eines Betreuers u.a. mit dem Aufgabenbereich „Vermögenssorge" mit Einwilligungsvorbehalt, anstatt sich zu überlegen, wie der Aufgabenbereich anders benannt werden könnte, um den tatsächlichen Unterstützungsbedarf beim Abschluss von Geschäften in den Fokus zu stellen.

Die früheren „Aufgabenkreise" werden jetzt „Aufgabenbereiche" und die Gesamtheit der Aufgabenbereiche bilden nunmehr den (einen) „Aufgabenkreis". Es ist also damit zu rechnen, dass der Aufgabenkreis „Vermögenssorge" weiterhin so heißt, nur mit „Aufgabenbereich" anders bezeichnet wird.

Die Befugnis zur „**Beratung und Unterstützung**" durch den Betreuer braucht nicht durch Gerichtsbeschluss übertragen werden. Das entscheidet jeder Betreuer im Rahmen der gesetzlichen Vorgaben zusammen mit dem Klienten selbst.

Aus der gerichtlichen Mandatierung heraus ergibt sich allerdings die Pflicht, sich umfassend mit den Angelegenheiten der Klienten zu beschäftigen. Weder nach altem Recht (siehe § 1821 Abs. 1 BGB a.F.) noch nach heutigem Recht (siehe § 1821 Abs. 1 Satz 1 BGB) wird eine Begrenzung der Tätigkeit des Betreuers auf den Aufgabenkreis bzw. die Aufgabenbereiche vorgenommen.

Eine **Zuständigkeitsbegrenzung** hinsichtlich des Besorgungsauftrags sieht das Gesetz **nicht** vor. Bezugsgröße für die Tätigkeiten des Betreuers sind die „zu besorgenden Angelegenheiten", unabhängig davon, ob sie einem Aufgabenbereich zugeordnet werden können. Soweit erforderlich, muss der Betreuer sich um alle Angelegenheiten des Klienten beratend oder unterstützend kümmern („Allzuständigkeit").

Während bei der Besorgung der Angelegenheiten der Fokus des Betreuers auf die Unterstützung des Klienten gerichtet ist, liegt der **Fokus des Gerichts** auf die Frage, inwieweit zur Besorgung einer Angelegenheit die rechtliche Vertretung erforderlich erscheint. Nur dann beschließt das Gericht einen Aufgabenbereich.

Zur Klärung der Frage, welche Angelegenheiten ganz oder teilweise nicht selbst besorgt werden können, bedient sich das Gericht mangels eigener Fachkenntnis des Sachverstands von medizinischen Gutachtern und Stellungnahmen der **Betreuungsbehörden** („Sozialbericht") im Rahmen der ihnen zugeordneten Aufgabe der Sachverhaltsaufklärung (siehe § 11 BtOG, § 280 FamFG).

Praxistipp

Im Betreuerausweis sind die Aufgabenbereiche aufgeführt, in denen der Betreuer – soweit im Einzelfall erforderlich – ein Vertretungsrecht hat. Das Vertretungsrecht ist, bis auf wenige Ausnahmefälle, keine Vertretungspflicht und hängt von den Fähigkeiten (Ressourcen) ab, die die Klientin oder der Klient zur Besorgung dieser Angelegenheit vorweisen kann.

Den Anforderungen des § 1815 Abs. 1 BGB Rechnung zu tragen bereitet dem Gericht nach wie vor Schwierigkeiten (siehe oben den geschilderten Beispielfall). Diese sind selbstorganisiert, weil Gutachtenaufträge oder die Gutachten der Sachverständigen selbst aus einer Gewohnheit heraus die alten Bezeichnungen der früheren Aufgabenkreise nutzen und Gerichte diese kritiklos übernehmen – ein Vollzugsdefizit auf Seiten des Gerichts, dass unter Umständen weitreichende Haftungsrisiken und Folgen für die Klienten und ihre Betreuer hat.

Es ist ein Unterschied, ob der Betreuer den Aufgabenkreis „Geltendmachung sozialrechtlicher Ansprüche" bzw. „Sozialrechtsangelegenheiten" oder „Behördenangelegenheiten" hat. Noch „schlimmer" ist der Aufgabenkreis „Rechts-, Antrags- und Behördenangelegenheiten", der in seiner Unbegrenztheit entmündigend ist und dem Betreuer bei fast jeder zu besorgender Angelegenheit ein Vertretungsrecht (und unter bestimmten Voraussetzungen auch die Vertretungspflicht) einräumt. Zur Kunst des rechtlichen Betreuers gehört es dann, im Einzelfall **die aktuell zu besorgenden Angelegenheiten zu identifizieren** und „die Besorgung von Angelegenheiten" mit Leben zu füllen.

Hinweis

Ein Leben nach eigenen Vorstellungen und Wünschen (siehe § 1821 Abs. 2 Satz 1 BGB) führen zu können, ist die für alle Betreuungsverfahren geltende übergeordnete „Angelegenheit". Dies zu realisieren ist die Messlatte für das Besorgungshandeln und muss Maßstab für die Qualität sein.

Im neuen „Betreuungsgesetz" findet sich das „Wohl des Klienten" nicht mehr wieder. Orientierungspunkt ist ausschließlich der „Wunsch". Allerdings muss der Betreuer seine **Unterstützung verweigern**, wenn

- die Person des Betreuten oder dessen Vermögen hierdurch erheblich gefährdet würde und der Betreute diese Gefahr aufgrund seiner Krankheit oder Behinderung nicht erkennen oder nicht nach dieser Einsicht handeln kann, oder
- dies dem Betreuer nicht zuzumuten ist (siehe § 1821 Abs. 3 BGB).

Geändert worden ist auch der Bezug auf die „Fähigkeiten“. Bezugsgröße hinsichtlich der Frage, wie der Betreuer die Angelegenheiten des Klienten zu besorgen hat, sind jetzt nur noch die „Möglichkeiten“ des Klienten.

Soweit zur Verwirklichung der Wünsche und Vorstellungen **finanzielle oder sächliche Mittel bzw. tatsächliche Hilfen** erforderlich sind, die der Klient selbst nicht hat, soll der rechtliche Betreuer die fehlenden Mittel und Hilfen sichern. Dies geschieht vor allem dadurch, dass Rechtsansprüche geltend gemacht werden. Die auf diese Art dem Klienten zufließenden Mittel und Hilfen bilden dann die eigenen Möglichkeiten, die zur Lebensgestaltung nach eigenen Wünschen und Vorstellungen zur Verfügung stehen. Soweit in diesem Rahmen stellvertretende Handlungen erforderlich werden, benötigt der Betreuer dafür natürlich einen „passenden“ Aufgabenbereich.

Fehlende **persönliche Ressourcen**[12] werden – soweit dafür keine andere Hilfe zur Verfügung steht – durch den Betreuer geleistet (zugerüstet).

2. Erledigung als Aufgabe der Sozialleistungserbringer

Wenn zwei Professionen (z.B. Sozialarbeiter auf der einen und Betreuer auf der anderen Seite) mit denselben Klienten arbeiten, dann ergeben sich naturgemäß Absprachenotwendigkeiten mit dem Ziel der Zusammenarbeit (**Kooperationsnotwendigkeiten**) und in Konfliktfällen zwischen diesen Professionen auch Abgrenzungsbedürfnisse. Für beide Professionen ist es deshalb von besonderer Bedeutung, möglichst nachhaltig die eigenen Aufgabenstellungen und Wirkungsmöglichkeiten und die der anderen Profession zu kennen.

Aus Sicht der rechtlichen Betreuung **„besorgt“** (siehe § 1814 Abs. 1 BGB) der Betreuer die Angelegenheiten der Klienten. Ein Sozialleistungserbringer **„erledigt“** (siehe § 1814 Abs. 3 Nr. 2 BGB) einzelne Angelegenheiten der Klienten. Beide sind in der Umsetzung ihrer Unterstützungsleistung an die Wünsche der Klientinnen und Klienten gebunden. Betreuer können – im Unterschied zu Leistungserbringern – in bestimmten Ausnahmesituationen auch Wünsche der Klientinnen und Klienten unberücksichtigt lassen oder entgegen der Wunschäußerung entscheiden und handeln.

Hinweis

! *Die Erledigung durch den Sozialleistungserbringer setzt immer eine rechtssichere Entscheidung der Klienten voraus.*

Ohne diese Entscheidung kann der Leistungserbringer seine Leistung nicht erbringen. Fehlt es an der rechtssicheren Entscheidung, kann diese unter Umständen durch den Betreuer herbeigeführt werden.

Der Betreuer stellt also sicher, dass der Leistungserbringer seine Aufgabe erledigen kann und steuert und kontrolliert auf diese Weise den Unterstützungsprozess.

12 Gemeint sind die Ressourcen der persönlichen Disposition: Erkenntnis- und Urteilsfähigkeit, Wahrnehmungs- und Kommunikationsfähigkeit und die Handlungs- und Regelungskompetenz

3. Rechtlicher Betreuungsbedarf – Menschen mit Behinderungen

Klienten der Betreuung gehören – auch wenn man die Definition des § 2 SGB IX zugrunde legt – in der Regel zum Personenkreis der Menschen mit Behinderungen. Sie sind – weil die Betreuung im Unterschied zu den sozialen Hilfen ja keine Unterstützung im Sinne von Prävention ist – vielfach schon aus dem sozialen Hilfesystem herausgefallen, können dort nicht (mehr) integriert werden oder der Zugang dazu war bisher verschlossen. Sie verfügen selten über eigene, informelle Unterstützungsstrukturen. Selbsthilfepotenziale sind nicht oder kaum vorhanden oder „verschüttet".

Ein Betreuer wird deshalb vielfach erst dann bestellt, wenn „das Kind schon in den Brunnen gefallen ist", soziale Hilfen also nicht oder nicht mehr zur Verfügung stehen. Deshalb kann hier ein **großer Bedarf zur Realisierung von Sozialleistungen** sowohl als Geld- oder Sachleistung als auch als Dienstleistung vermutet werden. Die betreuerische Erfahrung bestätigt dies auch.

Bei den realisierbaren Sozialleistungen handelt es sich in der Regel um **Rechtsansprüche**, was Fluch und Segen zugleich ist. Bedeutet es doch zum einen, dass es sich dem Grunde nach um verlässliche und wirksame Hilfen handeln könnte, zum anderen regeln die Gesetze immer einen Sachverhalt, der dann mit entsprechend bürokratischen Mitteln bearbeitet und entschieden werden muss. Auf jeden Fall aber muss ein (großer) Aufwand betrieben werden, die Sozialleistungen für sich zu realisieren.

Im sozialrechtlichen Diskurs wird dieser Aufwand auch mit **Mitwirkungspflichten** beschrieben. Wegen der fehlenden persönlichen Ressourcen bei den leistungsberechtigten Personen, ist ihr Scheitern bei der Realisierung und der Inanspruchnahme von Sozialleistungen oft vorprogrammiert. Können Leistungen aber realisiert werden sind sie – wenn die Klientin oder der Klient entsprechend anpassungsfähig ist und sich an die vorgegebenen Regeln halten kann (mitwirken kann) – meistens hilfreich und entfalten eine Wirkung. Ob es immer die gewünschte Wirkung ist, darüber wird vielfach gestritten (z.B. bei Bürgergeld/Grundsicherung und Verhinderung von Armut).

4. „Versorgung von Menschen" als Aufgabe der Einrichtungen und Dienstleister aus der Sozial- und Gesundheitswirtschaft (Leistungserbringer)

Die Aufgabenwahrnehmung des rechtlichen Betreuers („Besorgung von Angelegenheiten") unterliegt dem strengen Prinzip der Erforderlichkeit. Soweit eine andere Stelle oder Person bei der Erledigung der Angelegenheit helfen kann, soll diese vom rechtlichen Betreuer in die Besorgung einbezogen werden. In dem Maße, wie andere Hilfen einbezogen worden sind, kann und muss sich der Betreuer einer weiteren Erledigung enthalten. Beim Betreuer verbleibt die Aufgabe, den Hilfeprozess der „anderen Hilfe" (siehe § 1814 Abs. 3 Nr. 2 BGB) zu steuern und zu kontrollieren.

Das trifft natürlich in erster Linie auf die Hilfen zu, die sozialrechtlich zur Verfügung gestellt werden und auf die ein Rechtsanspruch besteht. Das bezieht sich aber ggf. auch auf Personen im unmittelbaren Umfeld des Klienten (z.B. Angehörige, Nachbarn, Freunde, Bekannte). Im optimalen Fall ist der Klient dann mit einer oder mehreren Hilfen „versorgt", die es ihm erlauben, ohne tätige Mithilfe des rechtlichen Betreuers seine Angelegenheiten selbst zu erledigen. Der rechtliche Betreuer konzentriert sich dann darauf, in Kooperation mit dem Klienten den Verlauf und die Wirksamkeit der Hilfen zu beobachten und bei Bedarf steuernd einzugreifen. Die „Versorgung von Menschen mit notwendigen Hilfen" ist hingegen **Aufgabe der Sozialleistungsträger** und Sozialleistungserbringer mit ihren Einrichtungen (z.B. Krankenhäuser, Heime), Diensten und Dienstleistern (Pflegedienst, Einkaufsdienst etc.).

Praxistipp

Im juristischen Kontext heißt das dann: Der Betreuer ist für die rechtlichen Hilfen und der Sozialleistungserbringer ist für die tatsächlichen Hilfen zuständig.

5. Beispiel: Zusammenspiel von Besorgungs- und Versorgungsleistungen

Beispiel:

Der 32-jährige Heribert W. hat sich wegen seiner psychischen Beeinträchtigungen im Laufe der letzten Jahre gänzlich in seine Wohnung zurückgezogen, pflegt keine Außenkontakte und reagiert auf behördliche Schreiben nicht. Da längere Zeit schon keine Jobcenter-Zahlungen mehr auf dem Konto eingegangen sind, ist es im Soll und laufende Kosten für Miete etc. können nicht mehr gezahlt werden.

Nachdem auf Anregung des örtlichen Sozialpsychiatrischen Dienstes eine rechtliche Betreuung für die Aufgabenkreise Vermögenssorge, Sozialrechtsangelegenheiten, Gesundheitssorge und Wohnungsangelegenheiten eingerichtet worden ist, stellt der Betreuer stellvertretend für den Klienten den längst überfälligen Antrag auf Weiterbewilligung der Grundsicherung beim Jobcenter. Daraufhin kooperiert der Klient mit dem eingesetzten Betreuer insoweit, als er das Angebot zur Auszahlung von Bargeld für den Lebensunterhalt wahrnimmt. Im weiteren Verlauf schreibt das Jobcenter den Betreuer an und fordert unter Hinweis auf die bisher ergebnislos an den Klienten versandten Aufforderungen über diesen Weg den Klienten auf, sich wegen der Feststellung der Erwerbsfähigkeit beim örtlichen Gesundheitsamt vorzustellen.

Im Rahmen eines Geldauszahlungstermins stellt der Betreuer dem Klienten den Inhalt des Schreibens, den Zweck der Untersuchung und die Vor- und Nachteile dieser Maßnahme dar. Der Klient entschließt sich daraufhin dafür, sich für die Untersuchung zur Verfügung zu stellen, macht aber deutlich, dass er sich nicht in der Lage sieht, den Termin zu vereinbaren und diesen ohne Begleitung wahrzunehmen. Hier bräuchte er Unterstützung. Im weiteren Verlauf des Gesprächs stellt der Klient fest, dass derartige Situationen schon des Öfteren aufgetreten seien. Zuletzt hätte das Jobcenter ihn in eine Maßnahme vermittelt. Die sei aber daran gescheitert, dass er es nicht geschafft hätte, dort selbstständig hinzugehen. Der Betreuer fragt daraufhin nach der Bereitschaft, sich von einer anderen Person begleiten zu lassen. Nach anfänglicher Skepsis stimmt der Klient zu.

Der Betreuer vereinbart daraufhin einen Untersuchungstermin zur Klärung der Erwerbsfähigkeit in sechs Wochen und stellt gleichzeitig beim Jobcenter formlos den Antrag auf Bewilligung einer ambulanten Einzelfallhilfe zur Klärung und Beseitigung individueller vermittlungshemmender Faktoren (individuelles Coaching). Das Jobcenter bewilligt die Maßnahme und beauftragt einen örtlich ansässigen Vertragspartner mit der Durchführung. Der Erstkontakt zwischen Coaching-Dienst und Klient wird durch den Betreuer hergestellt. Die weiteren Kontakte finden ohne weitere Vermittlung durch den Betreuer statt. Es wird aber ein regelmäßiger Austausch zu dritt vereinbart.

Die regelmäßigen Geldauszahlungstermine nutzt der Betreuer zur Klärung der aktuellen Unterstützungsbedarfe, insbesondere der Klärung der durch den Betreuer zu leistenden Unterstützungsbedarfe bei den Arzt- und Behördenbesuchen. Im Ergebnis begleitet der eingesetzte Coach den Klienten zum Arzt, zum Jobcenter und auch zur Untersuchung beim Gesundheitsamt. Im Vorfeld und/oder Nachgang dieser Termine werden in Absprache mit dem Klienten Informationen zwischen Arzt oder Behördenmitarbeiter telefonisch ausgetauscht.

Im Betreuungsalltaq ergeben sich an den Schnittstellen zu Sozialleistungsträgern, Sozialleistungserbringern (z.B. Krankenhäusern, Heime, Pflegedienste, Ärzte etc.) aber auch anderen Dienstleistern (z.B. Banken, Energieversorgungsunternehmen) und Angehörigen **Konfliktbereiche**. Gefühlte Abgrenzungsnotwendigkeiten resultieren aus nicht aufeinander abgestimmten gesetzlichen Bestimmungen, die von den am Betreuungsfall arbeitenden Beteiligten ausgetragen werden.

So gilt in den betreuungsrechtlichen Bestimmungen des BGB der **Erforderlichkeitsgrundsatz**, der in der Praxis z.B. **gegen den Nachranggrundsatz** in der Sozialhilfe steht. Nicht zuletzt hat das Bundessozialgericht entschieden, dass die rechtliche Betreuung Maßnahmen der Eingliederungshilfe nicht beeinflusst, sie also nebeneinander mit jeweils eigener Zielrichtung bestehen.[13]

Ein anderer Aspekt begründet sich in dem Bestreben aller Beteiligten, wegen der eigenen „Arbeitsdichte" und eigener Einsparnotwendigkeit notwendige Tätigkeiten auf andere zu verlagern. So geht das Energieversorgungsunternehmen völlig selbstverständlich davon aus, dass die jährlichen Ablesungen von den Kunden vorgenommen werden, genauso wie die Banken und Sparkassen Humandienstleistungen zugunsten weiter voranschreitender Automatisierung abschaffen. Ganz zu schweigen von Krankenhäusern und Heimen, die die rechtlichen Betreuer teilweise als Bekleidungslieferanten und zu Waschdiensten nutzen wollen.

Diese Schnittstellenproblematik kann in zweierlei Hinsicht gelöst werden und hängt ganz wesentlich davon ab, inwieweit es gelingt, den **Umgang zwischen Betreuern und Mitarbeitern bei Leistungsträgern und Leistungserbringern** „auf Augenhöhe" zu gestalten. Ist „Augenhöhe" hergestellt, geht es vorrangig darum, eine zielgerichtete Zusammenarbeit und die Aufteilung der anfallenden Arbeit zum Zwecke einer gedeihlichen Zusammenarbeit zu gestalten. Besteht diese „Augenhöhe" nicht, dann geht es ausschließlich darum, sich zur Vermeidung eines eigenen Arbeitsaufwandes und eigener Verantwortung von dem anderen abzugrenzen.

13 Siehe BSG, Urt. v. 30.6.2016, B 8 SO 7/15

B Die Bedeutung von Sozialleistungen in der Betreuungspraxis

Sozialleistungen sollen zu mehr **sozialer Sicherheit** beitragen und der **sozialen Gerechtigkeit** dienen (siehe § 1 Abs. 1 Satz 1 SGB I). Sie sollen dazu beitragen,

- ein menschenwürdiges Dasein zu sichern,
- gleiche Voraussetzungen für die freie Entfaltung der Persönlichkeit, insbesondere auch für junge Menschen, zu schaffen,
- die Familie zu schützen und zu fördern,
- den Erwerb des Lebensunterhalts durch eine frei gewählte Tätigkeit zu ermöglichen und
- besondere Belastungen des Lebens, auch durch Hilfe zur Selbsthilfe, abzuwenden oder auszugleichen (siehe § 1 Abs. 1 Satz 2 SGB I).

Welche Bedeutung Sozialleistungen für die Betreuungspraxis haben sieht man immer dann, wenn sie fehlen. Die nachfolgenden Bespiele aus der Betreuungspraxis verdeutlichen dies:

Beispiel: Sozialleistung wird nicht gezahlt

Zahlt das Amt die erforderliche Sozialleistung (z.B. Grundsicherungsgeld) nicht oder nicht rechtzeitig, ist das auf Seiten des Klienten sofort existenzbedrohend und bindet auf Seiten des Betreuers ein hohes Maß an Arbeitszeit.

Die Wiederaufnahme einer eingestellten Zahlung kann nur dann erreicht werden, wenn der Grund, die tatsächliche oder behauptete Mitwirkung („wir haben die Unterlagen schon mindestens dreimal bei Herrn XY angefordert") würde fehlen, beseitigt werden kann. Bis dahin werden keine Miete, keine Nebenkosten etc. bezahlt. Es gehen Mahnungen ein und bei Wiederaufnahme der Zahlungen müssen Einzelüberweisungen gemacht werden, wo sonst eine Lastschrift für eine automatische Bearbeitung gesorgt hat.

Nicht zu unterschätzen ist auch der wirtschaftliche Druck für den Klienten, der natürlich ohne Geld in einer denkbar schlechten Situation ist und in der alle Beteiligten dann zur Lösung dieses Problem auf den Betreuer verweisen. Unter Umständen führt diese Situation zu einer Verschlechterung des Gesundheitszustandes, was wiederum andere zeitaufwändige Tätigkeiten des Betreuers nach sich zieht.

Beispiel: Ambulante Einzelfallhilfe fehlt

Gibt es das „betreute Wohnen" als ambulante Einzelfallhilfe oder den Pflegedienst nicht oder werden diese Leistungen nur unzureichend umfänglich erbracht, kann der Klient seinen Lebensalltag nicht oder nur eingeschränkt selbst organisieren und der Betreuer wird immer wieder mit Dienstleistungsbegehren konfrontiert, deren Erledigung eigentlich nicht zu seinen Aufgaben gehören.

Das sind dann die Probleme des täglichen Lebens: z.B. ruft der Nachbar an, dass die Hauswoche nicht gemacht worden ist, dann ist der Abfluss verstopft oder der Fernseher funktioniert nicht mehr („bei mir sind plötzlich alle Programme verschwunden" spricht der Klient dann vertrauensvoll auf den Anrufbeantworter in der tiefen Überzeugung, der Betreuer regelt das schon).

Beispiel: Mangelhaftes Entlassungsmanagement des Krankenhauses

Funktioniert das gesetzlich vorgesehene Entlassungsmanagement im Krankenhaus nicht, verschlechtert sich nach Entlassung in absehbarer Zeit die gesundheitliche Lage des Klienten oder es gibt eine Vielzahl organisatorischer Folgearbeiten zur Verhinderung der Verschlechterung der gesundheitlichen Lage des Klienten, die sich alle (unnötigerweise) beim Betreuer konzentrieren (Terminabsprache mit dem Hausarzt, Besorgung der notwendigen Verordnungen für die ambulante Versorgung, Übergabe an einen Pflegedienst, Wiedereinrichtung der Haushaltshilfe etc.).

Unter Umständen muss kurze Zeit später eine erneute Aufnahme im Krankenhaus organisiert werden. Unnötiges Leid auf Seiten der Klienten könnte, genauso wie die entsprechenden Kosten, vermieden werden.

I. Bedeutung von Teilhabeleistungen für die Lebensgestaltung

Das sozialpolitische Konzept Deutschlands geht davon aus, dass Teilhabe Ausdruck oder Ergebnis von Selbstbestimmung und Selbstverantwortung ist. Behinderung birgt die Gefahr in sich, nicht teilhaben zu können.

Deshalb ist die Förderung von „*Selbstbestimmung und (ihre) volle, wirksame und gleichberechtigte Teilhabe am Leben in der Gesellschaft*" (siehe § 1 SGB IX) so wichtig. Die Weltgesundheitsorganisation (WHO) definiert Behinderung aus einem Zusammenwirken von Krankheit mit Person- und umweltbedingten Faktoren. Aus diesem Zusammenwirken ergeben sich Beeinträchtigungen, die den Menschen daran hindern, teilhaben zu können.

Teilhabeleistungen sind spezielle Sozialleistungen, die die sich aus der Behinderung heraus ergebenden Nachteile ausgleichen oder gar nicht erst entstehen lassen. Der **Nachteilsausgleich** ermöglicht es den betroffenen Menschen, gleichberechtigt mit anderen am Leben in der Gesellschaft teilzunehmen.

Zusammengefasst sind die als Nachteilsausgleich ausgestaltet im SGB IX. Eine Ausnahme bilden nach wie vor die Leistungen der Eingliederungshilfe, die einkommens- und vermögensabhängig gewährt werden und somit den Aspekt der Selbstverantwortung stärker betonen als das bei den Teilhabeleistungen der Fall ist, die aus Sozialversicherungsleistungen heraus erbracht werden. Logisch ist das nicht. Erklärt werden kann dies nur damit, dass die Eingliederungshilfe traditionell im Rahmen der Sozialhilfe gewährt wurde.

Teilhabeleistungen sind in verschiedene **Leistungsgruppen** (siehe § 5 SGB IX) unterteilt.

Leistungsgruppen der Teilhabeleistungen

1. *Leistungen zur medizinischen Rehabilitation,*
2. *Leistungen zur Teilhabe am Arbeitsleben,*
3. *Unterhaltssichernde und andere ergänzende Leistungen,*
4. *Leistungen zur Teilhabe an Bildung und*
5. *Leistungen zur sozialen Teilhabe.*

Für rechtliche Betreuer:innen gilt: Ausgehend von der Überlegung, dass der Klient ein Leben nach eigenen Vorstellungen führen können soll (siehe § 1821 Abs. 2 Satz 1 BGB), muss – wenn die zur Verfügung stehenden Ressourcen des Klienten dafür nicht reichen – u.a. auf Sozialleistungen zurückgegriffen werden.

Fällt zum Beispiel wegen des Gesundheitszustandes auf nicht absehbare Zeit die Möglichkeit weg, eigenes Einkommen zu erwirtschaften, müssen zur Deckung der laufenden Lebenshaltungskosten Geldleistungen, wie z.B. Renten oder andere ergänzende Leistungen beantragt werden, unter Umständen auch Unterhaltsansprüche realisiert werden.

Kann der Klient diese Ansprüche nicht realisieren, verliert er unter Umständen seine Wohnung und die Möglichkeit, sich zu ernähren. Kann er sich selbst nicht mehr sauber halten und hat keine Pflegehilfe, entwickelt er mindestens einen unangenehmen Geruch und verliert dadurch wahrscheinlich oder in der Mehrzahl der Fälle die Möglichkeit, mit anderen Menschen in Kontakt zu treten. Hat der orientierungslose Mensch keine persönliche Hilfe beim Verlassen der Wohnung und bei dem Bewegen außerhalb der Wohnung, kann er grundlegende menschliche Aktivitäten nicht mehr erledigen.

Die versorgenden sozialen Geld-, Teilhabe- und Pflegeleistungen können hier für Abhilfe sorgen.

II. Selbstbestimmung als Grundlage der eigenen Lebensgestaltung

Eine eigene Lebensgestaltung gelingt nur, wenn Selbstbestimmung auch ausgeübt werden kann. Die **Ausübung von Selbstbestimmung** benötigt eine Entscheidung, die kommuniziert und umgesetzt wird.

- Wem nicht bewusst ist, was er will oder
- wer seinen Willen nicht kundtun kann oder
- wer seinen kommunizierten Willen nicht in die Tat umsetzen kann,

kann nicht selbstbestimmt leben.

Im Kontext der UN-BRK ist dies die **Ausübung der Rechts- und Handlungsfähigkeit** (siehe Art. 12 UN-BRK).

Hinweis

Wer an der Ausübung seiner Rechts- und Handlungsfähigkeit gehindert ist, hat Anspruch auf Unterstützung (Stichwort: Unterstützte Entscheidungsfindung).

Sozialleistungen können aber auch – wohlwollend gemeint, aber fehlerhaft ausgeübt – das Selbstbestimmungsrecht des Klienten negativ beeinflussen. Nicht jede sich aus der fachlichen Überlegung des versorgenden Profis heraus ergebende „helfende" und „versorgende" Handlung ist im Zusammenhang mit der Zielstellung, dem Klienten die individuelle Gestaltung seines Lebens nach eigenen Vorstellungen zu ermöglichen, zwingend umzusetzen.

Beispiel: Gut gemeint – schlecht gemacht

Eine 80-jährige Frau wird nach einem Sturz mit Oberschenkelhalsbruch in das Krankenhaus eingeliefert und dort medizinisch versorgt. Im Rahmen der Entlassung der Frau aus dem Krankenhaus wird der zwischenzeitlich eingesetzte Betreuer von den Ärzten des Krankenhauses darauf hingewiesen, dass aus medizinischer Sicht eine weitere Versorgung im häuslichen Umfeld – wie von der Patientin angestrebt – wegen des Umfangs der zu leistenden Hilfen nicht zu verantworten sei. Vielmehr soll eine Unterbringung in einem Pflegeheim organisiert werden.

Die fürsorgliche Denkweise der Ärzte im Krankenhaus setzt sich hier möglicherweise über das Selbstbestimmungsrecht der Klientin hinweg. Hier müssen Betreuer in eigener Verantwortung prüfen, ob die von den Ärzten befürchteten Nachteile bei Nutzung aller in Frage kommender Hilfen tatsächlich einzutreten drohen und ob bei Eintritt der befürchteten Nachteile so gravierende „Schäden" für die Klientin entstehen würden, dass das Recht, ihren Aufenthalt selbst zu bestimmen, nicht beachtet werden muss.

Die jeweils geltenden gesetzlichen Regelungen, Leistungsverträge, Qualitätsvereinbarungen und Vergütungsverträge regeln das **Angebot** und das Handeln **von Leistungserbringern**. Die Verträge für die Inanspruchnahme und Durchführung versorgender sozialer und pflegerischer Leistungen nehmen nur eingeschränkt Rücksicht auf eine selbstbestimmte Inanspruchnahme. Die Hilfen sind meistens so organisiert, dass sie sich an eine Gruppe von Menschen mit ähnlichem Hilfebedarf richten. Die Hilfe ist dadurch meistens nicht passgenau, sondern passt nur so ungefähr. Die Folge ist, dass Klienten sich an die in den Leistungsverträgen festgehaltenen Regelungen des Leistungserbringers anpassen müssen.

Beispiel: Menschenwürde und Selbstbestimmung in der stationären Versorgung

Richtet sich der bettlägerige Klient im Pflegeheim an den Pflegebedingungen des Heimes aus, bedeutet das in der Praxis, er verliert das Recht, zu dem Zeitpunkt die Toilette aufsuchen zu können, wann es erforderlich ist. Im Pflegeheim kann der Toilettengang erst dann durchgeführt werden, wenn der soziale oder pflegerische Dienstleister Zeit für die dafür notwendige Hilfe hat. Wird die Hilfe nicht rechtzeitig erbracht, dann ist es persönlich extrem unangenehm und Dritten gegenüber extrem peinlich. Oftmals wird zur Vermeidung dieser unangenehmen Situation eine Windel angelegt oder aber ein Katheter gelegt.

Die Bedingungen, unter denen Hilfe geleistet wird, bestimmt die Lebenssituation und nicht der Mensch selbst.

Ist der Klient nicht bereit das hinzunehmen, muss er auf die Hilfe „Pflege im Heim" verzichten und eine **ambulante Alternative** (falls möglich) aufbauen.

Ein Problem besteht auch darin, dass das Recht auf Selbstbestimmung missbraucht werden und so zu einer Nicht-Leistung führen kann. So kommt es in der Praxis der Gewährung von Sozialleistungen vor allem unter Hinweis auf nicht vorhandene Mitwirkung oder einer fehlenden Entscheidung für eine Leistung dazu, dass Sozialleistungen nicht oder nur sehr eingeschränkt erbracht werden.

Beispiel: Verweigerung weiterer Leistungen

Ablehnungshaltung des Klienten

Der 29-jährige Martin M. bedarf der Unterstützung beim Wohnen in der eigenen Wohnung. Wegen der Beeinträchtigung der Psyche und der geistigen Fähigkeiten kommt es immer wieder zu Missverständnissen im Umgang mit Nachbarn und in der Folge zu verbalen und körperlichen Auseinandersetzungen. Unter anderem zur Abwendung dieser Situation ist es erforderlich, eine Unterstützung zu leisten.

Martin M. wird aber schon seit seiner Jugend durch unterschiedliche Leistungserbringer im stationären, teilstationären und ambulanten Umfeld versorgt. Aus den Erfahrungen heraus hat sich bei Martin M. eine große Ablehnung gegenüber den von Leistungserbringern gestellten Helfern ergeben. Sämtliche Angebote, die darauf beruhen, dass von Leistungserbringern entsandte Helfer eingesetzt werden sollen, werden abgelehnt. Der aktuell eingesetzte Leistungserbringer verschließt sich daraufhin einer weiteren Leistungserbringung und der Leistungsträger verweigert die Gewährung weiterer Leistungen.

Nur mit Hilfe des neu eingesetzten Betreuers konnte es durch Nutzung des Persönlichen Budgets gelingen, eine für Martin M. akzeptable Hilfe bereitzustellen.

Die genannten Beispiele zeigen gleichzeitig, warum die Unterstützung bei der Ausübung der Rechts- und Handlungsfähigkeit weder von Leistungsträgern noch von Leistungserbringern ausgeübt werden sollte. Viel zu groß ist die Gefahr, dass die eigenen Interessen der Unterstützer dazu führen, das Selbstbestimmungsrecht der Klienten nicht wirksam werden zu lassen.

III. Unterstützte Entscheidungsfindung (UEF) als Betreueraufgabe

Ausgangspunkt für die Unterstützte Entscheidungsfindung ist der Art. 12 UN-BRK. In Fachkreisen wird intensiv über das Thema unterstütze Entscheidungsfindung gesprochen. Die Unterstützung bei der Entscheidungsfindung ist dabei ein Teil von unterschiedlichen Unterstützungsangeboten, die auf die **Ausübung der Rechts- und Handlungsfähigkeit** ausgerichtet sind. Der UN-Fachausschuss für die Rechte von Menschen mit Behinderungen hat für die Organisation der unterschiedlichen Konzepte zur Unterstützung der Rechts- und Handlungsfähigkeit Eckpunkte formuliert, die auch für die Konzepte der Unterstützten Entscheidungsfindung (UEF) gelten sollen.[14]

14 Siehe CRPD/C/GC/1 Ziffer 27

Ausdrücklich wird vom UN-Ausschuss für die Rechte von Menschen mit Behinderungen verlangt, dass

> „Regelwerke zur unterstützten Entscheidungsfindung (...) mehrere Unterstützungsoptionen (umfassen), die dem Willen und den Präferenzen der betroffenen Person und der Achtung der Menschenrechtsnormen den Vorrang geben."

Wegen der Unterschiedlichkeit der Menschen mit Behinderungen muss davon ausgegangen werden, dass auch die **zu leistende Unterstützung unterschiedlich** sein muss. Die rechtliche Betreuung ist dabei eine Unterstützungsform der Rechts- und Handlungsfähigkeit, die sich vorrangig an einen Personenkreis richtet, der hinsichtlich der Entscheidungsfindung und der rechtlichen Handlungsfähigkeit einen hohen Unterstützungsbedarf hat.

Folgende Eckpunkte wurden vom UN-Ausschuss für die Rechte von Menschen mit Behinderungen aufgestellt:

> (...) „Gleichwohl Regelwerke zur unterstützten Entscheidungsfindung vielerlei Formen haben können, sollten sie aber, um Übereinstimmung mit Artikel 12 zu gewährleisten, bestimmte grundlegende Festlegungen wie die folgenden enthalten:
>
> a) Unterstützte Entscheidungsfindung muss **allen offenstehen**. Der Umfang des Unterstützungsbedarfs (insbesondere wenn dieser hoch ist) sollte kein Hindernis sein, Unterstützung bei der Entscheidungsfindung zu bekommen;
>
> b) alle Formen der Unterstützung bei der Ausübung der rechtlichen Handlungsfähigkeit (einschließlich intensiverer Formen der Unterstützung) müssen auf dem **Willen und den Präferenzen** der betroffenen Person beruhen und nicht auf dem, was für ihr objektives Wohl erachtet wird;
>
> c) der **Kommunikationsmodus einer Person darf kein Hindernis sein**, Unterstützung bei der Entscheidungsfindung zu bekommen, selbst wenn diese Kommunikation nicht-konventionell ist oder von nur wenigen Menschen verstanden wird;
>
> d) die **rechtliche Anerkennung der Unterstützungsperson(en),** die von der betroffenen Person offiziell ausgewählt wurde(n), muss möglich und zugänglich sein, und der Staat hat eine Verpflichtung, die Schaffung von Unterstützungsmöglichkeiten zu erleichtern, insbesondere für Menschen, die isoliert sind und möglicherweise keinen Zugang zu den in einer Gemeinschaft allgemein vorhandenen Unterstützungsmöglichkeiten haben. Dies muss ein Verfahren einschließen, das es Dritten ermöglicht, die Identität einer Unterstützungsperson nachzuprüfen, ebenso wie Verfahren, wodurch Dritte die Rechtshandlung einer Unterstützungsperson anfechten können, wenn sie meinen, dass die Unterstützungsperson nicht nach dem Willen und den Präferenzen des Betroffenen gehandelt hat;
>
> e) um die Anforderung von Artikel 12 Absatz 3 zu erfüllen, dass alle Vertragsstaaten Maßnahmen ergreifen müssen, um "Zugang" zu der benötigten Unterstützung "zu verschaffen", müssen die Vertragsstaaten sicherstellen, dass Menschen mit Behinderungen **Unterstützung zu erschwinglichen Kosten beziehungsweise kostenlos** zur Verfügung steht und dass fehlende finanzielle Mittel kein Hindernis für den Zugang zu Unterstützung bei der Ausübung der rechtlichen Handlungsfähigkeit darstellen;
>
> f) **Unterstützung bei der Entscheidungsfindung darf nicht als Rechtfertigung für die Einschränkung anderer grundlegender Rechte** von Menschen mit Behinderungen, insbesondere des Wahlrechts, des Rechts eine Ehe zu schließen (beziehungsweise eine eingetragene Lebenspartnerschaft einzugehen) und eine Familie zu gründen, der reproduktiven Rechte, der

> elterlichen Rechte, des Rechts auf Zustimmung zu intimen Beziehungen und medizinischer Behandlung sowie des Rechts auf Freiheit **benutzt werden**;
>
> g) die betroffene Person muss das **Recht haben, Unterstützung abzulehnen** und das Unterstützungsverhältnis jederzeit **zu beenden oder zu ändern**;
>
> h) für alle Prozesse in Verbindung mit der rechtlichen Handlungsfähigkeit und der Unterstützung bei ihrer Ausübung **müssen Sicherungen geschaffen werden**. Es muss Ziel dieser Sicherungen sein, zu gewährleisten, dass der Wille und die Präferenzen der betreffenden Person geachtet werden;
>
> i) die Bereitstellung von Unterstützung bei der Ausübung der rechtlichen Handlungsfähigkeit **sollte nicht von der Beurteilung der geistigen Fähigkeit abhängen**; für die Feststellung des Unterstützungsbedarfs sind neue, nichtdiskriminierende Indikatoren erforderlich."

Der Terminologie der UN-BRK folgend unterstützen Betreuer ihre Klienten bei der Ausübung der Rechts- und Handlungsfähigkeit. Das ergibt sich aus dem Erforderlichkeitsgrundsatz im Betreuungsrecht, der auch für die Tätigkeit von Betreuern gilt. Noch deutlicher wurde dies mit der Betreuungsrechtsreform 2023. Hier ist deutlich formuliert, dass Betreuer:innen ihre Klienten dabei unterstützen sollen, ihre Angelegenheiten selbst zu besorgen und das Vertretungsrecht nur ausnahmsweise und dann nur in Anspruch nehmen sollen, wenn dies zwingend erforderlich ist.

Der im Betreuungsrecht herrschende Erforderlichkeitsgrundsatz bedingt, dass Betreuer zur Umsetzung dieser Aufgabenstellung Möglichkeiten der Unterstützung der Rechts- und Handlungsfähigkeit (Beratungs- und Unterstützungsangebote), die im Sozialrecht verankert sind, zur eigenen Aufgabenerledigung unbedingt nutzen.

Hinweis

Hier beschränkt sich die Aufgabe des Betreuers darauf, den Unterstützungsprozess zu steuern.

IV. Rehabilitation als Betreueraufgabe?

Rehabilitation wird in der Regel als Wiedereingliederung behinderter, von Behinderung bedrohter, chronisch kranker und pflegebedürftiger Menschen in die Gesellschaft verstanden. Rehabilitation ist in diesem Sinne **vor allem Aufgabe der Sozialleistungsträger** – sofern sie im SGB IX als Rehabilitationsträger bezeichnet werden.

Leistungsberechtigt sind kranke und behinderte Menschen oder von Krankheit und Behinderung bedrohte Menschen (siehe § 1 SGB IX). Allerdings ist jeder Rehabilitationsträger, bei dem Sozialleistungen beantragt werden, verpflichtet, nicht nur seine Teilhabeleistungen, sondern auch die Teilhabeleistungsverpflichtung anderer Rehabilitationsträger zu prüfen (siehe § 9 Abs. 1 SGB IX).

Das hat den Betreuer vor der Betreuungsrechtsreform nicht von seiner Aufgabe entbunden

> „innerhalb seines Aufgabenkreises (...) dazu beizutragen, dass Möglichkeiten genutzt werden, die Krankheit oder Behinderung des Betreuten zu beseitigen, zu bessern, ihre Verschlimmerung zu verhüten oder ihre Folgen zu mildern" (siehe § 1901 Abs. 4 BGB a.F.).

Das gilt umso mehr, wenn die Fähigkeiten zur Selbstsorge so ausgeprägt sind, dass die Angebote der Rehabilitationsträger ohne betreuerische Unterstützung nicht angenommen werden können. Dieser Rehabilitationsauftrag im Betreuungsrecht wurde mit der Betreuungsrechtsreform verändert. Hier ist es dann Aufgabe des rechtlichen Betreuers, darauf hinzuwirken, dass die Klientin oder der Klient zukünftig ohne rechtlichen Betreuer seine Angelegenheiten selbst besorgen kann.

Ob das gelingen kann, hängt – so wie bisher auch schon – wesentlich davon ab, ob und wie die Gründe für einen Betreuungsbedarf beseitigt oder vermindert werden können. Soweit die **Gründe für die Betreuungsbedürftigkeit** in den Rahmenbedingungen liegen, in und unter denen Angelegenheiten besorgt werden müssen, gelingt eine Rehabilitation nur, wenn Betreuer die Möglichkeiten nutzen, die Rahmenbedingungen für die Besorgung der Angelegenheiten dauerhaft zu beeinflussen (umweltbedingte Faktoren).[15]

Hinweis

Person- und umweltbedingte Faktoren gemeinsam sind entscheidend für die Fähigkeit, seine Angelegenheiten selbst besorgen zu können.

Wirkt sich eine Krankheit negativ auf die **personbedingten Faktoren** aus, die Angelegenheiten selbst besorgen zu können, verändert sich der Betreuungsbedarf dann und insoweit, wie z.B. durch die Nutzung fachärztlicher Therapien die Krankheit beseitigt oder gebessert werden kann. Finden Betreuer Möglichkeiten, die nicht ausreichend vorhandenen personbedingten Faktoren zu kompensieren, beschränkt sich die Rehabilitation darauf, weitestgehend auf stellvertretende Entscheidungen und Handlungen verzichten zu können und einen organisierten Unterstützungsprozess zu steuern und zu kontrollieren.

Soweit Rehabilitationsleistungen herbeigeschafft werden müssen, um Möglichkeiten zu haben, ein Leben nach eigenen Vorstellungen und Wünschen realisieren zu können, muss der rechtliche Betreuer den Klienten dabei natürlich unterstützen.

Rehabilitation ist aber auch **Aufgabe der Betreuer**. Werden im Sozialrecht verankerte Rehabilitationsmöglichkeiten erfolgreich genutzt und Krankheit oder Behinderung beseitigt oder gebessert, entfällt möglicherweise die Erforderlichkeit einer Betreuerbestellung. Auch wenn dies eine eher seltene oder unwahrscheinliche Perspektive ist, sollte es dennoch als Ziel immer mitgedacht werden.

Soweit die Gründe für die Betreuungsbedürftigkeit in den nicht ausreichend vorhandenen Fähigkeiten der Person liegen, die eigenen Angelegenheiten zu besorgen, gelingt das nur, wenn Betreuer Möglichkeiten nutzen, Hilfen zur dauerhaften Verbesserung dieser Fähigkeiten zur Verfügung zu stellen (personbedingte Faktoren[16]).

Betreuer konzentrieren sich in ihrer eigenen Arbeit auf die **Zurüstung zu den Fähigkeiten der Selbstsorge und der Selbstverantwortung** der Klient:innen (personbedingte Faktoren) und versuchen, den Klienten das Sozialleistungssystem zugänglich zu machen. Das bedeutet:

15 Umweltbedingte Faktoren: in der Lebenswelt des:der Klient:in liegende Faktoren
16 Personbedingte Faktoren bedeutet hier: in der Person liegende Faktoren

Praxistipp

Betreuer unterstützen die Klienten dabei, Entscheidungen zu treffen und diese Entscheidungen umzusetzen, die es ihnen ermöglichen, ein Leben nach eigenen Vorstellungen führen zu können. Das ist eine Form der Unterstützten Entscheidungsfindung (UEF) und Kern der Arbeit der rechtlichen Betreuer.

V. Entscheidungsabläufe für die eigene Lebensgestaltung und betreuerische Interventionen

Aufgabe		
Vorstellung vom eigenen Leben entwickeln →	Entscheidungen zur Realisierung treffen →	Entscheidungen umsetzen

Voraussetzungen (notwendige Fähigkeiten)		
• Zugang zur eigenen Biografie • eigene Werte erkennen und bewerten • eigenes Wissen erschließen und anwenden • auf eigene Erfahrungen zurückgreifen →	• Informationen einholen und bewerten • Vor- und Nachteile abwägen • Informationen einholen und bewerten • sich erinnern können →	**entweder:** unter Nutzung eigener Ressourcen selbst machen **oder:** sich Hilfen organisieren und nutzen **bzw.:** Kombination aus beidem und Entscheidungen umsetzen

Betreuerische Unterstützung
Beratung – Praktische Hilfen – Steuerung und Kontrolle – Vertretung als Zurüstung bei der • Erkenntnis- und Urteilsfähigkeit, • Wahrnehmungs- und Kommunikationsfähigkeit und • Handlungs- und Regelungskompetenz.

Übersicht: Lebensgestaltung und betreuerische Interventionen

Die **Rolle der Betreuer** orientiert sich an der Rolle der Klienten im Sozialleistungssystem und die daraus resultierenden an die Klientinnen gerichteten Aufgaben. Bezogen auf die Sozialleistungen bedeutet dies:

1. Hinführung zur Leistungsinanspruchnahme und
2. die Unterstützung bei der Mitwirkung im sozialrechtlichen Verfahren[17]

zur Sicherstellung eines würdigen, selbstbestimmten Lebens.

17 Siehe dazu auch die Ausführungen zu Beratungs- und Unterstützungsangebote nach § 106 SGB IX

C Zugangssicherung zum System der Sozialleistungen

Das Sozialleistungssystem beruht auf den beiden **Säulen** von

1. solidarischer Eigenvorsorge (Versicherungsleistungen) und
2. solidarischer Leistungen der Allgemeinheit (z.B. Sozialhilfe, Grundsicherung).

Dieses System der Sozialleistungen wurde in den Jahrzehnten des Bestehens der Bundesrepublik Deutschland so weit ausdifferenziert, dass deren **Vielfältigkeit** es nunmehr schwer macht, den **Überblick** zu behalten und Zugang zum System zu bekommen. Leistungen erreichen ihre Abnehmer nicht und können so auch nicht wirksam werden. Zugangssicherung ist in den vergangenen Jahren deshalb immer mehr in den Mittelpunkt politischer Bemühungen getreten.

Den Zugang zu den Sozialleistungen zu sichern ist in erster Linie **Aufgabe der Sozialleistungsträger** selbst. Dazu müssen sie eigene Anstrengungen unternehmen, vor allem

- Information im Sinne von Aufklärung (§ 13 SGB I) ohne speziellen Adressaten,
- Beratung und Auskunft (§§ 14. 15 SGB I) bezogen auf eine konkrete Person oder einen konkreten Sachverhalt.

Allerdings müssen die **bürokratischen Hürden** so gering wie möglich gehalten werden, insbesondere sollen Sozialleistungen ohne überzogene Ansprüche an die individuelle Mitwirkung erbracht werden. Denkbar wäre es auch, Sozialleistungen (z.B. Kindergeld) in einem antragslosen Verfahren bei der Bekanntgabe der Geburt gleich mitzugewähren.

Zur Abwendung unnötiger bürokratischer Anforderungen verweist der Gesetzgeber deshalb auf die **Grenzen der Mitwirkung** (vor allem § 65 SGB I). Danach müssen Mitwirkungsverlangen

- verhältnismäßig sein,
- zugemutet werden können und
- es muss eine Abwägung erfolgen, wem (dem Leistungsträger oder dem Leistungsberechtigten) es einfacher möglich ist, erforderliche Kenntnisse zu beschaffen.

I. Instrumente der Zugangssicherung

Neben der allgemeinen Verpflichtung der Sozialleistungsträger zur Information, Beratung und Auskunft sind **Beratung und Unterstützung** die zentralen Instrumente der Zugangssicherung zu den Sozialleistungen.

Zu unterscheiden sind

- die allgemeinen Beratungs- und Auskunftsansprüche des SGB I (§§ 14, 15 SGB I), die grundsätzlich für alle Sozialleistungen gelten und
- die „besonderen" oder „speziellen" Beratungsangebote, die in den einzelnen Sozialgesetzbüchern geregelt sind, und die mit einem Leistungsfall in Verbindung stehen.

Die Regelungen in den einzelnen Sozialgesetzbüchern umfassen neben der Beratung oft auch einen Anspruch auf Unterstützung (z.B. § 11 SGB XII: Anspruch i.d.R. Sozialhilfe).

Praxistipp

Mit Unterstützung sind alle Tätigkeiten bzw. Dienstleistungen gemeint, die den vorrangig auf Kommunikation beruhenden Prozess der Beratung in praktischer Hinsicht ergänzen (z.B. einen Antrag ausfüllen, einen Termin mit einem Dritten absprechen bis hin zu einer Begleitung zum Termin, z.B. zu einem Leistungsträger oder Leistungserbringer).

1. Beratungs- und Unterstützungsangebote

Beratungs- und Unterstützungsangebote werden in dem Maße wichtig, wie Sozialleistungen von der Geltendmachung des individuellen Bedarfs abhängig sind und die Realisierung in einem komplexen und teilweise unübersichtlichen Rahmen stattfindet (zu berücksichtigende Zuständigkeiten, rechtliche Regelungen, Verfahrensvorschriften usw.). Es ist schon für viele Mitarbeiterinnen und Mitarbeitern bei den Leistungsträgern eine hohe Anforderung, nicht nur die eigenen Leistungsentscheidungen zu treffen, sondern auch noch die Leistungsmöglichkeiten anderer Leistungsträger zu kennen und zu administrieren. Wenn die Fachkräfte bei den Leistungsträgern diese Schwierigkeiten haben, sind diese um ein Vielfaches umfangreicher bei den Leistungsberechtigten anzutreffen.

Eine besondere Bedeutung bei der Unterstützung der Leistungsberechtigten haben die Beratungs- und Unterstützungsangebote auch, weil der Zeitpunkt der Erbringung der Leistungen der Eingliederungshilfe des SGB XII seit vollständiger Überführung in das SGB IX ab 1.1.2020 gemäß § 108 Abs. 1 SGB IX ausdrücklich von einer **Antragstellung** abhängig sind. Seither kann der Träger der Eingliederungshilfe seine Leistung nicht mehr von dem Tag an erbringen, an dem er Kenntnis von der Notlage erhält, die nicht im Wege der Selbsthilfe behoben werden kann (*„Kenntnis von den Voraussetzungen"*, siehe § 18 Abs. 1 SGB XII). Für das Einsetzen der Eingliederungshilfe galt bisher immer das Datum des Bekanntwerdens beim Träger und das Vorliegen der Voraussetzungen. Das ist jetzt anders. Es gilt der Tag der Antragstellung. Hier gilt es wieder einmal, die **bürokratischen Anforderungen** an eine Antragstellung so gering wie möglich zu halten.

Praxistipp

Der Antrag kann

- *schriftlich,*
- *mündlich oder fernmündlich oder*
- *durch einen Dritten gestellt werden.*

Er ist an keine bestimmte Form gebunden. Eine rechtzeitige Antragstellung ist also zur Problemlösung anzuraten.

Nicht verwechselt werden darf die Antragstellung als formeller Akt mit der Abgabe eines ausgefüllten und unterschriebenen Antragsvordrucks. Der **Antragsvordruck** ist eine Arbeitserleichterung für den Leistungsträger, Informationen, die zur Leistungsgewährung erforderlich sind, beim Leistungsberechtigten möglichst lückenlos abzufragen. Deshalb wird ein vollständig ausgefüllter Antragsvordruck oft als Grundvoraussetzung dafür genommen, überhaupt tätig zu werden. Das ist jedoch falsch.

Da Antragsvordrucke oftmals für eine **Vielzahl unterschiedlicher Leistungen** des Leistungsträgers genutzt werden, werden dort auch Fragen gestellt, die für die konkret zu beantragende Leistung gar nicht erforderlich wären. So kommt es oft zu der Situation, dass ein auszufüllender Antragsvordruck z.B. zwölf Seiten umfasst, obwohl – ließe man unzutreffende Fragestellungen weg – zwei Seiten auch gereicht hätten.

Hinweis

! *Selbstverständlich brauchen die zur Leistungsgewährung nicht erforderlichen Fragen nicht beantwortet werden. Beantwortet werden brauchen immer nur die Fragen, die für eine Entscheidung über die Leistung erforderlich sind (siehe § 60 Abs. 1 SGB I).*

Allerdings kann der Antragsteller selbst nur schwer entscheiden, welche Frage wichtig ist und welche Frage für die Entscheidung über die Leistung nicht wichtig ist. Bestehen Zweifel an der Berechtigung zur Abfrage der Information, muss der Leistungsträger auf Nachfrage begründen, warum er die Information benötigt oder auch tätige Mithilfe anbieten.

Soweit Teilhabeleistungen nach dem SGB IX beantragt werden und mit dem Antrag mehrere Rehabilitationsträger betroffen sind, reicht **ein Antrag** aus (§ 108 Abs. 2 SGB IX). Die individuellen Bedarfe werden dann im Teilhabe- oder Gesamtplanverfahren umfassend und vollständig ermittelt. Am Ende des Verfahrens erhält der Leistungsberechtigte **einen Bescheid** vom „leistenden Reha-Träger". Der Leistungsbescheid umfasst **alle festgestellten Leistungen** (§§ 14, 15 SGB IX), auch die Leistungen anderer Teilhabeleistungsträger.

Kann eine leistungsberechtigte Person nicht ausreichend am Verfahren mitwirken, hat sie Anspruch auf Beratung und Unterstützung (§ 106 SGB IX) durch den Eingliederungshilfeträger oder einer anderen Stelle. Dieser Anspruch besteht auch, wenn ein Betreuer bestellt worden ist!

Betreuerische Unterstützung im Rahmen des Teilhabe- und Gesamtplanverfahrens

Die teils sehr detailliert geregelten gesetzlichen Beratungs- und Unterstützungsleistungen der Rehabilitations- und Teilhabeträger sind Rechtsansprüche der Antragstellerinnen und Antragsteller. Soweit ein rechtlicher Betreuer bestellt worden ist, wird der Anspruch auf diese Leistung dadurch nicht gemindert (siehe § 17 Abs. 4 Satz 2 SGB I). Ob, inwieweit und in welcher Form sich ein rechtlicher Betreuer an diesem Verfahren beteiligt, liegt im Ermessen des Betreuers auf der Grundlage seiner fachlichen Einschätzung hinsichtlich der Unterstützungsbedürftigkeit.

Die Gesetze verpflichten die Leistungsträger dazu, Beratungs- und Unterstützungsleistungen selbst zu erbringen **und** für qualitativ gute Angebote Dritter zu sorgen. Dieser grundsätzlichen Leistungspflicht können sie sich auch nicht dadurch entledigen, dass sie auf die vielfältigen

Beratungs- und Unterstützungsangebote von anderen Personen oder Stellen verweisen.[18] Sie müssen ihre eigene Beratungs- und Unterstützungsleistung immer anbieten und vorhalten.

Hinweis

Die leistungsberechtigte Person ist in der Entscheidung, welches Angebot tatsächlich genutzt wird, immer frei.

Wird Beratung und Unterstützung im Rahmen eines Persönlichen Budgets in Anspruch genommen, sind daraus entstehende Kosten Teil des Persönlichen Budgets (siehe § 29 SGB IX und die Ausführungen zum Thema Persönliches Budget in Kapitel I Sonstige Geldzahlungen, dort III. Persönliches Budget). Das Gesetz ist hier eindeutig. Das Persönliche Budget umfasst auch die Leistungen für die erforderliche Beratung und Unterstützung. Offen bleibt die Frage, ob die Kosten für eine Beratung und Unterstützung beim Persönlichen Budget das Budget erhöht oder ob diese Kosten aus dem Budget heraus erwirtschaftet werden müssen (siehe dazu auch die Ausführung im Kapitel I, III. zum Persönlichen Budget).

2. Finanzierbarkeit von Beratungs- und Unterstützungsangeboten

Leider sind die Gesetze in Hinsicht auf Beratungs- und Unterstützungsansprüche eher allgemein gehalten. So ergibt sich aus § 21 Satz 1 SGB VIII der *„Anspruch auf Beratung und Unterstützung"* für Personensorgeberechtigte, wenn sie wegen des mit ihrer beruflichen Tätigkeit verbundenen ständigen Ortswechsels die Erfüllung der Schulpflicht ihres Kindes oder Jugendlichen nicht sicherstellen können und deshalb eine anderweitige Unterbringung des Kindes oder des Jugendlichen notwendig ist. In § 16 SGB VIII ist der Anspruch auf Erziehungs- und Schwangerenberatung geregelt. Hier muss der Leistungsträger für ausreichende Angebote sorgen oder die Aufgabe selbst erfüllen. Was ausreichend ist, liegt aber in der **Entscheidungsmacht des Leistungsträgers** und ist wahrscheinlich eher eine fiskalische Frage.

Nicht von den Sozialleistungsträgern selbst durchgeführte Beratung und Unterstützung ist nur finanzierbar, wenn es **Leistungsvereinbarungen** zwischen Anbietern von Beratungs- und Unterstützungsleistungen und Sozialleistungsträger gibt.[19] Deshalb sind die Leistungsberechtigten darauf angewiesen, für notwendige Hilfen auf Leistungserbringer zurückzugreifen, die über Leistungs- und Vergütungsvereinbarungen verfügen. Allerdings kann von der Pflicht, nur mit Leistungsvereinbarung versehene Leistungserbringer zu beauftragen im Einzelfall auch abgewichen werden.

Soweit die Bezahlung einer Leistung im Gesetz nicht ausdrücklich vorgesehen ist, ist sie angesichts der Notwendigkeit bei den Leistungsträgern, nicht zwingend erforderliche Ausgaben zu verhindern, praktisch auch meistens nicht umsetzbar. Hier kann man deutlich erkennen, dass **sachfremde Vorgaben** (hier die Regelungen zum öffentlichen Haushaltsrecht, Sparsamkeit und Wirtschaftlichkeit bei der Verwendung öffentlicher Mittel) direkten Einfluss haben auf die Gewährung von Sozialleistungen. Die Klienten werden auf kostenlose Beratungs- und

18 Siehe dazu u.a. § 106 Abs. 4 SGB IX, § 11 SGB XII, § 3 SGB VIII, § 5 SGB VIII im Rahmen der Kinder- und Jugendhilfe; § 5 SGB XII regelt das Verhältnis zur freien Wohlfahrtspflege i.R.d. Sozialhilfe

19 Siehe u.a. §§ 36, 37, 38 SGB IX; §§ 75 bis 81 SGB XII

Unterstützungsangebote verwiesen, die viel zu oft nicht den tatsächlichen Unterstützungsbedarf abdecken oder auch gar nicht tatsächlich zur Verfügung stehen.

Vermeintlich kostenlose Beratungs- und Unterstützungsangebote sind jedoch keineswegs „kostenlos". Sie verursachen Kosten beim Leistungsträger (Personal- und Sachkosten) und sofern sie von den Leistungserbringern erbracht werden, eben dort. Sie zeichnen sich aber dadurch aus, dass vom Ratsuchenden keine Gebühr für die Nutzung des Angebots erhoben wird. Das liegt meistens daran, dass die Finanzierung des Beratungs- und Unterstützungsangebots z.B. durch eine pauschale Zuwendung des Leistungsträgers oder anderer staatlicher Stellen an die beratende Institution erfolgt, die sich in der Höhe an den Kosten orientiert, die für das Beratungsangebot entstehen, jedoch nicht oder nur sehr unzureichend am individuellen Unterstützungsbedarf des jeweiligen Ratsuchenden.

Beispiel: Persönliches Budget

Sehr gut nachzuvollziehen ist das beim Persönlichen Budgets. Auch hier gibt es einen Anspruch auf Beratung und Unterstützung (§ 29 SGB IX). Die Kosten, die für die erforderliche Beratung und Unterstützung entstehen, sollen sogar bei der Höhe des Budgets berücksichtigt werden.

In der Praxis verweisen die Leistungsträger aber auf die eigenen Beratungs- und Unterstützungsangebote oder auf andere kostenlos zur Verfügung stehende Angebote sozialer Leistungserbringer, anstatt den individuellen Bedarf an Beratung und Unterstützung zu benennen und – wie beim Persönlichen Budget üblich sein soll – diese in Form einer zusätzlichen Geldzahlung zu befriedigen.

3. Gewährleistungspflicht der Leistungsträger für Beratung und Unterstützung

Beratungs- und Unterstützungsverpflichtungen liegen immer bei den Leistungsträgern. Sie müssen gewährleisten, dass es ausreichend Beratungs- und Unterstützungsangebote gibt und sind verpflichtet, diese – wenn ausreichende Beratungs- und Unterstützungsangebote nicht erreichbar sind – auch selbst zu erbringen (§ 1 Abs. 2 SGB I). Die Leistungsträger sind auch die einzigen Stellen, die rechtsverbindlich im Einzelfall Auskünfte erteilen.

Etwas **anders** ist dies bei den **Teilhabeleistungen** geregelt. Hier kann sich der Leistungsträger nicht auf Beratungs- und Unterstützungsangebote anderer berufen. Es ist ausdrücklich geregelt, dass und wie seitens der Leistungsträger beraten werden soll. Ergänzende Angebote bestehen parallel dazu und ersetzen die eigene Beratungs- und Unterstützungsverpflichtung nicht (§§ 32, 34, 106 SGB IX).

Wird die Beratung oder Unterstützung an die **Bedingung der Erforderlichkeit** geknüpft, und ergibt sich die Erforderlichkeit der Beratung und Unterstützung z.B. aus der Beeinträchtigung im Zusammenhang mit einer Behinderung, dann wird die Beratung und Unterstützung zu einer „eigenständigen" Sozialleistung.

4. Ausgewählte Beratungs- und Unterstützungsansprüche in den Sozialgesetzen

Übersicht: Beratungsansprüche in den Sozialgesetzen

Beratung, Auskunft, Unterstützung	Rechtsnorm
Allgemeine Beratung und Auskunftsansprüche	
Beratung	§ 14 SGB I
Auskunft	§ 15 SGB I
Spezielle Beratungs- und Unterstützungsansprüche	
Erforderliche Beratung und Unterstützung beim Persönlichen Budget (PB)	§ 29 Abs. 2 Satz 6 SGB IX
Ergänzende unabhängige Beratung	§ 32 SGB IX
Sicherung der Beratung von Menschen mit Behinderungen	§ 33 SGB IX
Beratung und (**erforderliche)** Unterstützung	§ 106 SGB IX
Beratung in der Häuslichkeit zur Sicherung der Qualität häuslicher Pflege	§ 37 Abs. 3 SGB XI
Gebotene Beratung und Unterstützung; Leistungen der Sozialhilfe insgesamt	§ 8 SGB XII
Beratung in Fragen der Sozialhilfe als Leistungsform der Sozialhilfe	§ 10 Abs. 2 SGB XII
Beratung und Unterstützung in sonstigen sozialen Angelegenheiten	§ 10 Abs. 2 SGB XII
Beratung und (**erforderliche**) Unterstützung	§ 11 SGB XII
Pflegeberatung	§ 7a SGB XI
Beratung in der Häuslichkeit zur Sicherung der Qualität häuslicher Pflege	§ 37 Abs. 3 SGB XI
Beratung zur Unfallverhütung	§ 17 SGB VII
Fachliche Beratung und Begleitung zum Schutz von Kindern und Jugendlichen	§ 8a SGB VIII
Beratung in Fragen der Partnerschaft, Trennung und Scheidung	§ 17 SGB VIII
Beratung und Unterstützung bei der Ausübung der Personensorge und des Umgangsrechts	§ 18 SGB VIII
Erziehungsberatung	§ 28 SGB VIII
Beratung und Belehrung in Verfahren zur Annahme als Kind	§ 51 SGB VIII
Beratung und Unterstützung bei Vaterschaftsfeststellung und Geltendmachung von Unterhaltsansprüchen	§§ 52a, 53 SGB VIII
Beratung und Unterstützung bei der Ausübung des Umgangsrechts	§ 6 SGB VIII

Beratung, Auskunft, Unterstützung	Rechtsnorm
Beratung bei Grundsicherung für Arbeitsuchende	§ 1 SGB II
Beratung zu Selbsthilfeobliegenheiten und Mitwirkungspflichten, zur Berechnung der Leistungen zur Sicherung des Lebensunterhalts und zur Auswahl der Leistungen im Rahmen des Eingliederungsprozesses	§ 14 SGB II
Schuldnerberatung und Suchtberatung	§ 16a SGB II
Beratung für Selbstständige	§ 16c SGB II
Berufsberatung	§ 30 SGB III
Arbeitsmarktberatung	§ 34 SGB III
Ernährungsberatung	§ 21 SGB V
Beratung über Fragen der Empfängnisregelung	§ 24a SGB V
Beratung über die Erhaltung und den Abbruch der Schwangerschaft	§ 24b SGB V
Beratung der Schwangeren	§ 24d SGB V
Präventionsorientierte Beratung zur Früherkennung von bevölkerungsmedizinisch bedeutsamen Krankheiten	§ 25 SGB V
Palliativ-pflegerische Beratung	§ 39a SGB V
Hospiz- und Palliativberatung durch die Krankenkassen	§ 39b SGB V
Beratung und Hilfestellung bei Krankengeldanspruch	§ 44 Abs. 4 SGB V

Wenn man bedenkt, dass die in der Tabelle aufgelisteten Beratungsansprüche nur die wichtigsten Beratungsansprüche abbildet, ist es schon erstaunlich, dass gleichzeitig das Problem besteht, dass Menschen der Zugang zu Leistungen versperrt bleibt.

II. Die „Ergänzende Unabhängige Teilhabeberatung“ (EUTB)

> „Die Individualisierung von Leistungen macht einen erhöhten Bedarf an Beratung notwendig“.[20]

Das war die zentrale Begründung der Bundesregierung für die Schaffung dieses Beratungs- und Unterstützungsangebots.

> „Die Position der Menschen mit Behinderungen soll im Verhältnis zu den Rehabilitationsträgern und den Leistungserbringern durch eine ergänzende unabhängige Teilhabeberatung gestärkt werden“[21]

ist der Gesetzesbegründung als Zielbeschreibung zu entnehmen.

Im Gegenzug abgeschafft wurden die Gemeinsamen Servicestellen der Rehabilitationsträger (ehemals § 22 SGB IX).

20 Begründung BT-Drs. 18/9522 v. 5.9.2016, S. 245
21 Begründung BT-Drs. 18/9522 v. 5.9.2016, S. 191

> „Die vergangenen Jahre seit Inkrafttreten des SGB IX haben auch gezeigt, dass sich die in Kapitel 3 des SGB IX (alt) in der geltenden Fassung normierten Gemeinsamen Servicestellen flächendeckend nicht bewährt haben. Fehlende Verbindlichkeit und Finanzierungsstrukturen haben dazu geführt, dass die Gemeinsamen Servicestellen nicht die gewünschten Ziele erreicht und Aufgaben erfüllt haben".[22]

Die EUTB verfolgt das **Ziel**, die Selbstbestimmung zu stärken (§ 32 Abs. 1 Satz 1 SGB IX). Sie soll flächendeckend und schon im Vorfeld eines konkreten Leistungsgeschehens zur Verfügung stehen und die Menschen mit Behinderung bei der Realisierung von Teilhabeansprüchen beraten und sie auch im Antrags- und Bewilligungsverfahren unterstützen. Ausdrücklich **ausgeschlossen** ist mit Hinweis auf das Rechtsdienstleistungsgesetz die Unterstützung im Widerspruchs- und Klageverfahren. Aktuell sind bundesweit 843 Beratungsstellen gelistet[23].

Die EUTB wird im Rahmen einer Projektförderung zeitlich befristet mit Mitteln des Bundes finanziert und soll

- qualifiziert,
- neutral aber
- parteilich

sein.[24]

Die sehr offene Aufgabenbeschreibung im Gesetz (§ 32 Abs. 2 SGB IX: *„...Information und Beratung über Rehabilitations- und Teilhabeleistungen..."*) muss bezüglich ihrer Reichweite und konzeptionellen Ausgestaltung im Zusammenhang mit der vom Gesetzgeber begründeten Aufgabenstellung gesehen werden. Hier wird festgestellt, dass

> „insbesondere das trägerübergreifende und partizipative Teilhabeplanverfahren sowie die Einführung eines ergänzenden von Leistungsträgern und Leistungserbringern unabhängigen Teilhabeberatungsangebotes, das auch dem Peer-Prinzip Rechnung trägt, (...) für die Menschen mit Behinderungen künftig deutlich bessere Beratung und Unterstützung bieten (soll)."[25]

Dabei ist zu beachten, dass die EUTB den Anspruch auf Beratung und Unterstützung durch die Leistungsträger der Teilhabeleistungen nicht ersetzt. Die EUTB wird im Vorfeld der Beantragung von Teilhabeleistungen tätig, ist aber auch im Antrags- und Bewilligungsverfahren ein zusätzlich vorhandenes Instrument der Zugangssicherung.

> „Durch das neue Beratungs- und Unterstützungsangebot im Vorfeld der Beantragung konkreter Leistungen werden die bereits bestehenden Beratungsverpflichtungen der Rehabilitationsträger ergänzt. Auch wenn die ergänzende unabhängige Teilhabeberatung überwiegend im Vorfeld der Beantragung konkreter Leistungen erfolgen soll, ist eine darüber hinausgehende Inanspruchnahme des Beratungsangebotes im gesamten Reha- und Teilhabeprozess möglich, sofern im Einzelfall ein entsprechender Bedarf besteht. Das gilt insbesondere auch für die Teilhabeplanung."[26]

22 Begründung BT-Drs. 18/9522 v. 5.9.2016, S. 196
23 Siehe https://www.teilhabeberatung.de/beratung/beratungsangebote-der-eutb (Abruf am: 7.10.2025)
24 Siehe Begründung BT-Drs. 18/9522 v. 5.9.2016, S. 252
25 Begründung BT-Drs. 18/9522 v. 5.9.2016, S. 196
26 Begründung BT-Drs 18/9522 v. 5.9.2016, S. 252

Damit ist klar: Die Rehabilitationsträger können sich nicht darauf berufen, z.B. freie Träger (also Leistungserbringer) mit der Beratung und Unterstützung zu beauftragen und sich selbst dieser Aufgabe nicht zu stellen. In § 106 SGB IX ist nunmehr detailliert aufgeführt, wie diese Beratung zu gestalten ist.

Damit ist der EUTB eine wichtige und im Einzelfall auch sehr arbeits- und zeitaufwendige Funktion zugewiesen. Bezogen auf die Teilhabeplankonferenz (analog dazu auch die Gesamtplankonferenz) ist geregelt, dass

> „der mit der bundesfinanzierten Förderung von Angeboten der ergänzenden unabhängigen Teilhabeberatung einhergehenden Stärkung der Position der Leistungsberechtigten (...) im Rahmen von Teilhabeplankonferenzen besonders viel Raum eröffnet werden (soll), da es sich bei Teilhabeplankonferenzen um anspruchsvolle Gesprächssituationen mit erheblicher Tragweite für das Verfahren der Leistungserbringung handeln kann.“[27]

Leider hat der Gesetzgeber diese Hinweise lediglich in die Gesetzesbegründung geschrieben und vergessen, diese Vorstellungen in der Deutlichkeit auch im Gesetz zu verankern. Man kann deshalb davon ausgehen, dass die Vorstellungen des Gesetzgebers über Lippenbekenntnisse nicht hinausgehen und in der Praxis eher keine Berücksichtigung finden werden. Auch die **Finanzierungsrichtlinie** des Bundes für die EUTB[28] weist darauf hin. Die finanzielle Grundlage für die Finanzierung der Beratungsstellen lassen eine Arbeit in dem angestrebten Umfang gar nicht zu.

Finanziert wird die EUTB mit Projektmitteln der Bundesregierung. Nach der aktuellen Richtlinie wird eine Vollzeit-Berater-Stelle auf durchschnittlich 140.000 Einwohner finanziert. Geht man davon aus, dass ca. 9 % der Bevölkerung zum Kreis der Menschen mit Behinderung gehört, dann hat ein Berater der EUTB potenziell 12.600 „Kunden“.[29]

Als kritisch bewertet werden muss die **Diskrepanz zwischen Gesetzestext und Auftrag durch den Gesetzgeber**, der sich aus der Gesetzesbegründung ergibt. Im Gesetz geregelt ist der Auftrag „Beratung“. In der Gesetzesbegründung ist der Auftrag aber umfassender. Dort ist die Rede von Beratung und Unterstützung, ausdrücklich nicht nur im Vorfeld, sondern auch im Teilhabeverfahren und in der Teilhabeplankonferenz. Warum der Gesetzestext den Auftrag des Gesetzgebers nur so unzureichend wiedergibt, weiß letztlich keiner. Es ist entweder ein krasser „handwerklicher Fehler“ der ministeriellen Gesetzesschreiber oder aber Absicht, ohne diese klar zu kommunizieren. Die **Folgen** sind jedoch schon jetzt deutlich zu erkennen. Die finanzielle Ausstattung ist bei dem Auftrag „Beratung“ natürlich geringer als bei einem umfangreicheren Auftrag, der auch die „Unterstützung“ umfasst.

27 Begründung BT-Drs. 18/9522 v. 5.9.2016, S. 246

28 Vgl. „Förderrichtlinie zur Durchführung der „Ergänzenden unabhängigen Teilhabeberatung“ für Menschen mit Behinderungen“ vom 17. Mai 2017

29 Siehe dazu https://www.destatis.de/DE/Themen/Gesellschaft-Umwelt/Gesundheit/Behinderte-Menschen/_inhalt.html (Abruf am: 7.10.2025)

Für die Betreuungspraxis heißt das dann, dass die Betreuer diese Unterstützungsleistung erbringen müssen, jedenfalls soweit sie im Vorfeld der Beantragung von Teilhabeleistungen stattfinden müssen. In der Realität ist es so:

- Es gibt die Klienten mit einem „engagierten" Betreuer. Die sind dann gut mit Teilhabeleistungen „versorgt".
- Es gibt die Klienten mit „weniger engagierten" Betreuern. Hier ist zumindest – positiv betrachtet – die Wahrscheinlichkeit hoch, dass die Reha-Träger, weil es einen Betreuer gibt und dieser das Verfahren „beobachtet", sich anstrengen und versuchen, eine gute Sache – jedenfalls aus ihrer Sicht – hinzukriegen.
- Und dann gibt es Leistungsberechtigte ohne Betreuer. Sie bekommen dann entweder mit Hinweis auf deren nicht oder nicht sachgerecht ausgeübte Selbstbestimmung oder mit Hinweis auf fehlende Mitwirkung nichts.

Praxistipp

Welche EUTB wo zu finden ist, kann im Internet abgefragt werden:

https://www.teilhabeberatung.de/beratung/beratungsangebote-der-eutb

III. Beratung und Unterstützung für Menschen mit Behinderung nach § 106 SGB IX

Beratung und vor allem auch die Unterstützung leistungsberechtigter Menschen auf der Grundlage der umfangreich formulierten Ansprüche nach § 106 SGB IX ist der Versuch des Staates, die sich aus der UN-BRK ergebenden Verpflichtungen zu erfüllen. Hier ist geregelt, dass

> „die Vertragsstaaten (...) geeignete Maßnahmen (treffen), um Menschen mit Behinderungen Zugang zu der Unterstützung zu verschaffen, die sie bei der Ausübung ihrer Rechts- und Handlungsfähigkeit gegebenenfalls benötigen".[30]

Diese Angebote müssen aber *„mit wirksamen Sicherungen"* versehen werden, *„um Missbräuche zu verhindern"*.[31]

1. Voraussetzungen und Form

Anspruch auf **Beratung** nach § 106 SGB IX hat jede leistungsberechtigte Person. Voraussetzung ist lediglich ein grundsätzlicher Leistungsanspruch. Die Ratsuchenden können zur Beratung von einer Person des Vertrauens begleitet werden (§ 106 Abs. 1 Satz 1 SGB IX). Die Beratung erfolgt durch den Eingliederungshilfeträger und muss in einer Form erfolgen, die die Wahrnehmbarkeit durch die Ratsuchenden sicherstellt (§ 106 Abs. 1 Satz 2 SGB IX).

Im Unterschied zur Beratung ist eine **Unterstützung** der leistungsberechtigten Person durch den Eingliederungshilfeträger nur dann möglich, wenn und soweit diese Unterstützung „er-

30 Siehe Art. 12 Abs. 3 UN-BRK
31 Siehe Art. 12 Abs. 4 UN-BRK

forderlich" ist. Für die Beurteilung der **Erforderlichkeit** einer Unterstützung nach § 106 Abs. 3 SGB IX gibt es keine festgelegten Beurteilungskriterien. Der Gesetzgeber geht wohl davon aus, dass die notwendige Fachlichkeit bei den Trägern der Eingliederungshilfe vorhanden ist. Aus der Praxis heraus beurteilt wird die Erforderlichkeit – soweit das überhaupt bewusst abgefragt wird – nach dem Schema „kann/kann nicht", ohne die Fähigkeiten des Klienten zur Entscheidungsfindung zu beurteilen und auf der Grundlage die Unterstützung zu leisten.

Der Umfang der Beratung und Unterstützung kann der folgenden Tabelle entnommen werden.

Übersicht: Beratungs- und Unterstützungsansprüche nach § 106 SGB IX

Beratung umfasst insbesondere	**Unterstützung umfasst insbesondere**
1. die persönliche Situation des Leistungsberechtigten, den Bedarf, die eigenen Kräfte und Mittel sowie die mögliche Stärkung der Selbsthilfe zur Teilhabe am Leben in der Gemeinschaft einschließlich eines gesellschaftlichen Engagements	1. Hilfe bei der Antragstellung
2. die Leistungen der Eingliederungshilfe einschließlich des Zugangs zum Leistungssystem	2. Hilfe bei der Klärung weiterer zuständiger Leistungsträger
3. die Leistungen anderer Leistungsträger	3. das Hinwirken auf zeitnahe Entscheidungen und Leistungen der anderen Leistungsträger
4. die Verwaltungsabläufe	4. Hilfe bei der Erfüllung von Mitwirkungspflichten
5. Hinweise auf Leistungsanbieter und andere Hilfemöglichkeiten im Sozialraum und auf Möglichkeiten zur Leistungserbringung	5. Hilfe bei der Inanspruchnahme von Leistungen
6. Hinweise auf andere Beratungsangebote im Sozialraum	6. die Vorbereitung von Möglichkeiten der Teilhabe am Leben in der Gemeinschaft einschließlich des gesellschaftlichen Engagements
7. eine gebotene Budgetberatung	7. die Vorbereitung von Kontakten und Begleitung zu Leistungsanbietern und anderen Hilfemöglichkeiten
	8. Hilfe bei der Entscheidung über Leistungserbringer sowie bei der Aushandlung und dem Abschluss von Verträgen mit Leistungserbringern
	9. Hilfe bei der Erfüllung von Verpflichtungen aus der Zielvereinbarung und dem Bewilligungsbescheid

Die Beratung kann – neben der vom Eingliederungshilfeträger durchgeführten Beratung – auch von der **EUTB** durchgeführt werden.

Die **Beratung und die Unterstützung** können aber auch

- von Verbänden der Freien Wohlfahrtspflege sowie
- von Angehörigen der rechtsberatenden Berufe und
- von sonstigen Stellen

durchgeführt werden. Jedenfalls ist der Eingliederungshilfeträger verpflichtet, hinsichtlich der Beratung und Unterstützung auf diese Möglichkeiten hinzuweisen (§ 106 Abs. 4 SGB IX).

2. Bedeutung der Beratungs- und Unterstützungsansprüche für das Antrags- und Bewilligungsverfahren und bei der Mitwirkung

Eine gute Beratungs- und Unterstützungsleistung führt

- zu einer bedarfsgerechten Ausgestaltung von sozialen Leistungen zur Sicherung einer Lebensgrundlage oder
- zum Ausgleich behinderungsbedingter Nachteile.

Soweit sich die Unterstützungsleistung auch auf die Inanspruchnahme der Sozialleistung bezieht, kann dies auch direkten Einfluss auf deren Wirksamkeit haben. Das funktioniert natürlich auch andersherum.

Sozialleistungen können nur dann geleistet werden, wenn sie **beantragt** werden. Sie sind auch davon abhängig, dass die für die Bewilligung einer Leistung erforderlichen Tatsachen vom Leistungsträger **ermittelt** werden können (§ 20 SGB X). Bei der Ermittlung muss die leistungsberechtigte Person **mitwirken** (§§ 60 bis 64 SGB I). Im Laufe des Teilhabe- und Gesamtplanverfahrens muss der Antragsteller mehrfach verschiedenen Fragestellungen zustimmen (z.B. Einbezug der Pflegekasse in das Verfahren u.a.). Wird nicht zugestimmt, können daraus auch Nachteile entstehen.

Die Pflicht zur Mitwirkung hat aber auch Grenzen (§ 65 SGB I). So besteht eine Pflicht zur Mitwirkung dann nicht, wenn

> „ihre Erfüllung dem Betroffenen aus einem wichtigen Grund nicht zugemutet werden kann"[32]

Eine Untersuchung kann abgelehnt werden, wenn

> „im Einzelfall ein Schaden für Leben oder Gesundheit nicht mit hoher Wahrscheinlichkeit ausgeschlossen werden kann".[33]

Sind diese Voraussetzungen erfüllt, läge eine „Erforderlichkeit" für eine Unterstützung nach § 106 Abs. 3 SGB IX vor. Die Unterstützung hätte das Ziel, die leistungsberechtigte Person in die Lage zu versetzen, den Mitwirkungspflichten nachkommen zu können. Das schließt die Bestellung eines besonderen Vertreters („*Vertreter von Amts wegen*") ein (§ 15 Abs. 1 Nr. 4 SGB X).

Die **Ablehnung des Antrages** mit Hinweis auf die fehlende Mitwirkung wäre dann möglicherweise rechtlich nicht haltbar.

32 Siehe § 65 Abs. 1 Nr. 2 SGB I
33 Siehe § 65 Abs. 2 Nr. 1 SGB I

D Erschließung und Realisierung von Sozialleistungen – Anleitung

I. Rechtliche Betreuung und Sozialleistungen

Einem Menschen mit Behinderung wird – soweit dies erforderlich ist – ein Betreuer zur Seite gestellt, wenn er wegen der Behinderung seine Angelegenheiten ganz oder teilweise nicht selbst besorgen kann (§ 1815 Abs. 1 Satz 3 BGB). Das Kriterium der Erforderlichkeit zieht sich wie ein roter Faden durch das gesamte Betreuungsrecht. Deshalb wird auch vom **Erforderlichkeitsgrundsatz** gesprochen.

Der Erforderlichkeitsgrundsatz gilt

1. für die Bestellung eines Betreuers als solches,
2. für die Anzahl der Aufgabenbereiche eines Betreuers und deren „Reichweite" – also der Frage, welche Angelegenheiten von einem Aufgabenbereich erfasst sind – und natürlich auch
3. für die vom Betreuer auszuführenden Tätigkeiten (§ 1821 Abs. 1 BGB).

Innerhalb des Betreuungsrechts sind hinsichtlich der Anwendung des Erforderlichkeitsgrundsatzes in der Praxis zwei verschiedene Denkrichtungen und – direkt damit verbunden – „Tätigkeitsbeschreibungen" für Betreuer verbreitet. Zum einen **die juristisch geprägte Beschreibung**, wonach der Betreuer der gesetzliche Vertreter des Klienten ist. Direkt verbunden mit dieser Denkweise ist die Schlussfolgerung, dass eine Tätigkeit des Betreuers erst dann erforderlich wird, wenn es eine Vertretungsnotwendigkeit gibt (§ 1821 BGB). Hier wird der Betreuungsbedarf gleichgesetzt mit der **Vertretungsnotwendigkeit**. Es würde sich also immer die Frage stellen, ob der Klient eine Angelegenheit selbst erledigen kann oder nicht.

Diese Sichtweise, so schön und klar sie zunächst auch daherkommt, klärt die **tatsächlichen Betreuungsaufgaben** im Einzelfall nur teilweise oder unzureichend. Aus dem im Gesetz geregelten „Betreuungsauftrag" ergibt sich die Verpflichtung für den Betreuer, seine Klienten so zu unterstützen, dass sie ihr Leben im Rahmen ihrer Möglichkeiten nach eigenen Wünschen gestalten können und ihre Angelegenheiten rechtlich selbst besorgen können. Die Vertretungsbefugnis soll nur dann genutzt werden, wenn dies unbedingt erforderlich ist (§ 1821 BGB).

Auch nach der Betreuungsrechtsreform 2023 wird weiterhin davon ausgegangen, dass die von Betreuern zu verrichtenden Tätigkeiten nicht mit den Aufgabenbereichen, für die Vertretungsmacht besteht, identisch sein muss (§ 1821 BGB).

Beispiel: Angelegenheiten des Klienten

Der Betreuer erfährt im Gespräch mit seinem Klienten davon, dass dieser sich seit geraumer Zeit mit seinem Vermieter wegen der nicht funktionierenden Heizung streitet. Er will nun kündigen, in eine neue Wohnung umziehen und bittet um Hilfe durch den Betreuer.

Der Betreuer ist für den Bereich der Vermögenssorge bestellt. Er ist hinsichtlich der Wohnungsangelegenheiten nicht vertretungsberechtigt, weil er nicht über den notwendigen Aufgabenbereich („Wohnungsangelegenheiten") verfügt (§ 1823 BGB).

Unstreitig handelt es sich bei einem Umzug und den damit zusammenhängenden Tätigkeiten aber um „Angelegenheiten des Klienten". Daraus ergibt sich eine grundsätzliche „Zuständigkeit" des Betreuers, seinen Klienten soweit erforderlich („Erforderlichkeitsgrundsatz") zu unterstützen (§ 1821 Abs. 1 BGB).

Ein Kriterium für die Beurteilung der Erforderlichkeit ist die Fähigkeit des Klienten zur Besorgung einer Angelegenheit („Selbsthilfepotenzial"), § 1821 Abs. 2 Satz 3 BGB. Ein weiteres Kriterium für die Beurteilung der Erforderlichkeit ist die Möglichkeit des Klienten, Beeinträchtigungen bei den eigenen Fähigkeiten zur Besorgung der Angelegenheit (Beeinträchtigung der Selbstsorge, fehlendes „Selbsthilfepotenzial") durch Hilfen Dritter auszugleichen (§ 1821 Abs. 6 BGB).

Unter Anwendung dieser Merkmale unterstützt der Betreuer in diesem Beispielfall seinen Klienten bei der Kündigung der Wohnung indem er

- *die Kündigung schreibt und*
- *vom Klienten unterschreiben lässt und*
- *die Kündigung dann verschickt.*

Bezüglich der Wohnungssuche, Wohnungsbesichtigung, vorvertragliche Gespräche mit dem neuen Vermieter beantragt der Betreuer beim zuständigen Eingliederungshilfeträger eine Assistenz, steuert den Unterstützungsprozess und kontrolliert die Tätigkeit der eingesetzten Hilfe (§ 113 SGB IX i.V. m. § 78 SGB IX).

Den Abschluss des neuen Mietvertrages unterstützt der Betreuer durch Erklärung des Inhalts. Der Vertrag wird vom Klienten selbst unterzeichnet.

In der betreuungsfachlichen Diskussion hat sich vor allem die Sichtweise durchgesetzt, wonach die Tätigkeit des Betreuers darin besteht, durch Beratung, Unterstützung und Vertretung die Rechts- und Handlungsfähigkeit des Klienten zu sichern (§§ 1821, 1823 BGB; Art. 12 UN-BRK). Mit der letzten Reform des Betreuungsrechts wurden die Ergebnisse der betreuungsfachlichen Diskussion nachvollzogen. Die **Aufgabe von Betreuern** wurde neu definiert. Analog zur betreuerischen Sichtweise haben Betreuer die Aufgabe, die Klienten dabei zu unterstützen, ihre Angelegenheiten selbst zu erledigen.

Hinweis

! *Vertretung ist ein Mittel der Unterstützung und in der rechtlichen Beurteilung „ultima ratio" (§§ 1821 Abs. 1 Satz 2, 1823 BGB). Für den Betreuer ist die Vertretung jedoch eine von mehreren Möglichkeiten der Unterstützung, die sich sinnvoll in den kontraktbasierten Prozess der Unterstützung einpassen muss.*

Bei der Unterstützung der Klienten **das richtige Maß** für die Art und den Umfang der Tätigkeit, die ja eine betreuerische Intervention ist, zu finden, ist die Kunst der Ausübung des Berufs „Betreuer". Betreuer sind – im Rahmen ihrer spezifischen Aufgabenstellung vor allem auch bei den Sozialleistungen – das zweite „Ich" der Klienten.

Um diese Rolle ausfüllen zu können, bedarf es einer umfassenden Bestandsaufnahme der aktuellen Lebenssituation und Lebensziele („Wünsche" und „Vorstellungen") der Klienten. Auf der Grundlage dieser Lebensziele muss danach geschaut werden, welche dieser Ziele die Klienten mit ihren eigenen persönlichen und finanziellen Ressourcen umsetzen können. Wenn die eigenen Ressourcen für die Zielerreichung nicht ausreichen, müssen – wenn möglich – Hilfen Dritter akquiriert werden. Das können Geld-, Sach- und Dienstleistungen sein. Teilhabeleistungen spielen hierbei natürlich eine wichtige Rolle.

Beispiel: Wohnen und Sozialleistungen

Dazu benötigt man Geld. Reicht das eigene Geld nicht zur Deckung der Wohnkosten, kommen unter Umständen Sozialleistungen (z.B. Wohngeld oder auch ALG 2 bzw. Leistungen des Sozialhilfeträgers) in Frage.

Kann die eigene Wohnung nicht in Ordnung gehalten werden, kann über Sozialleistungen unter Umständen eine Haushaltshilfe finanziert werden (z.B. über Krankenkasse, Pflegekasse, Sozialhilfeträger etc.).

Fehlen die nötigen Ressourcen zur Organisation des Alltags in der Wohnung, kann unter Umständen eine ambulante Einzelfallhilfe über Sozialleistungen (z.B. „ambulant betreutes Wohnen" Eingliederungshilfe) finanziert werden.

II. Wer ist wofür zuständig? Mitwirkung und Abgrenzung

1. Leistungsträger, Leistungserbringer und Leistungsberechtige

Innerhalb des Sozialleistungsrechts sind die Zuständigkeiten im Prinzip klar verteilt: Es gibt

- Leistungsträger,
- Leistungserbringer und
- Leistungsberechtigte.

Für die **Beantragung von Leistungen** ist der **Leistungsberechtigte** zuständig.

Für die **Entscheidung über Leistungen** ist der **Leistungsträger** zuständig.

Für die **Ausführung der Leistungen** ist der **Leistungserbringer** zuständig.

Hinweis: Ausnahme

Beim Persönlichen Budget ist der Leistungsberechtigte für die Ausführung der Leistung zuständig und verantwortlich.

In der Praxis hat sich eingebürgert, dass der Leistungserbringer auch „Kostenträger" genannt wird. Der Leistungsberechtigte wird meistens „Antragsteller" genannt. Und der Leistungsbringer heißt oft „Dienst" (z.B. Pflege*dienst*) oder „Einrichtung" (Heim). Und es gibt auch Leistungserbringer, die sich selbst als Leistungsträger sehen. (siehe dazu auch Ausführungen in Kapitel E)

2. Betreuer

Betreuer spielen in den Sozialgesetzen eine eher untergeordnete Rolle. Einbezogen sind Betreuer über den § 11 SGB X, der – für den Fall, dass Betreuer sich in das Verfahren einbringen – sie verfahrensrechtlich an die Stelle des Leistungsberechtigten treten lässt. Alle verfahrensrechtlichen Rechte und Pflichten gehen an den Betreuer über.[34] Betreuer werden zu Verfahrensbeteiligten,

- wenn sie z.B. den Antrag stellen,
- wenn sie Informationen zum Stand des Verfahrens abfragen oder regelmäßig informiert werden wollen,
- wenn der Leistungsträger Zweifel daran hat, zu verbindlichen Entscheidungen im Verfahren ohne Betreuer kommen zu können.

Hauptgründe für **Abgrenzungsproblematiken** sind die mangelhaften Kenntnisse über die eigene Rolle und Zuständigkeit und Anforderungen aus der Mitwirkungspflicht des Klienten. Viel zu oft gehen Sozialleistungsträger immer noch davon aus, dass allein die Betreuerbestellung schon dazu führt, dass die Verfahrensrechte des Klienten geschmälert sind und nur der Betreuer handeln kann.

3. Rechte und Pflichten

Das **Antrags- und Bewilligungsverfahren** läuft dem Grunde nach – ohne Rücksicht darauf, welche Sozialleistung beantragt wird – nach dem immer gleichen Verfahren ab:

1. Antragstellung,
2. Bedarfsprüfung und Bedarfsfeststellung,
3. Bewilligung oder Ablehnung der Leistung.

Die Verfahrensbeteiligten im Sozialleistungsrecht haben unterschiedliche Rechte und Pflichten.

Leistungsträger haben die **Pflicht**, Bedarfe zu erheben, festzustellen und notwendige Hilfen zur Bedarfsbefriedigung zu leisten. Sie haben das **Recht**, einen Sachverhalt aufzuklären und können auch die dafür notwendigen Untersuchungen einleiten, soweit dies für ihre Pflichterfüllung vonnöten ist.

Die **Mitwirkungspflicht** (§§ 60 bis 64 SGB I) gehört zu den Pflichten des **Leistungsberechtigten** und ist – zusammen mit dem begleitenden bürokratischen Verfahren – ein wichtiger Auslöser für die Betreuerbestellungen.

Erkennt ein Leistungsträger beim Leistungsberechtigten einen Unterstützungsbedarf im Antrags- und Bewilligungsverfahren, wird vielfach die Einrichtung einer Betreuung angeregt. Ist ein Betreuer bestellt, braucht der notwendige Unterstützungsbedarf nicht mehr durch und auf Kosten des Leistungsträgers gedeckt zu werden (§ 64 SGB X). Das Instrument des besonderen Vertreters im Sozialleistungsverfahren (§ 15 Abs. 1 Nr. 4 SGB X) bleibt deshalb ungenutzt, genauso wie andere Beratungs- und Unterstützungsangebote. Unter Hinweis auf

34 Analoge Anwendung von § 53 ZPO

die dann (aus Sicht des Leistungsträgers) von den Betreuern stellvertretend für die Leistungsberechtigten zu leistende Mitwirkung werden dann notwendige Unterstützungsleistungen der sozialrechtlichen Leistungspflicht entzogen.

Daraus resultieren viele Abgrenzungsprobleme zwischen den Zuständigkeiten von Betreuern und Sozialleistungserbringern.

Beispiel: Mitwirkungspflichten und Grenzen der Mitwirkung

Der Träger der Eingliederungshilfe verlangt im Rahmen der Prüfung der Verlängerung des Kostenanerkenntnis der Eingliederungshilfe im Heim für psychisch beeinträchtigte Menschen vom Betreuer, bei der Pflegekasse eine erneute Untersuchung der Pflegebedürftigkeit zu veranlassen.

Richtig wäre es, ein Gesamtplanverfahren einzuleiten, die Pflegekasse am Gesamtplanverfahren zu beteiligen und von der Pflegekasse eine Mitteilung darüber zu verlangen, wie der von der vom Medizinischen Dienst der Krankenkassen (MDK) begutachtete Bedarf in Abstimmung mit den anderen Teilhabeleistungen gedeckt werden kann.

Die Pflicht zur Bedarfserhebung liegt (trägerübergreifend) beim Träger der Eingliederungshilfe.

Für alle Sozialleistungsträger gelten als **Verfahrensrecht** die Vorschriften des SGB X. Hier sind u.a. die folgenden Punkte geregelt:

Übersicht: Verfahrensrechtliche Regelungen des SGB X

- Wer ist zuständig?
- Wie sollen sich die Leistungsträger untereinander helfen?
- Wie hat das Verfahren abzulaufen?
- Wer ist Beteiligter am Verfahren?
- Welche Aufgaben hat der Leistungsträger im Verfahren?
- Welche Rechte haben Leistungsberechtigte im Verfahren?
- Wie beginnt/wie endet ein Verfahren?
- Wie können später auftretende bzw. bekanntwerdende Fehler bereinigt werden?

III. Das Verwaltungsverfahren

Das Verwaltungsverfahren ist in der **Tradition öffentlicher Verwaltung** ein hoheitliches Verfahren, das auf Über- und Unterordnung beruht. Der Staat ist seinem Bürger „übergeordnet", der Bürger muss sich dem Staat „unterordnen". Daraus ergibt sich, dass Leistungen des Staates zugunsten der Bürger in der Regel beantragt werden müssen, während Maßnahmen des Staates gegen seine Bürger von Amts wegen erfolgen. Das ändert sich auch nicht dadurch, dass Antragsteller als Kunden benannt werden oder Leistungsempfänger als Leistungsberechtigte benannt werden. Bestimmende Macht bleibt die staatliche Verwaltung. Da eine Vielzahl von Leistungen des Sozialrechts Rechtsansprüche sind, kommt es vor, dass Leistungen unter Umständen auch von Amts wegen erbracht werden.

1. Auf Antrag oder von Amts wegen

Ein Verwaltungsverfahren **beginnt** in der Regel mit einem **Antrag**. Es kann aber auch **von Amts wegen** eingeleitet werden. Das gilt insbesondere für Leistungen der gesetzlichen Kranken- und Rentenversicherung, nach dem Recht der Arbeitsförderung sowie in der sozialen Pflegeversicherung (§ 19 SGB IV).

- Leistungen der gesetzlichen Unfallversicherung werden von Amts wegen erbracht (§ 18 Satz 2 SGB IV), jedenfalls soweit im SGB VII keine andere Regelung getroffen wurde. Davon hat der Gesetzgeber jedoch umfangreich Gebrauch gemacht.
- Für Leistungen nach dem SGB II gilt, dass hier ein Antrag gestellt werden muss (§ 37 Abs. 1 Satz 1 SGB II). Allerdings werden die Leistungen zum Lebensunterhalt auch rückwirkend zum ersten des Antragsmonats geleistet (§ 37 Abs. 2 Satz 2 SGB II).
- Leistungen der Krankenversicherung werden erbracht, soweit sie von einem Arzt verordnet wurden. Für besondere Situationen ist ein Antrag vorgesehen (§ 2 SGB V).

Grundlage jeglichen Verwaltungshandels ist die **Zuständigkeit** (§ 2 SGB X). Unterschieden wird zwischen der örtlichen und sachlichen Zuständigkeit. Wer örtlich und wer sächlich zuständig ist, ergibt sich aus den jeweiligen Spezialgesetzen, ggf. deren Ausführungsgesetzen (wie z.B. bei dem Eingliederungshilferecht des SGB IX oder Leistungen nach dem SGB XII).

2. Ende des Verfahrens

Das konkrete Verwaltungsverfahren, das mit einem Antrag beginnt, ist darauf ausgerichtet, eine Entscheidung zu treffen (§ 9 SGB X). Das Verwaltungsverfahren **endet** also in der Regel mit einer **Entscheidung** in Gestalt eines Verwaltungsakts (Bescheid), § 31 SGB X. Es kann aber immer dann, wenn über eine Ermessensleistung entschieden wird, auch mit einem öffentlich-rechtlichen Vertrag abgeschlossen werden (§§ 53 bis 61 SGB X).

Der **Bescheid** muss grundsätzlich immer begründet sein, also die wesentlichen inhaltlichen Gründe und gesetzlichen Bestimmungen für die Entscheidung aufführen. Wurde ein **Ermessen** (§ 40 VerwVG) ausgeübt, dann muss auch das Für und Wider der Ermessensausübung dargestellt werden. Von einer **Begründung** und einem Bescheid kann abgesehen werden, wenn die Entscheidung insgesamt dem entspricht, was der Antragsteller wollte (§ 35 SGB X). Der Bescheid ist an eine **bestimmte Form** gebunden (§ 33 SGB X) und mit einer **Rechtsbehelfsbelehrung** zu versehen (§ 36 SGB X). Der Bescheid kann als Brief, auf elektronischen Wegen oder öffentlich bekanntgegeben werden (§ 37 SGB X). Der Bescheid wird mit seiner **Bekanntgabe** wirksam. Nach der Bekanntgabe kann er aber noch **zurückgenommen, umgedeutet, widerrufen oder aufgehoben** werden (§§ 42 bis 51 SGB X). Ein Bescheid kann auch ungültig (**nichtig**) sein (§ 40 SGB X). Das ist dann der Fall, wenn schwerwiegende Fehler vorhanden sind. Bei leichten Formfehlern kann der Fehler beseitigt werden („geheilt werden), § 41 SGB X.

3. Beteiligte

In einem Verwaltungsverfahren gibt es **Beteiligte**. Vorgesehen sind (§ 12 SGB X)

- Antragsteller,
- Antragsgegner,
- Personen, an die sich die Entscheidung richten wird und
- sonstige Personen, die von der Entscheidung betroffen sein könnten (hinzugezogene Personen).

An einem Verfahren können **natürliche und juristische Personen** teilnehmen, aber auch sonstige Vereinigungen, die Träger von Rechten sein können (z.B. nicht rechtsfähige Vereine) und selbstverständlich auch Behörden (§ 10 SGB X).

Die Beteiligten können sich durch einen Bevollmächtigten vertreten lassen. Haben sie einen Bevollmächtigten für sich bestellt, so muss sich die Behörde an den Bevollmächtigten wenden. Die Behörde kann – wenn sie den Bevollmächtigten darüber informiert – sich auch an Antragsteller direkt wenden, wenn es eine Mitwirkungspflicht gibt (§ 13 Abs. 1 bis 3 SGB X). Ein Beteiligter kann *„zu Verhandlungen und Besprechungen"* auch mit einer Person seines Vertrauens (*„Beistand"*) erscheinen. Der Beistand kann sich an den Verhandlungen und Besprechungen auch aktiv beteiligen, sich quasi einmischen. In diesem Fall gelten die vom Beistand dargestellten Dinge so, als hätte der Beteiligte es selbst gesagt. Allerdings kann – im Gegensatz zur Bevollmächtigung – das vom Beistand Gesagte sofort widerrufen werden (§ 13 Abs. 4 SGB X).

Die Behörde kann für seine **Sachverhaltsermittlung** auf „Beweisurkunden" zurückgreifen und auch eine „Inaugenscheinnahme" veranlassen. Dies entscheidet sie nach *„pflichtgemäßen Ermessen"* (§ 21 Abs. 1 SGB IX). Pflichtgemäßes Ermessen bedeutet in diesem Fall, das Verlangen der Behörde muss sachlich begründet und verhältnismäßig sein.

Mitarbeiter einer Behörde müssen sich von einem Verwaltungsverfahren fernhalten, wenn sie befangen sind (§ 16 SGB IX). Sie sind dann vom Verfahren ausgeschlossen. Sie müssen ausgeschlossen werden, wenn ein Grund vorliegt, der Zweifel an der unparteiischen Amtsausübung zulässt oder wenn ein Beteiligter dies gegenüber der Behörde behauptet (§ 17 SGB IX).

Beteiligte trifft eine **Mitwirkungspflicht**. Sie müssen *„ihnen bekannte Tatsachen und Beweismittel angeben"*. Darüberhinausgehende Mitwirkungspflichten haben Beteiligte nur, wenn diese durch Rechtsvorschrift vorgesehen ist (§ 21 Abs. 2 SGB IX).

4. Amtssprache und Kosten

Als **Amtssprache** ist deutsch festgelegt. Im Verwaltungsverfahren können Menschen mit einer Hörbehinderung oder Sprachbehinderung im Sinne eines Nachteilsausgleichs auf Kosten der Behörde einen **Gebärdensprachdolmetscher** oder technische Kommunikationshilfen einfordern. Das gilt dem Grunde nach auch für Menschen mit geistigen oder seelischen Behinderungen.

Praxistipp

▶ *Das gilt nicht für Anträge, die nicht in Deutsch bei der Behörde eingereicht werden. Hier kann die Behörde eine Übersetzung einfordern oder diese Übersetzung gegen Kostenerstattung selbst in Auftrag geben.*[35]

In den Verfahren nach dem Sozialgesetzbuch herrscht **Kostenfreiheit** (§ 64 Abs. 1 SGB IX). Falls für die Erfüllung der Pflicht zur Mitwirkung Kosten beim Antragsteller anfallen, werden diese vom zuständigen Leistungsträger erstattet (z.B. Fahrtkosten im Zusammenhang mit einer Untersuchung des Gesundheitszustandes). Ansonsten müssen andere Behörden Urkunden, die im Zusammenhang mit Sozialleistungen erforderlich werden, kostenfrei ausstellen (§ 64 Abs. 2 SGB IX).

IV. Orientierung im Leistungsrecht

1. Grundsätzliche, für alle Leistungsträger geltende Regelungen aus dem SGB I

Das SGB I regelt hier die meisten Sachverhalte verbindlich für alle Leistungsträger. Ausnahmen von der allgemeinen Regelung des SGB I sind nur dann „erlaubt", wenn das jeweilige spezielle Leistungsrecht spezielle Regelungen dafür bereithält.

Sozialleistungen können in unterschiedlicher Art und Weise erbracht werden. Als **Leistungsart** bzw. **Leistungsform** kommen

- Dienstleistungen,
- Sachleistungen oder
- Geldleistungen

in Betracht (§ 11 SGB I, § 10 SGB XII).

Dienstleistungen sind (soziale, medizinische, pädagogische) Hilfen, die von einer Person für eine andere Person geleistet werden. Diese Form der Leistung ist sehr weit verbreitet. Der Leistungsträger, der eine Dienstleitung erbringt, kann sich hinsichtlich der Ausführung der Dienstleistung Dritter bedienen. Das sind dann die Leistungserbringer. Die entstehenden Kosten rechnen die Leistungserbringer direkt mit dem Leistungsträger ab (wie bei der Sachleistung). Die Dienstleistung wird also wie eine Sachleistung zur Verfügung gestellt.

Sachleistungen sind soziale Hilfen, bei der ein Gegenstand zur Verfügung gestellt wird und diese die soziale Hilfe darstellt. Das kann ein Rollstuhl, eine Brille, ein Duschstuhl etc. sein. Der Leistungsträger übernimmt die Kosten für die zur Verfügung zu stellende Sache, ein Dritter stellt die Sache zur Verfügung bzw. liefert den Gegenstand und rechnet die Kosten direkt mit dem Leistungsträger ab.

Geldleistungen sind soziale Hilfen, bei denen der Hilfebedarf dadurch gedeckt wird, dass der Leistungsberechtigte Geld zur Verfügung gestellt bekommt. Geldleistungen können als

35 Siehe § 19 SGB IX, § 11 Behindertengleichstellungsgesetz; § 5 Kommunikationshilfeverordnung

centgenau ausgerechnete und abzurechnende Leistung zur Verfügung gestellt werden. Es besteht aber auch die Möglichkeit, einen bestehenden Bedarf mit einer pauschalen Zahlung abzugelten. Eine pauschale Zahlung braucht dann nicht abgerechnet zu werden. Ein geringerer Verbrauch führt nicht zu einer Rückzahlungsverpflichtung, allerdings kann ein höherer Bedarf auch nicht ohne weiteres geltend gemacht werden. Die bekannteste Pauschale ist der Regelsatz bei der Grundsicherung und der Hilfe zu Lebensunterhalt.

Geldleistungen können auch als Gutscheine erbracht werden. Dazu bedarf es dann aber spezieller Regelungen im jeweiligen Leistungsgesetz (z.B. SGB XI und SGB XII).

Das **Persönliche Budget** ist eine **spezielle Form der Geldleistung**. Sie erfolgt als monatliche pauschale Geldleistung (§ 29 SGB IX).

Ein **Vorschuss** kann gezahlt werden für den Fall, dass

- dem Grunde nach feststeht, dass eine Sozialleistung zu erbringen ist,
- die genaue Höhe aber noch nicht feststeht und
- die Ermittlung der Höhe der Leistung noch Zeit in Anspruch nimmt (§ 42 SGB I).

Eine **vorläufige Leistung** kommt dann in Betracht, wenn mehrere Leistungsträger sich darüber streiten, wer denn zur Leistung verpflichtet ist. Die Höhe richtet sich nach dem pflichtgemäßen Ermessen des zuerst angegangenen Leistungsträgers und muss nach Ablauf eines Monats von diesem geleistet werden, wenn der Leistungsberechtigte dies beantragt (§ 43 SGB I).

Ein Vorschuss kommt aber auch dann in Betracht, wenn die Bewilligung einer Leistung noch Zeit in Anspruch nimmt, mit der Bedarfsbefriedigung aber nicht gewartet werden kann.

Sozialleistungen müssen unter Umständen auch **verzinst** werden, wenn sie verspätet gezahlt werden. Der Zinssatz ist auf 4 % festgeschrieben. Der Verzinsungsanspruch beginnt mit dem Monat, von dem an die Leistung fällig war (der Zeitpunkt, an dem eigentlich hätte gezahlt werden müssen). Ob den Leistungsträger ein Verschulden trifft oder nicht, ist unerheblich. Wichtig ist dies bei allen Nachzahlungen. Hier ist stets der Verzinsungsanspruch zu prüfen (§ 44 SGB I).

Die **Verjährung** eines Sozialleistungsanspruchs tritt nach vier Jahren ein (§ 45 SGB I). Wurde also ein Sozialleistungsanspruch vor acht Jahren unrechtmäßig versagt, kann der Anspruch u.U. rückwirkend geltend gemacht werden. Der Sozialleistungsanspruch würde dann für den zurückliegenden Zeitraum beschieden, allerdings nur für die zurückliegenden vier Jahre erbracht.

Man kann auf einen Sozialleistungsanspruch auch verzichten. Dazu bedarf es einer schriftlichen Erklärung und der **Verzicht** darf nicht dazu führen, dass ein anderer Sozialleistungsträger Leistungen erbringen müsste, die er nur deshalb zu erbringen hat, weil auf eine andere Leistung verzichtet wurde. Man kann also nicht auf Rentenansprüche verzichten und stattdessen Hilfe zum Lebensunterhalt oder Grundsicherung in Anspruch nehmen (§ 46 SGB I).

Auszahlungen von Geldleistungen erfolgen in der Regel unbar. Sie werden also auf ein Konto überwiesen. Durch die Überweisung der Geldleistung dürfen aber keine (zusätzlichen) Kosten entstehen. Für den seltenen Fall, dass kein Konto eingerichtet werden kann, muss die Sozialleistung kostenfrei in bar oder als Scheckzahlung zur Barauszahlung bei einer Bank der Sparkasse zur Verfügung gestellt werden (§ 47 SGB I).

Eine **Abzweigung** von Sozialleistungen kommt dann in Betracht, wenn ansonsten Unterhaltsansprüche nicht getätigt werden würden. Besonders häufig kommt es vor, dass Kindergeld vom unterhaltsberechtigten Kind „abgezweigt" wird (§§ 48, 49 SGB I).

Sozialleistungsansprüche können auch durch **Überleitung** ausgezahlt werden. Im SGB I ist das für den Fall einer Unterbringung geregelt. In den speziellen Vorschriften der einzelnen Sozialleistungsträger sind aber auch andere Fallkonstellationen für eine Überleitung vorgesehen (§ 50 SGB I).

Es kann auch zu einer **Aufrechnung** von Ansprüchen kommen. Dabei wird die Sozialleistung vom zuständigen Leistungsträger gezahlt und der Leistungsberechtigte muss einen Teil einer Sozialleistung, die er von einem anderen Leistungsträger bekommen hat, an den zuständigen Leistungsträger zahlen (§ 51 SGB I). Die **Verrechnung** von Leistungen ist dann eine Folge der Aufrechnung. Wenn der zuständige Leistungsträger mit der Verrechnung einverstanden ist, kann der zuständige Leistungsträger seine Zahlungsverpflichtungen mit den Zahlungen des anderen Leistungsträgers verrechnen (§ 52 SGB I).

Eine **Pfändung** kann nur bei Geldleistungen erfolgen. Grundsätzlich gilt für einmalige Geldleistungen, dass eine Pfändung nur dann erfolgen kann, wenn das Interesse des Gläubigers, seine Ansprüche befriedigt zu bekommen, im angemessenen Verhältnis z.B. der Zweckbestimmung der Sozialleistung oder den Einkommens- und Vermögensverhältnissen des Schuldners steht.

Nicht gepfändet werden können

- Elterngeld und Betreuungsgeld bis zur Höhe der nach § 10 des Bundeselterngeld- und Elternzeitgesetzes anrechnungsfreien Beträge sowie dem Erziehungsgeld vergleichbare Leistungen der Länder,
- Mutterschaftsgeld nach § 19 Abs. 1 des Mutterschutzgesetzes, soweit das Mutterschaftsgeld nicht aus einer Teilzeitbeschäftigung während der Elternzeit herrührt, bis zur Höhe des Elterngeldes nach § 2 des Bundeselterngeld- und Elternzeitgesetzes, soweit es die anrechnungsfreien Beträge nach § 10 des Bundeselterngeld- und Elternzeitgesetzes nicht übersteigt,
- Wohngeld, soweit nicht die Pfändung wegen Ansprüchen erfolgt, die Gegenstand der §§ 9 und 10 des Wohngeldgesetzes sind,
- Geldleistungen, die dafür bestimmt sind, den durch einen Körper- oder Gesundheitsschaden bedingten Mehraufwand auszugleichen (§ 54 Abs. 3 SGB I).

Geldleistungen, die ein Schuldner für seine Kinder erhält, können von diesen gepfändet werden (§ 54 Abs. 5 SGB I). Ansonsten können laufende Geldleistungen so gepfändet werden, wie es bei Arbeitseinkommen auch der Fall ist (§ 54 Abs. 4 SGB I).

Auch eine **Vererbung** von Sozialleistungsansprüchen ist möglich. Hier gelten die Vorschriften des BGB (§ 58 SGB I). Dies gilt insoweit nicht, als im SGB I eine andere „Erbfolge" – hier heißt es *„Sonderrechtsnachfolge"* – festgelegt ist und die zunächst bedient wird (§§ 56, 57 SGB I).

2. Sonderregelungen für den Bereich der Sozialhilfe (SGB XII) – Übergang von Ansprüchen

Folgende Leistungen gehören zur Sozialhilfe:

- Hilfe zum Lebensunterhalt (Drittes Kapitel),
- Grundsicherung bei Alter und Erwerbsminderung (Viertes Kapitel),
- Hilfe zur Gesundheit (Fünftes Kapitel),
- Hilfe zur Pflege (Siebtes Kapitel),
- Hilfe zur Überwindung besonderer sozialer Schwierigkeiten (Achtes Kapitel) und
- Hilfe in anderen Lebenslagen (Neuntes Kapitel).

Diese Leistungen sind u.a. davon abhängig, das **Bedürftigkeit** vorliegt. Bedürftigkeit liegt zum Beispiel dann nicht vor, wenn zur Beseitigung der Notlage Unterhaltsansprüche gegenüber Eltern oder Kinder bestehen. Für diesen Fall hat der Gesetzgeber den Übergang von Ansprüchen geregelt (§§ 93, 94 SGB XII). In diesen Fällen kann die notwendige Hilfe geleistet werden und der Ersatz der geleiteten Hilfe mit den vom Leistungsträger geltend gemachten Unterhaltsansprüchen verrechnet werden.

Für die Leistungen nach dem Fünften und Neunten Kapitel SGB XII kann der Übergang von Leistungen anderer (z.B. Versicherungsunternehmen, andere natürliche Personen, die zu einer Leistung verpflichtet sind) auf den Sozialhilfeträger durch eine „schriftliche Anzeige" (§ 93 Abs. 1 Satz 1 SGB XII) bewirkt werden. Werden gleichzeitig mit Leistungen nach dem Fünften und Neunten Kapitel SGB XII auch Leistungen nach dem Dritten und Vierten Kapitel SGB XII (HLU oder GruSi) erbracht, dann bezieht sich die „schriftliche Anzeige" auch auf diese Leistungen (§ 93 Abs. 1 Satz 2 SGB XII).

Unterhaltsansprüche gehen „automatisch" bis zur Höhe der geleisteten Hilfe auf den Sozialhilfeträger über (§ 94 Abs. 1 Satz 1 SGB XII). Das bezieht sich auch auf den unterhaltsrechtlichen Auskunftsanspruch, den jede unterhaltsberechtigte Person gegenüber der zum Unterhalt verpflichteten Person hat. Damit ist der Sozialhilfeträger in der Lage, alle Fragen einer möglichen Unterhaltsverpflichtung eigenständig zu verfolgen. Dazu bedarf er nicht der Zustimmung des Leistungsberechtigten und schon gar nicht kann der Sozialhilfeträger mit Hinweis auf die Mitwirkungspflicht den Unterhaltsberechtigten dazu auffordern, dies selbst zu tun.

Soweit Unterhalt tatsächlich gezahlt wird, ist der „automatische" Übergang des Unterhaltsanspruchs ausgeschlossen (§ 94 Abs. 1 Satz 2 SGB XII). Vom Anspruchsübergang ausgeschlossen sind auch Unterhaltsansprüche gegenüber Verwandten zweiten Grades (z.B. Geschwister), von Personen, die selbst Hilfe zum Lebensunterhalt oder Grundsicherung nach dem SGB XII erhalten (§ 94 Abs. 1 Satz 3 SGB XII) sowie Unterhaltsansprüche von schwangeren Frauen oder Frauen, die ihr leibliches Kind unter sechs Jahren betreuen, gegenüber Verwandten ersten Grades (i.d.R. ihren Eltern), § 94 Abs. 1 Satz 4 SGB XII.

Unterhaltsansprüche gegenüber Kindern und Eltern bleiben unberücksichtigt, wenn deren Jahreseinkommen 100.000 EUR nicht übersteigt (§ 94 Abs. 1a Satz 1 SGB XII).

3. Antragstellung durch den Sozialhilfeträger (§ 95 SGB XII)

Die Tatsache, dass ein Rechtsanspruch auf eine Sozialleistung gegenüber einem anderen Sozialleistungsträger besteht, kann im Falle der **Notwendigkeit zur Beseitigung einer Notlage** vom Sozialhilfeträger nicht als Argument genommen werden, eine Leistung zunächst nicht zu erbringen oder die eigene Leistung verkürzt auszuzahlen.

Es kann aus ganz unterschiedlichen Gründen dazu kommen, dass aus Sicht des Sozialhilfeträgers vorrangig zur Leistung verpflichtete Leistungsträger ihre Leistung nicht oder noch nicht erbringen. In Kenntnis dieser Situation und um zu verhindern, dass eine leistungsberechtigte Person ohne notwendige Hilfe dasteht, hat der Gesetzgeber eine Regelung geschaffen, die den Sozialhilfeträger in die Lage versetzt, die notwendige Leistung zunächst selbst zu erbringen und sie später von dem zur Leistung vorrangig verpflichteten Leistungsträger einzufordern.

Damit das nicht an eventuell nicht eingehaltenen **Fristen** scheitert, besteht die Regelung, wonach die nicht schuldhaft vom kostenersatzberechtigten Sozialhilfeträger verschuldeten Fristabläufe unbeachtet bleiben.

Beispiel: Beantragung von Sozialleistungen durch den Sozialhilfeträger

Heinrich K. wird vom Krankenhaus aus in die Kurzzeitpflege des Leistungserbringers XY verlegt. Der Sozialhilfeträger trägt zunächst die Kosten für die Kurzzeitpflege als Leistung der Hilfe zur Pflege (§§ 61 ff. SGB XII; Siebtes Kapitel SGB XII).

Es stellt sich heraus, dass eine Versicherung in der gesetzlichen Pflegeversicherung vorliegt. Der Sozialhilfeträger hat also zur Beseitigung der Notlage (Pflegebedürftigkeit nach Krankenhausbehandlung) zunächst die vollen Kosten getragen, obwohl eigentlich ganz oder teilweise die Pflegekasse hätte zahlen müssen. Der Sozialhilfeträger beantragt nunmehr bei der Pflegekasse die Feststellung der Leistung und die Zahlung (Erstattung) an den Sozialhilfeträger.

E Rehabilitationsträger (Reha-Träger)

I. Welche Träger gibt es?

Im Recht der **Sozialversicherung** (SGB II, V, VI, VII und XI) sind die Menschen mit Rechtsansprüchen auf Sozialleistungen **Leistungsberechtigte**.

Die verantwortlichen Stellen, die Sozialleistungen gewähren, sind **Leistungsträger**.

Von diesen Leistungsträgern sind wiederum sieben auch für die Gewährung und Ausführung von Rehabilitationsleistungen zuständig. Diese Leistungsträger heißen dann im Teilhabe- und Rehabilitationsgesetz (SGB IX) **Rehabilitationsträger**. § 6 SGB IX regelt, welche das sind (z.B. die gesetzlichen Krankenkassen, die Bundesagentur für Arbeit, die Träger der gesetzlichen Unfall- und Rentenversicherung u.a).

Leistungserbringer sind Anbieter von Leistungen zur Ausführung von Sozialleistungen (z.B. Pflegedienste, Ärzte, Wohlfahrtsverbände, Vereine und Einzelpersonen).

Im Sprachgebrauch vieler Praktiker (sowohl bei den Leistungsträgern als auch bei den Leistungserbringern) werden *„Leistungsträger"* auch **„Kostenträger"** genannt. Das ist immer dann der Fall, wenn Leistungsträger ihre Pflicht zur Steuerung und Kontrolle der Arbeit der Leistungserbringer im Rahmen bestehender **Leistungsvereinbarungen** weitestgehend auf die Leistungserbringer übertragen haben. Neben den Leistungsvereinbarungen bestehen noch **Vergütungsvereinbarungen** und **Vereinbarungen über die Qualität** der angebotenen Leistungen. Die Leistungsträger übernehmen dann die Kosten auf der Grundlage dieser Vergütungsvereinbarungen für die Maßnahmen und kontrollieren auf dieser Basis vor allem die Geldflüsse. Die beim Leistungsträger liegende **Pflicht zur Steuerung und Kontrolle** der durchgeführten Maßnahmen wird auf der Grundlage der Leistungsvereinbarung z.B. durch regelmäßig abgeforderte Entwicklungsberichte und im Rahmen der Hilfeplanung vor allem im Sinne einer Plausibilitätskontrolle geprüft.

Eine **Ausnahme** liegt in diesem Punkt beim Persönlichen Budget vor. Hier liegt das Recht und die Pflicht zur Steuerung und Kontrolle der durchgeführten Maßnahmen bei den Budgetnehmern.

Das mit dem Bundesteilhabegesetz neue Recht des SGB IX weist den Reha-Trägern (Leistungsträgern) aber mehr Verantwortung zu als das bisher der Fall ist – jedenfalls dann, wenn die Vorschriften zur Teilhabeplanung (Teilhabeplan) und Personenzentrierung (Zielvereinbarung und Wirkungskontrolle) ernst genommen werden: Die Novellierung führte dazu, dass in jedem Fall der Leistungsberechtigte mit seinem gesamten Hilfebedarf gesehen und alle erforderlichen Hilfen umfassend und vollständig geplant und bewilligt werden müssen.

Leider hat sich in der Praxis gezeigt, dass bei den Leistungsträgern eine große Zurückhaltung bei der Anwendung des § 15 SGB IX besteht. Nach wie vor werden – entgegen trägerintern geltenden Vorgaben – Leistungsberechtigte immer wieder darauf verwiesen, Leistungsansprüche bei anderen Leistungsträgern dort auch selbst geltend zu machen.

Praxistipp

▶ *Sollen die Vorschriften zur Teilhabeplanung (§§ 14 bis 24 SGB IX) und zur Gesamtplanung (§§ 117 bis 122 SGB IX) den gesetzlichen Vorgaben entsprechend umgesetzt werden, ist das Verfahren zur Leistungsgewährung bei den Teilhabeleistungen seitens der Rehabilitationsträger als Case-Management zu begreifen und auszuführen. Betreuerinnen und Betreuer sollten darauf achten, dass die* ***Gesamt****planung auch den* ***insgesamt*** *auftretenden Bedarf abbildet. Nur so kann umfassende Teilhabe zur Lebensrealität werden.*

Rehabilitationsträger sind:

1. die **gesetzlichen Krankenkassen** für Leistungen nach § 5 Nr. 1 und 3 SGB IX,
2. die **Bundesagentur für Arbeit** für Leistungen nach § 5 Nr. 2 und 3 SGB IX,
3. die Träger der **gesetzlichen Unfallversicherung** für Leistungen nach § 5 Nr. 1 bis 3 und 5 SGB IX; für Versicherte nach § 2 Abs. 1 Nr. 8 SGB VII die für diese zuständigen Unfallversicherungsträger für Leistungen nach § 5 Nr. 1 bis 5 SGB IX,
4. die Träger der **gesetzlichen Rentenversicherung** für Leistungen nach § 5 Nr. 1 bis 3 SGB IX, der Träger der **Alterssicherung der Landwirte** für Leistungen nach § 5 Nr. 1 und 3 SGB IX,
5. die Träger der **Kriegsopferversorgung und die Träger der Kriegsopferfürsorge** im Rahmen des Rechts der sozialen Entschädigung bei Gesundheitsschäden für Leistungen nach § 5 Nr. 1 bis 5 SGB IX,
6. die Träger der **öffentlichen Jugendhilfe** für Leistungen nach § 5 Nr. 1, 2, 4 und 5 SGB IX sowie
7. die **Träger der Eingliederungshilfe** für Leistungen nach § 5 Nr. 1, 2, 4 und 5 SGB IX.

Übersicht: Teilhabeleistungen und mögliche Träger der Leistungen

Teilhabeleistung	Leistungsträger
Leistungen zur medizinischen Rehabilitation (§ 5 Nr. 1 SGB IX)	• die Träger der Eingliederungshilfe, • die Träger der öffentlichen Jugendhilfe, • die Träger der Kriegsopferversorgung und • die Träger der Kriegsopferfürsorge, • die Träger der gesetzlichen Rentenversicherung • der Träger der Alterssicherung der Landwirte • die Träger der gesetzlichen Unfallversicherung • die gesetzlichen Krankenkassen.

Teilhabeleistung	Leistungsträger
Leistungen der Teilhabe am Arbeitsleben (§ 5 Nr. 2 SGB IX)	• die Träger der Eingliederungshilfe, • die Träger der öffentlichen Jugendhilfe, • die Träger der Kriegsopferversorgung und • die Träger der Kriegsopferfürsorge, • die Träger der gesetzlichen Rentenversicherung, • der Träger der Alterssicherung der Landwirte, • die Träger der gesetzlichen Unfallversicherung, • die Bundesagentur für Arbeit (auch für die Leistungen der Jobcenter).
Unterhaltssichernde und andere ergänzende Leistungen (§ 5 Nr. 3 SGB IX)	• die Träger der Kriegsopferversorgung und • die Träger der Kriegsopferfürsorge, • die Träger der gesetzlichen Rentenversicherung, • der Träger der Alterssicherung der Landwirte, • die Träger der gesetzlichen Unfallversicherung, • die Bundesagentur für Arbeit, • die gesetzlichen Krankenkassen.
Leistungen der Teilhabe an Bildung (§ 5 Nr. 4 SGB IX)	• die Träger der Eingliederungshilfe, • die Träger der öffentlichen Jugendhilfe, • die Träger der Kriegsopferversorgung und • die Träger der Kriegsopferfürsorge, • die Träger der gesetzlichen Unfallversicherung (in bestimmten Fällen).
Leistungen der sozialen Teilhabe (§ 5 Nr. 5 SGB IX)	• die Träger der Eingliederungshilfe, • die Träger der öffentlichen Jugendhilfe, • die Träger der Kriegsopferversorgung und • die Träger der Kriegsopferfürsorge, • die Träger der gesetzlichen Unfallversicherung.
Leistungen der Pflegeversicherung nach dem SGB XI (§ 28 SGB XI)	gesetzliche und private Pflegeversicherung –Pflegekassen.
Hilfe zur Pflege nach dem SGB XII (§§ 61 bis 66a SGB XII)	Träger der Sozialhilfe.

Übersicht: Rehabilitationsträger und mögliche Teilhabeleistungen

Leistungsträger	Med. Reha	Arbeits-leben	Unterhalt u.A.	Bildung	Soziale Teilhabe
Gesetzliche Kranken-kassen	ja	nein	ja	nein	nein
Bundesagentur für Arbeit	nein	ja	ja	nein	nein
Gesetzliche Unfallver-sicherung	ja	ja	ja	ja	ja
Gesetzliche Rentenver-sicherung	ja	nein	ja	nein	nein
Alterssicherung für Landwirte	ja	nein	ja	nein	nein
Träger der Kriegsopfer-versorgung	ja	ja	ja	ja	ja
Träger der Kriegsopfer-fürsorge	ja	ja	ja	ja	ja
Träger der öffentlichen Jugendhilfe	ja	ja	nein	ja	ja
Träger der Eingliede-rungshilfe	ja	ja	nein	ja	ja

Für Fragen

- der medizinischen Rehabilitation können **acht** verschiedene Leistungsträger zuständig sein,
- der Sicherung des Unterhalts im Zusammenhang mit Maßnahmen der Teilhabe können **sieben** verschiedene Leistungsträger zuständig sein,
- zu Leistungen der Teilhabe am Arbeitsleben können **sechs** verschiedene Leistungsträger zuständig sein und
- zu Leistungen der Bildung und sozialen Teilhabe jeweils **fünf** verschiedene Leistungsträger.

Hier die Übersicht zu behalten und die „richtige" Ansprechstation zu finden ist schon eine Herausforderung.

II. Das Verhältnis der Pflege und Pflegeversicherung zu den Teilhabeleistungen

Leistungen der Hilfe zur Pflege sowie der Pflegeversicherung auf der einen Seite und Leistungen zur Teilhabe auf der anderen Seite sind sozialrechtlich voneinander getrennte Leistungsbereiche und haben – vereinfacht betrachtet – nichts miteinander zu tun. Sie unterscheiden sich in ihrer **Zielsetzung** und können schon deshalb nicht miteinander aufgerechnet werden.

Allerdings haben pflegebedürftige Menschen grundsätzlich einen Anspruch auf Teilhabeleistungen. Auch sie gehören zu dem Personenkreis der Menschen mit Behinderung i.S.v. § 2 Abs. 1 SGB IX. Pflegeleistungen der Pflegekassen werden dann geleistet, wenn eine erhebliche Pflegebedürftigkeit festgestellt ist. Sie sind darauf ausgerichtet,

> „die körperlichen, geistigen und seelischen Kräfte der Pflegebedürftigen, auch durch aktivierende Pflege, wiederzugewinnen oder zu erhalten."[36]

Für die Leistungen der Hilfe zur Pflege gelten dem Grunde nach die gleichen Voraussetzungen (§§ 60 ff. SGB XII).

Teilhabeleistungen und Leistungen der Pflegeversicherung haben einen anderen **Zweck**. Teilhabeleistungen sollen das Eintreten einer Pflegebedürftigkeit abwenden oder verringern, sind also theoretisch betrachtet vorrangig im Vorfeld der Pflegebedürftigkeit angesiedelt.

Um im Falle des Zusammentreffens von Pflegeleistungen und Teilhabeleistungen zu verhindern, dass Leistungen der Pflegeversicherung auf die Leistungen zur Teilhabe angerechnet werden, ist dort gleichzeitig geregelt, dass Leistungen der Teilhabe die Leistungen der Pflegeversicherung nicht berühren.

Hinweis

Das heißt, Pflegeleistungen und Teilhabeleistungen können nebeneinander gewährt werden (§ 9 SGB IX). Die eine Leistung ersetzt nicht die andere. Der Gleichrang ist in § 13 Abs. 3 Satz 3 SGB XI geregelt.

Die Träger der Pflegeversicherung – die **Pflegekassen** – sind, anders als die Krankenkassen, Reha-Träger. Da sie keine Leistungen der Teilhabe und Rehabilitation in ihrem Leistungskatalog haben, ist das auch folgerichtig. Sie sind mit ihren Sozialleistungen nur indirekt in die Hilfeplanung von Teilhabeleistungen eingebunden (u.a. § 29 SGB IX) und – soweit ein Pflegebedarf erkennbar wird – in die Teilhabeplanung einzubinden (beratend beteiligt). Entgegen bisher weit verbreiteter Praxis müssen sie sich dieser Aufgabe auch tatsächlich stellen. Pflegekassen sind bei Bedarf z.B. zur Teilnahme an der Teilhabekonferenz verpflichtet. Die gesetzlichen Voraussetzungen dafür wurden geschaffen (§ 22 SGB IX). Die Beteiligung der Pflegekassen im Prozess der Teilhabeplanung und die Berücksichtigung der Pflegeleistungen im Teilhabeplan geschehen vor allem vor dem Hintergrund der **Abstimmung der Leistungsinhalte**. Soweit Pflegeleistungen dabei helfen können, ein selbstbestimmtes Leben führen zu können, sollen sie mit den Leistungen der verschiedenen Leistungsbereiche verzahnt werden.

36 Siehe § 2 Abs. 1 SGB XI

Zur Absicherung dieser Abstimmung sollen die Rehabilitationsträger und die anderen beteiligten Leistungsträger im Rahmen der **Teilhabeplanung** schriftliche Vereinbarungen darüber treffen, wie die Leistungen sich miteinander verzahnen.

Damit korrespondiert eine weitere Regelung, wonach die Menschen mit Behinderung, die in oder außerhalb einer Einrichtung Eingliederungshilfe-Leistungen beziehen, damit auch die notwendigen Leistungen zur Pflege erhalten (§ 103 SGB IX). Im Gegenzug zahlen die Pflegekassen für jeden Einzelfall (vorausgesetzt, eine Pflegegradeinstufung ist vorhanden) einen festgelegten Betrag an die Träger der Eingliederungshilfe (§ 43a SGB XI).

Zu beachten ist auch die Regelung, wonach die Menschen mit Behinderung, die Ihren Pflegebedarf mit **selbstbeschafften Pflegekräften** sicherstellen, seitens des Sozialhilfeträgers nicht auf die Inanspruchnahme der Pflege als Sachleistung durch einen Pflegedienst verwiesen werden dürfen (§ 63b Abs. 6 SGB XII).

Die Pflegeversicherung („die Pflegekassen") ist darüber hinaus an der Erstellung gemeinsamer **Empfehlungen zu Leistungen der Teilhabe** beteiligt (§ 26 SGB IX).

Übersicht: Vergleich Pflegeleistungen und Teilhabeleistungen

Pflegeleistungen (§§ 1 Abs. 4, 2 Abs. 1 SGB XII)	Teilhabeleistungen (§ 1 SGB IX)
• solidarische Unterstützung • für Menschen mit einer schweren Pflegebedürftigkeit • darauf ausgerichtet, die körperlichen, geistigen und seelischen Kräfte wiederzugewinnen oder zu erhalten	• Nachteilsausgleich Ziele: • die Selbstbestimmung des Menschen mit Behinderung fördern • volle, wirksame und gleichberechtigte Teilhabe am Leben in der Gesellschaft fördern • Benachteiligungen vermeiden oder ihnen entgegenwirken

In der Praxis sieht das oft anders aus. Insbesondere deshalb, weil Leistungsträger versuchen, Leistungen eines anderen Leistungsträgers leistungsmindernd bei sich selbst anzurechnen. Am deutlichsten sichtbar wird dies bei dem Verhältnis von Eingliederungshilfe nach SGB IX (besondere Eingliederungshilfe) und Leistungen der Pflegeversicherung nach SGB XI. Hier sah sich der Gesetzgeber gezwungen, zur Klarstellung im Gesetz zu regeln, **dass Leistungen der Pflegeversicherung den Anspruch auf Leistungen der Eingliederungshilfe nicht mindern**. Und ausdrücklich heißt es weiterhin:

> „die Leistungen der Eingliederungshilfe für Menschen mit Behinderungen nach dem Neunten Buch, dem Bundesversorgungsgesetz und dem Achten Buch bleiben unberührt, sie sind im Verhältnis zur Pflegeversicherung nicht nachrangig".[37]

37 Siehe § 13 Abs. 3 Nr. 1 SGB XI; § 91 Abs. 3 SGB IX

Auf der anderen Seite oder korrespondierend damit werden Pflegeleistungen, wenn sie für Menschen mit Behinderung im Sinne einer persönlichen Assistenz ausgeübt werden, zu Leistungen der Eingliederungshilfe (§ 103 Abs. 2 S. 1 SGB IX).

Das SGB IX sieht für das Eingliederungshilferecht **zwei unterschiedliche Fallkonstellationen** vor. Unterschieden wird zwischen

- einer „vollstationären" Versorgung in einer Einrichtung, die keine Pflegeeinrichtung im Sinne des SGB XI ist und
- einer Hilfe außerhalb derartiger vollstationärer Versorgungseinrichtungen.

Die vollstationären Versorgungsformen, von denen die Rede ist, sind die *„besonderen Wohnformen"*.

Für das **Verhältnis von Eingliederungshilfe und Pflegeleistung** in den besonderen Wohnformen gilt, dass die Leistung der Eingliederungshilfe auch die Pflegeleistung umfasst. Sollten die Pflegeleistungen in der besonderen Wohnform im Rahmen der Eingliederungshilfe nicht (ausreichend) erbracht werden können, müssen Eingliederungshilfeträger, Pflegekasse und Leistungserbringer unter Anwendung der Regeln für eine Gesamtplanung eine Vereinbarung darüber treffen, wo die Leistung bedarfsgerecht erbracht werden soll (§ 103 Abs. 1 SGB IX).

Beispiel: Eingliederungshilfe und Pflege in der besonderen Wohnform

Frau Ute M., 54 Jahre alt, hat starke psychische Beeinträchtigungen und der vorhandene Hilfebedarf wird in einer besonderen Wohnform sichergestellt. Die Mitarbeiter:innen der besonderen Wohnform erbringen alle notwendigen Assistenzleistungen (§§ 113 i.V.m. 78 SGB IX). Diese Assistenzleistungen umfassen auch solche, die auf die Deckung der Pflegebedarfe ausgerichtet sind.

Der Eingliederungshilfeträger finanziert die Kosten der Hilfeleistung in der besonderen Wohnform in voller Höhe und erhält von der Pflegekasse zur Entschädigung der „zusätzlichen" Aufwendungen einen pauschalen Ausgleich gezahlt.

Für das Verhältnis von Eingliederungshilfe und Pflegeleistung außerhalb von besonderen Wohnformen gilt, dass die Leistungen der Eingliederungshilfe auch die Leistungen der Hilfe zur Pflege nach dem SGB XII (§§ 64a bis f, 64i und 66 SGB XII) umfassen.

Beispiel: Eingliederungshilfe und Pflege außerhalb einer besonderen Wohnform

Heiko H., 50 Jahre alt, hat starke psychische Beeinträchtigungen und der vorhandene Hilfebedarf wird außerhalb einer besonderen Wohnform sichergestellt. Der Bedarf umfasst Leistungen der sozialen Teilhabe und Leistungen der häuslichen Pflege.

- *Variante a: Es ist ein Pflegedienst und ein Leistungserbringer der Eingliederungshilfe eingesetzt. Die Mitarbeiter:innen eines Pflegedienstes erbringen Pflegeleistungen im Rahmen der von der Pflegekasse zur Verfügung gestellten Ressourcen. Die Mitarbeiter:innen des eingesetzten Sozialdienstes erbringen die Assistenzleistungen der Eingliederungshilfe. Leistungen der häuslichen Pflege, soweit diese nicht ausreichend vom Pflegedienst geleistet werden, werden von den Mitarbeiter:innen des eingesetzten Sozialdienstes erledigt. Der Pflegedienst rechnet direkt mit der Pflegekasse ab.*

Der eingesetzte Sozialdienst rechnet seine Leistungen direkt mit dem Eingliederungshilfeträger ab.

- *Variante b: Der Pflegebedarf und der Bedarf an sozialer Teilhabe wird über selbstbeschaffte Pflegekräfte sichergestellt. Die selbstbeschafften Pflegekräfte rechnen ihre Leistung direkt mit dem Eingliederungshilfeträger ab, oder aber die selbstbeschafften Pflegekräfte rechnen ihre Leistung mit Heiko H. ab. Dieser bezahlt dir Rechnung und rechnet diese Kosten sodann mit dem Eingliederungshilfeträger unter Anrechnung des Pflegegeldes der Pflegekasse ab.*

III. Das Verhältnis von Leistungen der Jugendhilfe zu den Teilhabeleistungen

Die Träger der Jugendhilfe sind ausdrücklich auch als Reha-Träger im SGB IX aufgeführt (§ 6 SGB IX). Jugendhilfeleistungen werden *„zugunsten junger Menschen und Familien"* (§ 2 Abs. 1 SGB VIII) erbracht. Junge Menschen haben das Recht, in der Entwicklung gefördert zu werden und sie haben das Recht, zu *„einer eigenverantwortlichen und gemeinschaftsfähigen Persönlichkeit"* erzogen zu werden (§ 1 Abs. 1 SGB VIII).

Diese Rechte stehen jedem jungen Menschen zu, unabhängig von den jeweils herrschenden Umständen. Damit das Recht auch in die Praxis umgesetzt werden kann, konzentriert sich die Jugendhilfe darauf

> „1. junge Menschen in ihrer individuellen und sozialen Entwicklung fördern und dazu beitragen, Benachteiligungen zu vermeiden oder abzubauen,
>
> 2. jungen Menschen ermöglichen oder erleichtern, entsprechend ihrem Alter und ihrer individuellen Fähigkeiten in allen sie betreffenden Lebensbereichen selbstbestimmt zu interagieren und damit gleichberechtigt am Leben in der Gesellschaft teilhaben zu können,
>
> 3. Eltern und andere Erziehungsberechtigte bei der Erziehung beraten und unterstützen,
>
> 4. Kinder und Jugendliche vor Gefahren für ihr Wohl schützen,
>
> 5. dazu beitragen, positive Lebensbedingungen für junge Menschen und ihre Familien sowie eine kinder- und familienfreundliche Umwelt zu erhalten oder zu schaffen."[38]

Die Jugendhilfe bietet folgende **Leistungen** an:

> „1. Angebote der Jugendarbeit, der Jugendsozialarbeit und des erzieherischen Kinder- und Jugendschutzes (§§ 11 bis 14),
>
> 2. Angebote zur Förderung der Erziehung in der Familie (§§ 16 bis 21),
>
> 3. Angebote zur Förderung von Kindern in Tageseinrichtungen und in Tagespflege (§§ 22 bis 25),
>
> 4. Hilfe zur Erziehung und ergänzende Leistungen (§§ 27 bis 35, 36, 37, 39, 40),
>
> 5. Hilfe für seelisch behinderte Kinder und Jugendliche und ergänzende Leistungen (§§ 35a bis 37, 39, 40),
>
> 6. Hilfe für junge Volljährige und Nachbetreuung (den §§ 41 und 41a)."[39]

38 Siehe § 1 Abs. 3 SGB VIII
39 Siehe § 2 Abs. 2 SGB VIII

Die Leistungen nach den Nrn. 1, 3, 5 und 6 richten sich direkt oder vorrangig an junge Menschen. Angebote nach den Nrn. 2 und 4 richten sich an die „Familien" und für den Personenkreis der „seelisch behinderten Kinder und Jugendliche" (offensichtlich nicht „seelisch behinderte junge Volljährige", Definition siehe § 7 SGB VIII) werden spezielle Leistungen vorgehalten.

Junge Menschen mit Behinderung haben – so wie alle anderen jungen Menschen auch – Anspruch auf alle Leistungen, die das SGB VIII zu bieten hat. Dazu haben Kinder und Jugendliche mit einer **seelischen Behinderung** Anspruch auf

- Eingliederungshilfe für Kinder und Jugendliche (§ 35a SGB VIII),
- Leistungen zum Lebensunterhalt (§ 39 SGB VIII) und
- Krankenhilfe (§ 40 SGB VIII).

Ausdrücklich als Leistung der Jugendhilfe benannt ist auch

- die Aufstellung eines Hilfeplans (§ 36 SGB VIII),
- das Recht auf Finanzierung selbstbeschaffter Hilfen (§ 36a SGB VIII) und
- das Recht auf Zusammenarbeit der professionellen Helfer mit dem Kind oder dem Jugendlichen und den Eltern (§ 37 SGB VIII).

Die im § 36 SGB VIII beschriebenen Parameter für den **Hilfeplan** müssen durch die auch für das Jugendamt zuständigen Träger der Eingliederungshilfe für Kinder und Jugendliche durch die im ersten Teil des SGB IX geforderten Parameter für einen **Teilhabeplan** ergänzt werden. Kinder und Jugendliche, die nicht zum Personenkreis der Menschen mit seelischen Behinderungen gehören, dennoch aber Menschen mit Behinderung i.S.v. § 2 SGB IX sind, haben „nur" Anspruch auf Leistungen der Eingliederungshilfe nach dem **zweiten Teil des SGB IX** und ggf. Leistungen zum Lebensunterhalt und Krankenhilfe nach dem SGB XII.

IV. Das Verhältnis von Leistungen der Jugendhilfe zu den Leistungen rechtlicher Betreuer

Nicht selten haben **Klienten**, für die ein rechtlicher Betreuer bestellt worden ist, **minderjährige Kinder** und u.U. Ansprüche auf Leistungen nach dem SGB XII. Selbstverständlich haben auch die minderjährigen Kinder bzw. Kinder, die als „junge Menschen" bezeichnet werden, Leistungsansprüche gegenüber der Jugendhilfe.

Die Tatsache der Betreuerbestellung ändert nichts an den Leistungsansprüchen und mindert diese auch nicht. Die Betreuerbestellung hat auch keine Auswirkungen auf das Recht und die Pflicht der Eltern zur Pflege und Erziehung des Kindes („Sorgerecht"), § 1626 Abs. 1 BGB.

Hinweis

Betreuer können hinsichtlich der Ausübung des Sorgerechts auch nicht an die Stelle der Eltern treten.

Eine Möglichkeit, stellvertretend rechtsverbindliche Erklärungen für die sorgeberechtigte Person bezüglich der Ausübung des Sorgerechts abzugeben bestehen also nicht. Sollten Eltern ihrer Pflicht zur Sorge für das Kind nicht nachkommen können, ist ein Vormund oder ein Pfleger zu bestellen (§§ 1773 bis 1792 BGB).

Dennoch kommt es in der Praxis immer wieder zu Schwierigkeiten. Die rechtliche Betreuung ist darauf ausgerichtet, den Unterstützungsbedarf der sorgeberechtigten Person zu decken. Dazu können, wenn es erforderlich ist, Betreuer auch stellvertretend für ihre Klienten Erklärungen abgeben und handeln.

Praxistipp

Erklärungen, die darauf ausgerichtet sind, Rechte der sorgeberechtigten Person in Anspruch zu nehmen (z.B. Beantragung von Kindergeld, Beantragung von Erziehungshilfe) können also bei einem „passenden" Aufgabenbereich auch von Betreuerinnen und Betreuern abgegeben werden.

Anders sieht es z.B. bei der Geltendmachung von **Kindesunterhalt** aus. Hier handelt es sich um ein Recht des Kindes und diese Erklärungen können nicht von Betreuerinnen und Betreuern stellvertretend für die sorgeberechtigte Person abgegeben werden.

Grundsätzlich sind die Leistungen zur Förderung der Erziehung in der Familie Leistungen, die den sorgeberechtigten Personen zum Wohle des Kindes zustehen (§§ 16 bis 21 SGB VIII). In § 16 Abs. 1 Satz 1 SGB VIII ist geregelt, dass

> „Müttern, Vätern, anderen Erziehungsberechtigten und jungen Menschen (...) Leistungen der allgemeinen Förderung der Erziehung in der Familie angeboten werden (sollen)."

Leistungen zur **Hilfe zur Erziehung** (§§ 27 bis 35 SGB VIII) richten sich an die „Personensorgeberechtigten". Hier heißt es in § 27 Abs. 1 Satz 1 SGB VIII

> „Ein Personensorgeberechtigter hat ... Anspruch auf Hilfe, wenn ..."

In diesen Fällen sind Betreuer u.U. also berechtigt, für die sorgeberechtigte Person Erklärungen abzugeben und stellvertretend zu handeln.

F Teilhabeleistungen nach dem SGB IX – Ziele, Leistungen, Leistungsträger

I. Im Irrgarten der Bürokratie – Segen und Fluch einer funktionierenden Administration

Unter Bürokratie versteht man die Herrschaft der Verwaltung. Sie wird in der Regel vom Staat ausgeübt, der sich für die Ausübung der Herrschaft seiner Beamten bedient. Sie geht von einer Über- und Unterordnung aus. Nicht von ungefähr stellt man einen „Antrag" und Leistungen werden „gewährt". Bürokratie und bürokratische Strukturen sind **Mittel zur Ausübung staatlicher Macht**.

Immerhin sind die Bürger:innen dieser „Herrschaft" nicht mehr hilflos ausgeliefert, weil zu beantragende Leistungen oft als Rechtsanspruch in einem Gesetz geregelt sind und die Möglichkeit besteht, Rechtsbehelfe einzulegen und so die Entscheidungen gerichtlich prüfen zu lassen. So wurde in der Erkenntnis, die dem Absolutismus entstammende „Bürokratie" nicht abschaffen zu können, diese demokratisiert, also den heute vorhandenen politischen Rahmenbedingungen angepasst. Richtig angewendet ist Bürokratie jetzt nicht einfach nur notwendiges Übel, sondern hat eine dienende Funktion. Sie dient im Sozialleistungsrecht der **Gerechtigkeit**, der **Verlässlichkeit** und der **Transparenz** und soll staatliche Willkür verhindern.

Bürokratie

▶ *Vom Staat zur Verfügung gestellte Mittel werden in einem festgelegten Verfahren, unter Beteiligung des Antragstellers, nach festgelegten Kriterien unter den Anspruchsberechtigten verteilt. Je mehr Kriterien in einer Entscheidung einfließen müssen, desto umfangreicher zeigt sich die Bürokratie gegenüber dem Antragsteller.*

Weil Bürokratie aber immer noch mit Macht zu tun hat und Menschen für die Umsetzung zuständig sind, kann es nach wie vor leider auch anders genutzt werden. Dieses Gefühl tritt bei Leistungsberechtigten immer dann besonders auf, wenn **Leistungen scheinbar willkürlich, nicht** werden. Dieses „Recht" ist den Leistungsträgern im Rahmen der Gewährung von Teilhabeleistungen auch ausdrücklich zuerkannt worden: Sie können bei der Entscheidung über die Leistungen von dem Ergebnis einer vorher stattgefundenen Bedarfserhebung abweichen. Was im Teilhabeplan steht, muss noch lange nicht umgesetzt werden. Deshalb ist im Gesetz geregelt, dass

> „die Rehabilitationsträger (...) den Teilhabeplan bei der Entscheidung über den Antrag zugrunde (legen). Die Begründung der Entscheidung über die beantragten Leistungen nach § 35 des Zehnten Buches soll erkennen lassen, inwieweit die im Teilhabeplan enthaltenen Feststellungen bei der Entscheidung berücksichtigt wurden"[40].

Gegen die Feststellungen im Teilhabeplan kann nur im Zusammenhang mit dem Leistungsbescheid durch das Einlegen von Rechtsbehelfen vorgegangen werden.

▶ *Ausführlich zu den Rechtsbehelfen und Rechtsmitteln siehe Kapitel J.*

---

40 Zitat § 19 Abs. 4 SGB IX

II. Anspruchsgrundlagen und Ziele

Grundsätzlich haben *„Menschen mit Behinderungen oder von Behinderung bedrohte Menschen“*[41] Anspruch auf Teilhabeleistungen. Deshalb ist im Gesetz geregelt, wer eine **Behinderung** hat. Folgende Parameter sind entscheidend für die Frage, ob eine Behinderung vorliegt oder auch nicht (§ 2 Abs. 1 SGB IX):

- eine körperliche Beeinträchtigung,
- eine seelische Beeinträchtigung oder
- eine Sinnesbeeinträchtigung.

Man betrachtet also zunächst Körper, Geist und Seele. Es muss allerdings noch eine weitere Komponente dazukommen:

- einstellungs- und umweltbedingte Barrieren.

Eine körperliche Beeinträchtigung wird also nur dann zu einer Behinderung, wenn andere Menschen in ihren Entscheidungen und Handeln diese Beeinträchtigungen nicht berücksichtigen oder wenn in der Lebens(um-)welt des Menschen mit einer Beeinträchtigung tatsächliche Hindernisse auftauchen.

Beispiel: Behinderungen durch die Lebensumweltbedingungen

Nicht abgesenkte Bordstein stellen für einen Rollstuhlfahrer nicht zu überwindende Barrieren dar. Die Gesellschaft kann darauf unterschiedlich reagieren:

- *Sie verzichtet auf Bordsteine.*
- *Sie senkt die Bordsteine an bestimmten Stellen ab.*
- *Sie stellt technische Hilfen zur Verfügung.*
- *Sie stellt eine personelle Ressource zur Überwindung der Barriere bereit.*
- *Sie kombiniert die dargestellten Alternativen.*

Dieses exemplarische Beispiel lässt sich auf alle anderen Behinderungsarten übertragen.

Im Gesetz unterschieden wird auch der Mensch mit Behinderung und der schwerbehinderte Mensch. Das **Schwerbehindertenrecht** ist durch das BTHG neu geregelt im Teil 3 des SGB IX (§§ 151 ff. SGB IX). Zuständig für die Feststellung ist die Bundesagentur für Arbeit. Wer als „schwerbehindert“ anerkannt ist oder wer eine „Gleichstellung“ hat, kann die besonderen Leistungen des Schwerbehindertenrechts in Anspruch nehmen (vor allem Kündigungsschutz, Beschäftigung in WfbM, unentgeltliche Beförderung im ÖPNV).

Hinsichtlich der grundsätzlichen Zugangsberechtigung zu Leistungen der Teilhabe fällt auf, dass im Gegensatz zum **bio-psycho-sozialen Modell** als konzeptionelle Grundlage für den ICF[42] die **personbezogenen Faktoren** lediglich in Hinsicht auf die einstellungsbedingten Bar-

41 Siehe § 1 SGB IX

42 Modell der Funktionsfähigkeit und Behinderung (International Classification of Functioning, Disability and Health)

rieren im Gesetz genannt werden. Es muss auch damit gerechnet werden, dass sich die Definition der Zugangsberechtigung noch mal ändern könnte.

Sollen Teilhabeleistungen geltend gemacht werden, kommt eine weitere Bedingung hinzu: **Beeinträchtigung und Barriere** müssen den Menschen mit Behinderung an der Teilhabe hindern (§ 2 SGB IX). Um Teilhabeleistungen zu bekommen, müssen also drei Bedingungen erfüllt sein.

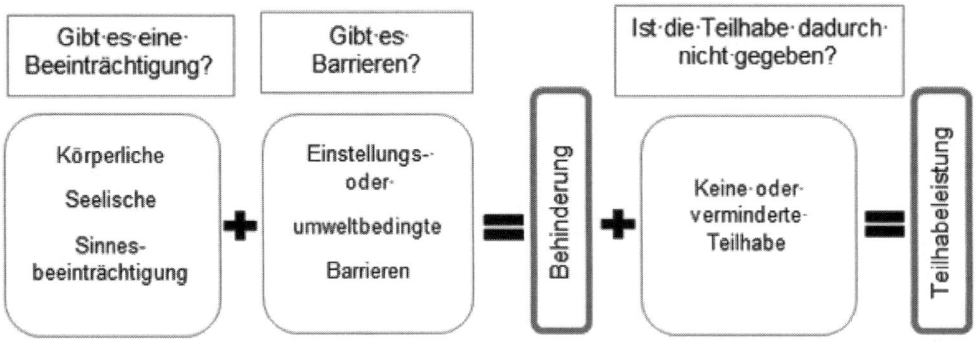

Übersicht: Behinderung und Teilhabeleistungen

Die **Ziele** sind im § 1 SGB IX grundsätzlich definiert. Danach ist das Ziel die

> „Selbstbestimmung und die (ihre) volle, wirksame und gleichberechtigte Teilhabe am Leben in der Gesellschaft zu fördern, Benachteiligungen zu vermeiden oder ihnen entgegenzuwirken."[43]

Näher ausgeführt wird das in § 4 SGB IX, wo die **Ziele der Leistungsgewährung** aufgelistet sind. Diese sind:

> „1. die Behinderung abzuwenden, zu beseitigen, zu mindern, ihre Verschlimmerung zu verhüten oder ihre Folgen zu mildern,
>
> 2. Einschränkungen der Erwerbsfähigkeit oder Pflegebedürftigkeit zu vermeiden, zu überwinden, zu mindern oder eine Verschlimmerung zu verhüten sowie den vorzeitigen Bezug anderer Sozialleistungen zu vermeiden oder laufende Sozialleistungen zu mindern,
>
> 3. die Teilhabe am Arbeitsleben entsprechend den Neigungen und Fähigkeiten dauerhaft zu sichern oder
>
> 4. die persönliche Entwicklung ganzheitlich zu fördern und die Teilhabe am Leben in der Gesellschaft sowie eine möglichst selbständige und selbstbestimmte Lebensführung zu ermöglichen oder zu erleichtern".[44]

III. Das Antrags- und Bewilligungsverfahren

Grundsätzlich müssen Teilhabeleistungen beantragt werden. Das kann schriftlich oder mündlich erfolgen. Die Nutzung eines bestimmten Vordrucks ist, bis auf wenige Ausnahmen, gesetzlich nicht vorgeschrieben (§ 16 SGB I). Hinsichtlich der Leistungen der Eingliederungs-

43 Siehe § 1 Abs. 1 S. 1 SGB IX
44 Siehe § 4 Abs. 1 SGB IX

hilfe ist dies im § 108 SGB IX separat geregelt. Für die anderen Leistungsträger gilt die Regelung des § 19 SGB IV.

Der Antrag ist an **keine bestimmte Form** gebunden, insbesondere kann er auch mündlich gestellt werden und muss ggf. zur Niederschrift bei einem Leistungsträger aufgenommen werden.

Im Teilhaberecht soll sich das Prinzip von *„Leistungen wie aus einer Hand"* durchsetzen. Das bedeutet, dass der **Antrag nur einmal gestellt** werden muss und mit diesem Antrag alle Teilhabeleistungen umfassend erhoben und festgestellt werden müssen (§ 14 Abs. 2 Satz 1, 13 SGB IX). Insbesondere die Bedarfserhebungsinstrumente für Teilhabeleistungen sind darauf ausgerichtet, dieses Prinzip zu gewährleisten.

Die Tatsache, dass kein separater Antrag gestellt werden muss, entbindet die leistungsberechtigte Person aber nicht von der Verpflichtung, alle Tatsachen anzugeben, die für die Entscheidung über die Leistung erheblich sind (§ 60 Abs. 1 SGB I). Ein „Antragsvordruck" muss also u.U. dennoch ausgefüllt werden.

Wichtig

Für die Fristen gilt nicht das Datum, an dem der Antragsvordruck abgegeben worden ist, sondern es ist der Tag ausschlaggebend, an dem der Antrag gestellt worden ist.

Im Teilhabe-Leistungsrecht werden ein paar neue Begriffe eingeführt. So unterscheidet man zukünftig zwischen

- „zuständigen Leistungsträgern" bzw. „zuständigen Reha-Trägern" und
- „leistenden Leistungsträgern" bzw. „leistenden Reha-Trägern".

Das hängt mit der Konstruktion des Teilhabeleistungsrecht (Stichwort: *„Leistungen wie aus einer Hand"*) zusammen, das davon ausgeht, dass in der Regel Teilhabebedarfe trägerübergreifend gewährt werden müssen, in der Mehrzahl der Fälle also auch mehrere Leistungsträger untereinander abgestimmt und nicht untereinander abgegrenzt Leistungen erbringen müssen.

- Dem leistenden Rehabilitationsträger kommt die **Koordinations- und Finanzierungsverantwortung** zu.
- Der zuständige Rehabilitationsträger muss die Leistung erbringen, in der Regel in dem er sie dem leistenden Rehabilitationsträger erstattet. Dort liegt also „nur" eine **Zahlungsverantwortung**.

Ergebnis

Der leistende Rehabilitationsträger ist also immer in einer Doppelrolle tätig: zum einen als für seine eigene Leistung zuständiger Leistungsträger und dann als Koordinator, Ansprechpartner und im Außenverhältnis einzig Verantwortlicher für die Leistungsgewährung als leistender Leistungsträger.

1. Verfahrensschritte des Antrags- und Bewilligungsverfahrens

Bei allen Sozialleistungen – also unabhängig davon, ob Geldleistungen oder Teilhabeleistungen betroffen sind – ist das Antrags- und Bewilligungsverfahren in den Grundzügen immer gleich:

Verfahrensschritte Antrag und Bewilligung

- Zunächst wird der **Antrag** gestellt.
- Anschließend beginnt der Leistungsträger mit der **Zuständigkeitsprüfung**, die sich auf die sachliche und örtliche Zuständigkeit bezieht. Dafür hat er im Teilhaberecht zwei Wochen Zeit (§ 14 Abs. 1 Satz 1 SGB IX).
- Wird die Zuständigkeit bejaht, schließt sich eine **Bedarfserhebung** an.
- Schließlich mündet diese Bedarfserhebung in einer **Bedarfsfeststellung**.
- Ggf. ist eine **Teilhabekonferenz** „zwischengeschaltet".
- Ggf. wird eine **Zielvereinbarung** abgeschlossen.
- Sichtbar gemacht wird die Bedarfsfeststellung durch einen **Leistungsbescheid** (Bewilligungsbescheid oder Ablehnungsbescheid oder eine Mischung aus beidem).

Antrag

1.	2.	3.	4.	5.
Zuständigkeitsprüfung	Bedarfserhebung	Bedarfsfeststellung	Teilhabeplan	Teilhabeplankonferenz

Leistungsbescheid

Übersicht: Verfahrensschritte

Zuständig für die Bewilligung der Leistungen ist der jeweils **leistende** Rehabilitationsträger.

Die besonderen Bedürfnisse von Frauen und Kindern mit Behinderungen sowie von Menschen mit seelischen Behinderungen sollen entsprechend (besonders) berücksichtigt werden (§ 1 Satz 2 SGB IX).

Im Gesetz geregelt ist auch die **Prävention**. Grundsätzlich sollen die Rehabilitationsträger und Integrationsämter Maßnahmen dafür ergreifen, dass eine Behinderung (oder eine chronische Erkrankung) gar nicht erst eintritt. Dazu sollen sie mit Arbeitgebern zusammenarbeiten und es soll vor allem vermieden werden, dass Leistungen zur Teilhabe am Leben in der Gesellschaft erforderlich werden (§ 3 SGB IX).

Praxistipp

Leistungen zur Teilhabe werden unabhängig davon, warum eine Behinderung vorliegt, geleistet. Sollte ein Leistungsträger seine Leistungen von der Ursache abhängig machen (z.B. die Unfallversicherung), tritt an die Stelle dieses Leistungsträgers im Zweifel der Leistungsträger, der die erforderliche Leistung ursachenunabhängig (§ 14 Abs. 1 Satz 3 SGB IX) erbringt.

2. Zuständigkeiten, Fristen und Abweichungen

Hinsichtlich der Zuständigkeiten und der Fristen (§ 7 SGB IX) sind unterschiedliche Fallkonstellationen denkbar.

Zwischen den Teilhabeleistungen nach SGB IX 1. Teil und SGB IX 2. Teil sind die Fristen an bestimmten Stellen anders geregelt. Siehe hierzu die Ausführungen unter V. Welche Fristen gelten für das Antrags und Bewilligungsverfahren.

a) Variante 1

Einfacher Fall mit klaren Zuständigkeiten und Bedarfen

Wird nach Antragseingang die Zuständigkeit bejaht (entweder durch Prüfung des Antrages hinsichtlich der Zuständigkeit oder durch Fristablauf – 14 Tage) und ist für die Entscheidung über den Antrag **kein** Gutachten erforderlich, stellt der Leistungsträger den Bedarf **umfassend** fest und entscheidet innerhalb **von drei Wochen seit der Antragstellung** über die zu erbringende Leistung (§ 14 Abs. 2 Satz 1 und 2 SGB IX).

Beispiel

Antragseingang am 1.7.2025. Es beginnt die Zuständigkeitsprüfung, die bejaht wird und da der Fall seit Jahren bekannt ist, ist der Bedarf auch unstreitig bekannt. Eine Begutachtung ist nicht erforderlich. Der Bedarf wird in einem Teilhabeplan festgehalten und der Leistungsträger entscheidet über die Leistung bis zum 21.7.2025.

b) Variante 2

Einfacher Fall mit klaren Zuständigkeiten, aber Antragstellung beim unzuständigen Leistungsträger

Wird nach Antragseingang die Zuständigkeit verneint, dann muss der Antrag vom nicht zuständigen Leistungsträger („*erstangegangener Leistungsträger*“) an den zuständigen Leistungsträger weitergeleitet und der Antragsteller informiert werden. Die Frist (14 Tage) läuft aber weiter (§ 14 Abs. 1 Satz 4 SGB IX). Dieser Leistungsträger („*zweitangegangener Träger*“) ist dann umfassend für das weitere Verfahren und die Bearbeitung und Entscheidung der beantragten Leistungen zuständig. Auch hier gilt: Die Entscheidung muss drei Wochen nach Antragseingang (der Tag, an dem der weitergeleitete Antrag beim zweitangegangenen Träger eingegangen ist) erfolgen.

Beispiel

Antragseingang am 1.7.2025. Es beginnt die Zuständigkeitsprüfung. Es wird festgestellt, dass eine Zuständigkeit nicht besteht und der Antrag wird an den (vermeintlich) zuständigen Leistungsträger weitergeleitet. Gleichzeitig wird der Antragsteller über die Weiterleitung informiert.

Eingang des weitergeleiteten Antrags beim vermeintlich zuständigen Leistungsträger (zweitangegangener Leistungsträger) am 10.7.2025. Es beginnt die Zuständigkeitsprüfung beim zweitangegangenen Leistungsträger, wird bejaht und da der Fall seit Jahren bekannt ist, ist der Bedarf auch unstreitig bekannt. Eine Begutachtung ist nicht erforderlich. Der Bedarf wird in einem Teilhabeplan festgehalten und der Leistungsträger entscheidet über die Leistung bis zum 31.7.2025.

c) Variante 3

Einfacher Fall, aber der zweitangegangene Leistungsträger ist auch nicht zuständig

Stellt der zweitangegangene Träger fest, dass er nach dem für ihn geltenden Gesetz insgesamt nicht zuständig ist, kann er mit Einverständnis des tatsächlich zuständigen Leistungsträgers den Antrag an diesen weiterleiten. Der „neue", tatsächlich zuständige Leistungsträger ist aber an die Fristen des nicht zuständigen, zweitangegangenen Leistungsträgers gebunden (§ 14 Abs. 3 SGB IX). Das bedeutet, dass der Fristbeginn in diesem Fall für den neuen, tatsächlich zuständigen Leistungsträger der Tag ist, an dem der weitergeleitete Antrag beim zweitangegangener Leistungsträger eingegangen ist.

Beispiel

Der zweitangegangene Leistungsträger, der den weitergeleiteten Antrag am 10.7.2025 erhalten hat, stellt bei der Zuständigkeitsprüfung fest, dass er für die beantragte Leistung insgesamt nicht zuständig ist. Er fragt bei dem nach seiner Auffassung zuständigen Leistungsträger nach, ob er den falsch weitergeleiteten Antrag bearbeiten und entscheiden möchte. Dieser prüft die Anfrage und erklärt sein Einverständnis zur erneuten Weiterleitung.

Da der Fall seit Jahren bekannt ist und der Bedarf unstreitig feststeht, wird ein Teilhabeplan erstellt und innerhalb der Frist, deren Beginn der Tag des Eingangs des Antrages beim insgesamt unzuständigen zweitangegangenen Leistungsträger galt bis zum 31.7.2025.

d) Variante 4

Leistungsträger (Rehabilitationsträger) ist nur teilweise zuständig und der Antrag enthält Leistungen, für die er gar nicht zuständig sein kann

Wenn die Zuständigkeitsprüfung beim Leistungsträger, bei dem der Antrag eingegangen ist (erstangegangener Leistungsträger), ergibt, dass er nur teilweise zuständig ist und der Antrag Leistungen enthält, für die er nicht zuständig sein kann, wird der Antrag „aufgespalten" und es wird der Teil des Antrages, für den der Leistungsträger nicht zuständig sein kann, an den dafür zuständigen Leistungsträger weitergeleitet. Der erstangegangene Leistungsträger muss über seine Leistungen, für die er zuständig ist, innerhalb von sechs Wochen entscheiden (§ 15 Abs. 4 SGB IX).

Der oder die zweitangegangenen Leistungsträger entscheiden über „ihre" Leistungen in eigener Verantwortung. Sie unterrichten den Antragsteller über die bei ihnen liegende Zuständigkeit. Für den Beginn der Bearbeitungs- und Entscheidungsfrist gilt mangels einer anderen Regelung, dass der Tag maßgeblich ist, an dem der Antrag beim erstangegangenen Leistungsträger eingegangen ist.[45] Die Entscheidung hat innerhalb von sechs Wochen zu erfolgen.

Beispiel

Eingang Antrag beim erstangegangenen Träger am 1.7.2025. Die Zuständigkeitsprüfung ergibt, dass der Antrag unterschiedliche Leistungen enthält und auch solche, wofür der erstangegangene Träger nicht zuständig sein kann. Entscheidungsgrundlage hierfür ist § 6 SGB IX.

Der Antrag wird „gesplittet" und der Teil, für den andere Rehabilitationsträger zuständig sind, wird am 10.7.2025 an diese weitergeleitet. Da der Teil, für den der erstangegangene Rehabilitationsträger zuständig ist hinsichtlich des Bedarfs unstreitig ist, wird dieser im Teilhabeplan festgehalten und festgestellt. Innerhalb von sechs Wochen (12.8.2026) erhält der Antragsteller einen Leistungsbescheid.

Für die zweitangegangenen Rehabilitationsträger gilt das Gleiche.

e) Variante 5

Leistungsträger ist nur teilweise zuständig und es kommen auch andere Leistungsträger (Rehabilitationsträger) in Betracht

Ist ein Rehabilitationsträger nur teilweise zuständig und gleichzeitig enthält der Antrag Leistungen, für die auch andere Rehabilitationsträger in Betracht kommen, wird der Rehabilitationsträger, bei dem der Antrag eingegangen ist, „*leistender Rehabilitationsträger*" und ist damit gegenüber dem Antragsteller **der einzige Ansprechpartner** auch für die Leistungen der anderen Rehabilitationsträger. Hinsichtlich der Frist zur Entscheidung über die Leistungen insgesamt bleibt es bei den sechs Wochen.

Der leistende Rehabilitationsträger, der die Entscheidungs- und Koordinierungsverantwortung hat, holt von den anderen zuständigen Rehabilitationsträgern Stellungnahmen dazu ein, ob und wenn ja, in welchem Umfang sie Leistungen (über „*Ziel, Art und Umfang*")[46], für die sie „*zuständige Rehabilitationsträger*" sind, gewähren wollen. Die Feststellungen der zuständigen Rehabilitationsträger werden im Teilhabeplan aufgenommen und gemeinsam mit den beteiligten Rehabilitationsträgern beraten (§ 15 Abs. 2 Satz 1 SGB IX). Sie sind verbindliche Entscheidungsgrundlage für den leistenden Rehabilitationsträger, wenn und soweit die zu-

45 Alternativ: Es wird auf die Regelung in § 14 Abs. 2 Satz 4 letzter HS zurückgegriffen
46 Vgl. § 19 Abs. 1 SGB IX

ständigen Rehabilitationsträger nicht innerhalb von zwei Wochen nach Abgabe der eigenen Feststellung dieser widersprechen (§ 15 Abs. 2 Satz 2 SGB IX). Sollte zur Abgabe der Stellungnahme ein **Gutachten** erforderlich sein, dann beginnt die Zwei-Wochen-Frist mit der Fertigstellung des Gutachtens. Näher zur Begutachtung unter 6.

Wird keine Stellungnahme abgegeben oder innerhalb der Frist den Feststellungen im Teilhabeplan widersprochen, entscheidet der leistende Rehabilitationsträger. Wenn der Antragsteller mit einer getrennten Leistungsbewilligung und Leistungserbringung nicht einverstanden ist, entscheidet der leistende Rehabilitationsträger über alle im Teilhabeplan festgestellten Leistungen *„im eigenen Namen"* (§ 15 Abs. 3 Satz 1 Nr. 3, Abs. 2 SGB IX).

Beispiel

Der Antrag geht beim Rehabilitationsträger am 1.7.2025 ein. Die Zuständigkeitsprüfung ergibt, dass der Antrag unterschiedliche Teilhabeleistungen enthält, die aber auch von anderen Rehabilitationsträgern erbracht werden könnten. Da der Rehabilitationsträger nunmehr die Koordinationsverantwortung hat, leitet er den Antrag nicht weiter, sondern fordert am 10.7.2025 von den anderen infrage kommenden Rehabilitationsträger Stellungnahmen über deren Leistungsverpflichtungen an, um diese in den zu erstellenden Teilhabeplan aufnehmen zu können.

Die Stellungnahmen gehen am 20.7.2025 beim leistenden Rehabilitationsträger ein und dieser berücksichtigt sie im Teilhabeplan. Die Beratung über den Teilhabeplan erfolgt mit den beteiligten Rehabilitationsträgern im schriftlichen Verfahren. Über die Leistungen wird dann innerhalb von sechs Wochen bis zum 12.8.2025 entschieden.

3. Maximale Bearbeitungs- und Entscheidungsfristen

Hinweis

Maximale Bearbeitungs- und Entscheidungsfristen gelten nicht für Träger der Eingliederungshilfe, der Jugendhilfe und der Kriegsopferfürsorge (§ 18 Abs. 4 SGB IX)!

Grundsätzlich muss das Verfahren innerhalb von **zwei Monaten** einer Entscheidung zugeführt worden sein (§ 18 Abs. 1 1. HS SGB IX). Geht das nicht, muss der leistende Rehabilitationsträger dem Antragsteller die Hinderungsgründe mitteilen und den Zeitpunkt der Entscheidung taggenau angeben.

Es gibt aber **nur drei Gründe** für eine weitere **Fristverlängerung** (§ 18 Abs. 2 SGB IX):

1. Es stehen nicht genügend geeignete Gutachter zur Verfügung (Fristverlängerung um zwei Wochen).
2. Der Gutachter bestätigt schriftlich, dass er mit einem Zeitraum von zwei Wochen für die Begutachtung nicht hinkommt (Fristverlängerung vier Wochen).
3. Der Leistungsberechtigte wirkt nicht am Verfahren mit (Fristverlängerung bis zur erfolgten Mitwirkung).

Nach Ablauf dieser Fristen gelten die beantragten Leitungen **automatisch als bewilligt** (§ 18 Abs. 3 SGB IX).

Die Vorschriften für das Antrags- und Bewilligungsverfahren bei den Teilhabeleistungen sind im Teil 1 des SGB IX in den §§ 1 bis 89 SGB IX beschrieben und diese gelten grundsätzlich für alle Rehabilitationsträger (§ 6 SGB IX).

Praxistipp: Vorschriften für Träger der Eingliederungshilfe

▶ *Die Vorschriften zur „Einleitung der Rehabilitation von Amts wegen (§§ 9 bis 11 SGB IX)", die Vorschriften zur „Erkennung und Ermittlung des Rehabilitationsbedarfs" (§§ 12 und 13 SGB IX) und die Vorschriften zur „Koordinierung der Leistungen" (§§ 14 bis 24 SGB IX) gelten immer und ausnahmslos für jeden Rehabilitationsträger!*

Auch ein Landesgesetz kann die Vorschriften zur „Koordinierung der Leistungen" (§§ 14 bis 24 SGB IX) nicht außer Kraft setzen oder ändern!

4. Vorschüsse und vorläufige Leistungsbewilligung

Eine große Herausforderung in der Umsetzung gesetzlicher Vorgaben besteht immer wieder in der Frage der zeit- und sachgerechten zur Verfügungstellung notwendiger Leistungen. Allgemein sind die Sozialleistungsträger dazu verpflichtet (§ 1 Abs. 2 SGB I). Der Regelfall und gesetzlich vorgesehene Ausnahmen ergeben sich – bezogen auf die Teilhabeleistungen – aus den § 14 bis 18 SGB IX.

Der Gesetzgeber hat für alle Sozialleistungen festgelegt, dass wenn ein **Anspruch** auf eine Geldleistung besteht und klar ist, dass eine **Leistungsverpflichtung** besteht, nur die genaue **Höhe** ist noch umstritten ist, Vorschüsse gezahlt werden können (§ 42 Abs. 1 Satz 1 SGB I). Die Höhe liegt im „pflichtgemäßen Ermessen" des zuständigen Leistungsträgers.

Praxistipp

▶ *Im Falle von Teilhabeleistungen würde dies bedeuten, dass mit dem Betrag der voraussichtliche, absehbare, aktuell einschätzbare Bedarf gedeckt werden können muss.*

Beantragt der Leistungsberechtigte eine Vorschusszahlung und die Bedingungen dafür sind erfüllt, dann muss ein Vorschuss gezahlt werden (§ 42 Abs. 1 Satz 2 SGB I). Diese Bestimmung gilt natürlich nur insoweit, als in dem für den jeweiligen Sozialleistungsträger geltenden Gesetz keine „Spezialregelung" vorhanden ist. Ganz überwiegend ist das nicht der Fall.

Praxistipp

▶ *Für die Leistungen der Eingliederungshilfe, die jetzt ja direkt aus dem SGB IX heraus geleistet werden, sind keine speziellen Regelungen getroffen worden, die die Vorschusszahlungen betreffen. Daher gilt: Sollte sich das Antrags- und Bewilligungsverfahren in die Länge ziehen, gleichwohl aber ein endgültiges Ergebnis nicht abgewartet werden können, sollte an die Möglichkeit der Beantragung eines Vorschusses gedacht werden.*

Hinsichtlich einer vorläufigen Leistungserbringung gibt es im SGB IX aber Regelungen. Eine **vorläufige Leistung** erbringt der Eingliederungshilfeträger immer dann, wenn es sich um einen Eilfall handelt. Die Höhe der Leistung liegt im pflichtgemäßen Ermessen. Ein spezieller Antrag ist nicht erforderlich. Das Gesetz sieht vor, dass der Eingliederungshilfeträger dies „von sich aus" tut (§ 120 Abs. 4 SGB IX). Das pflichtgemäße Ermessen bezieht sich also nicht auf die Frage der vorläufigen Leistung, sondern nur auf die Höhe der vorläufigen Leistungen. Hinsichtlich der Höhe bedeutet dies, dass diese so ausgestaltet sein muss, dass damit alle eilig zu befriedigenden Bedarfe auch gedeckt werden können.

5. Erstattung selbst beschaffter Teilhabeleistungen

Konnte der Rehabilitationsträger eine unaufschiebbare Leistung nicht rechtzeitig erbringen oder hat er eine Leistung zu Unrecht abgelehnt und sind dadurch Leistungsberechtigten für die selbstbeschaffte Leistung Kosten entstanden, sind diese vom Rehabilitationsträger in der entstandenen Höhe zu erstatten, soweit die Leistung notwendig war.

Der Anspruch auf Erstattung richtet sich gegen den Rehabilitationsträger, der zum Zeitpunkt der Selbstbeschaffung über den Antrag entschieden hat. Lag zum Zeitpunkt der Selbstbeschaffung noch keine Entscheidung vor, richtet sich der Anspruch gegen den leistenden Rehabilitationsträger.

6. Begutachtung als Teil der Bedarfserhebung

Unter welchen Bedingungen ein Gutachten erstellt werden soll, ist im Gesetz geregelt. Das bedeutet dann aber auch, dass andere Formen oder Begründungen vom Rehabilitationsträger zwar genutzt werden können, die im § 18 SGB IX dargestellten Folgen für die Fristen aber nicht auslösen können. Fristverlängernd wirken also nur die Gutachten i.S.v. § 18 SGB IX.

Zuständig für die Beauftragung eines Sachverständigen mit der Begutachtung ist der **leistende Rehabilitationsträger** (Leistungsträger). Er darf bzw. muss dies dann tun, wenn es für die Feststellung eines Rehabilitationsbedarfs erforderlich ist. Die Beauftragung hat unverzüglich, das heißt ohne schuldhaftes Zögern, ohne unbegründeten zeitlichen Verlust, zu erfolgen (§ 17 Abs. 1 Satz 1 SGB IX).

Es dürfen nur **geeignete Sachverständige** beauftragt werden. Soweit die Nutzung eines sozialmedizinischen Dienstes (z.B. MDK für die Krankenkassen) gesetzlich vorgeschrieben ist, muss dieser auch genutzt werden. Die Beauftragung erfolgt in diesen Fällen durch die jeweils **zuständigen Rehabilitationsträger** (§ 17 Abs. 2 Satz 3 SGB IX).

Ansonsten sollen dem Leistungsberechtigten **drei Gutachter zur Auswahl** vorgeschlagen werden (§ 17 Abs. 2 Satz 2 SGB IX). Das Gutachten muss zwei Wochen nach Auftragserteilung erstellt (§ 17 Abs. 2 Satz 1 SGB IX) werden und bildet die Grundlage für die Entscheidung des Leistungsträgers über den Rehabilitationsbedarf (Teilhabebedarf), § 17 Abs. 2 Satz 3 SGB IX.

Das Gutachten muss nach einheitlichen Grundsätzen erstellt werden (§§ 17 Abs. 2, 25 Abs. 1 Nr. 4 SGB IX). Die einheitlichen Grundsätze sind in den gemeinsamen Empfehlungen zum **Reha-Prozess der BAR** festgeschrieben.[47]

Ob eine Begutachtung erforderlich ist oder nicht, hängt wesentlich vom Einzelfall ab. Die Begutachtung darf auf jeden Fall seitens der Rehabilitationsträger nicht zum Zwecke der Fristverlängerung im Antrags- und Bewilligungsverfahren genutzt werden. Die Begutachtung des Sachverständigen bezieht sich auf den Rehabilitationsbedarf. Davon ist – legt man den Gesetzestext zugrunde – nicht erfasst z.B. die Frage, ob die zu begutachtende Person überhaupt zum Kreis der leistungsberechtigten Personen gehört. Das wird im Antragsverfahren entweder durch entsprechende Dokumente (Behindertenausweis, ärztliches Attest etc.) nachgewiesen, oder aber eine befugte Stelle (z.B. Gesundheitsamt) stellt dies fest. Diese Feststellung ist kein Gutachten i.S.v. § 17 SGB IX, weil sie sich nicht auf den Rehabilitationsbedarf bezieht.

Hält der Sachverständige die **Begutachtungsfrist** nicht ein, muss sich das der leistende Rehabilitationsträger auf die Frist anrechnen lassen. Dies belastet den zuständigen Rehabilitationsträger. Gibt der zuständige Rehabilitationsträger seine Stellungnahme nicht rechtzeitig beim leistenden Rehabilitationsträger ab, kann dieser die Leistung nach eigenem Ermessen planen.

IV. Teilhabeplanverfahren und Gesamtplanverfahren – Wann findet was statt?

Teilhabeplan- und Gesamtplanverfahren sind zwei separate Verfahren, die einzeln – oder in bestimmten Fällen – gleichzeitig ablaufen.

Sowohl bei der Aufstellung des Teilhabeplans als auch bei der Aufstellung des Gesamtplans gehören die **Leistungserbringer nicht zu den Beteiligten**. Diese sind im Gesetz abschließend aufgezählt (§ 19 Abs. 1 Satz 1 SGB IX).

Leistungserbringer werden, jeweils mit Zustimmung des Leistungsberechtigten, in der Phase der Bedarfsermittlung in die Erarbeitung des Teilhabe- oder Gesamtplans mit einbezogen. Dies geschieht entweder im schriftlichen Verfahren (die Leistungserbringer erstellen einen Bericht über den Verlauf der geleisteten Hilfen und geben eine Einschätzung darüber ab, was weiterhin wie notwendig wäre) oder sie erhalten auf Wunsch oder mit Zustimmung der Leistungsberechtigten die Möglichkeit, sich als Begleiter im Verfahren persönlich zu äußern.

1. Der Teilhabeplan

Ausgangspunkt des Teilhabeplans ist die gesetzliche Vorgabe bezüglich der Koordination der verschiedenen Leistungen zur Teilhabe mit dem Ziel der Nahtlosigkeit (§§ 19 Abs. 1; 25 SGB IX) und lückenlosen, aufeinander aufbauenden Leistungsgewährung (§§ 14 bis 27

47 Siehe BAR-Arbeitsentwurf vom 12.1.2018 „Gemeinsame Empfehlung zur Zuständigkeitsklärung, zur Erkennung, Ermittlung und Feststellung des Rehabilitationsbedarfs (einschließlich Grundsätzen der Instrumente zur Bedarfsermittlung), zur Teilhabeplanung und zu Anforderungen an die Durchführung von Leistungen zur Teilhabe" gemäß § 26 Abs. 1 i.V.m. § 25 Abs. 1 Nr. 1 bis 3 und 6 und gemäß § 26 Abs. 2 Nr. 2, 3, 5, 7 bis 9 SGB IX

SGB IX). Der Teilhabeplan ist eine zusammenfassende Auflistung des voraussichtlichen individuellen Bedarfs, in dem alle erforderlichen Leistungen dokumentiert und diese *„hinsichtlich Ziel, Art und Umfang funktionsbezogen"* festgestellt sind. Damit soll auch erreicht werden, dass der leistende Rehabilitationsträger mit den von ihm beteiligten zuständigen Rehabilitationsträgern zusammenarbeitet und sich mit dem Leistungsberechtigten abstimmt.

Einen Teilhabeplan **muss es** auf jeden Fall **immer dann geben**, wenn

- mehrere Leistungsgruppen (§ 5 SGB IX) oder
- mehrere Rehabilitationsträger (§ 6 SGB IX)

zur Bedarfsdeckung erforderlich sind.

Verantwortlich für das Verfahren und für den Teilhabeplan ist der leistende Leistungsträger (§ 19 Abs. 1 SGB IX).

Sind die gesetzlichen Voraussetzung zur Erstellung eines Teilhabeplans nicht gegeben muss dennoch ein Teilhabeplan erstellt werden, wenn der Leistungsberechtigte dies wünscht (§ 19 Abs. 2 Satz 3 SGB IX).

Die **Struktur** des Teilhabeplans ist gesetzlich vorgegeben. Folgende Punkte müssen dort festgehalten werden (§ 19 Abs. 2 Satz 2 SGB IX):

Inhalt Teilhabeplan

1. der Tag des Antragseingangs beim leistenden Rehabilitationsträger und das Ergebnis der Zuständigkeitsklärung und Beteiligung nach den §§ 14 und 15 SGB IX,
2. die Feststellungen über den individuellen Rehabilitationsbedarf auf Grundlage der Bedarfsermittlung nach § 13 SGB IX,
3. die zur individuellen Bedarfsermittlung nach § 13 SGB IX eingesetzten Instrumente,
4. die gutachterliche Stellungnahme der Bundesagentur für Arbeit nach § 54 SGB IX,
5. die Einbeziehung von Diensten und Einrichtungen bei der Leistungserbringung,
6. erreichbare und überprüfbare Teilhabeziele und deren Fortschreibung,
7. die Berücksichtigung des Wunsch- und Wahlrechts nach § 8 SGB IX, insbesondere im Hinblick auf die Ausführung von Leistungen durch ein Persönliches Budget,
8. die Dokumentation der einvernehmlichen, umfassenden und trägerübergreifenden Feststellung des Rehabilitationsbedarfs in den Fällen nach § 15 Abs. 3 Satz 1 SGB IX,
9. die Ergebnisse der Teilhabeplankonferenz nach § 20 SGB IX,
10. die Erkenntnisse aus den Mitteilungen der nach § 22 SGB IX einbezogenen anderen öffentlichen Stellen,
11. die besonderen Belange pflegender Angehöriger bei der Erbringung von Leistungen der medizinischen Rehabilitation und
12. die Leistungen zur Eingliederung in Arbeit nach dem Zweiten Buch, soweit das Jobcenter nach § 19 Abs. 1 Satz 2 SGB IX zu beteiligen ist.

Der Teilhabeplan wird dem Verlauf der Hilfen entsprechend angepasst und mit dem Leistungsberechtigten abgestimmt (§ 19 Abs. 3 SGB IX). Ziel ist die

> „umfassende Teilhabe am Leben in der Gesellschafft zügig, wirksam, wirtschaftlich und auf Dauer zu ermöglichen".[48]

Die Leistungsberechtigten haben unter Verweis auf § 25 SGB X das Recht, den Teilhabeplan einzusehen und sich davon Kopien aushändigen zu lassen (§ 19 Abs. 3 Satz 3 SGB IX).

Der Teilhabeplan bildet die Grundlage für die sich anschließende Entscheidung über die Teilhabeleistungen.

Hinweis

Um zu verhindern, dass finanzielle Belastungen für den Rehabilitationsträger aus Leistungen resultieren, bei denen ein Ermessenspielraum bezüglich des Umfangs besteht, kann der Leistungsbescheid vom Ergebnis des Teilhabeplans abweichen. Es ist aber kenntlich zu machen, in welcher Hinsicht dies geschehen ist (§ 19 Abs. 4 SGB IX; § 35 Abs. 1 SGB X).

Die **Abweichung vom Teilhabeplan im Leistungsbescheid** muss kenntlich gemacht werden. So besteht die Möglichkeit, gegen den Bescheid Widerspruch einzulegen und die Rechtmäßigkeit der Abweichung unter Umständen auch gerichtlich überprüfen zu lassen.

2. Der Gesamtplan

Der **Gesamtplan für die Eingliederungshilfe** ist dem Grunde nach gleichzusetzen mit dem Teilhabeplan des § 19 SGB IX.[49] Zu beachten ist allerdings, dass darüber hinaus weitere Informationen darin wiederzufinden sind.[50]

Die Übernahme der Vorschriften des Teilhabeplans nach § 19 SGB IX in die Bestimmungen für den Gesamtplan nach § 121 SGB IX stellt sicher, dass zum einen das Eingliederungshilferecht des SGB IX als eigenes Leistungsrecht behandelt werden kann, zum anderen aber keine verbotenen Abweichungen – weil durch die Bestimmungen des SGB IX ausgeschlossen – formuliert werden können (§§ 7 Abs. 2 Satz 1, 21 SGB IX).

So wie auch beim Teilhabeplan sollen im Gesamtplan alle Teilhabeleistungen – also auch die Teilhabeleistungen anderer Rehabilitations- und Leistungsträger – verzeichnet werden. Es soll zur Gewährleistung eines transparenten Verfahrens den gesamten Verlauf des Verfahrens, von der Antragstellung bis hin zur Entscheidung über die Leistungen, nachvollziehbar abbilden. Der Gesamtplan soll spätestens alle zwei Jahre überarbeitet werden.[51]

Die Struktur des Gesamtplans ist gesetzlich vorgegeben. Folgende Punkte müssen dort mindestens festgehalten werden:

48 Siehe § 19 Abs. 3 Satz 1 SGB IX
49 Siehe § 121 Abs. 4 Satz 1 SGB IX (ab 1.1.2020); § 144 Abs. 4 Satz 1 SGB XII (bis 31.12.2019)
50 Siehe § 121 Abs. 4 Satz 1 Nr. 1 bis 6 SGB IX (ab 1.1.2020); § 141 Abs. 4 Satz 1 Nr. 1 bis 5 SGB XII (bis 31.12.2019)
51 Siehe § 121 Abs. 2 Satz 2 SGB IX (ab 1.1.2020); § 141 Abs. 2 S. 2 SGB XII (bis 31.12.2019)

Inhalt Gesamtplan

1. die im Rahmen der Gesamtplanung eingesetzten Verfahren und Instrumente sowie die Maßstäbe und Kriterien der Wirkungskontrolle einschließlich des Überprüfungszeitpunkts,
2. die Aktivitäten der Leistungsberechtigten,
3. die Feststellungen über die verfügbaren und aktivierbaren Selbsthilferessourcen des Leistungsberechtigten sowie über Art, Inhalt, Umfang und Dauer der zu erbringenden Leistungen,
4. die Berücksichtigung des Wunsch- und Wahlrechts nach § 8 SGB IX im Hinblick auf eine pauschale Geldleistung,
5. die Erkenntnisse aus vorliegenden sozialmedizinischen Gutachten,
6. das Ergebnis über die Beratung des Anteils des Regelsatzes nach § 27a Abs. 3 SGB XII, der den Leistungsberechtigten als Barmittel verbleibt, und
7. die Einschätzung, ob für den Fall einer stationären Krankenhausbehandlung die Begleitung und Befähigung des Leistungsberechtigten durch vertraute Bezugspersonen zur Sicherstellung der Durchführung der Behandlung erforderlich ist.

Für den Gesamtplan gilt, dass

- dieser immer erstellt werden muss (§ 121 Abs. 1 SGB IX),
- dieser auch der Steuerung und der Wirkungskontrolle des Teilhabeprozesses dient und
- nach spätestens zwei Jahren fortgeschrieben werden muss (§ 121 Abs. 2 SGB IX).

3. Synopse

Synopse: Vorschriften Teilhabeplan nach § 19 SGB IX und Gesamtplan nach § 121 SGB IX

Teilhabeplan nach § 19 SGB IX	Gesamtplan nach § 121 SGB IX
(1) Soweit Leistungen verschiedener Leistungsgruppen oder mehrerer Rehabilitationsträger erforderlich sind, ist der leistende Rehabilitationsträger dafür verantwortlich, dass er und die nach § 15 beteiligten Rehabilitationsträger im Benehmen miteinander und in Abstimmung mit den Leistungsberechtigten die nach dem individuellen Bedarf voraussichtlich erforderlichen Leistungen hinsichtlich Ziel, Art und Umfang funktionsbezogen feststellen und schriftlich oder elektronisch so zusammenstellen, dass sie nahtlos ineinandergreifen.	(1) Der Träger der Eingliederungshilfe stellt unverzüglich nach der Feststellung der Leistungen einen Gesamtplan insbesondere zur Durchführung der einzelnen Leistungen oder einer Einzelleistung auf.

Teilhabeplan nach § 19 SGB IX	Gesamtplan nach § 121 SGB IX
(2) Der leistende Rehabilitationsträger erstellt in den Fällen nach Absatz 1 einen Teilhabeplan innerhalb der für die Entscheidung über den Antrag maßgeblichen Frist. Der Teilhabeplan dokumentiert 1. den Tag des Antragseingangs beim leistenden Rehabilitationsträger und das Ergebnis der Zuständigkeitsklärung und Beteiligung nach den §§ 14 und 15, 2. die Feststellungen über den individuellen Rehabilitationsbedarf auf Grundlage der Bedarfsermittlung nach § 13, 3. die zur individuellen Bedarfsermittlung nach § 13 eingesetzten Instrumente, 4. die gutachterliche Stellungnahme der Bundesagentur für Arbeit nach § 54, 5. die Einbeziehung von Diensten und Einrichtungen bei der Leistungserbringung, 6. erreichbare und überprüfbare Teilhabeziele und deren Fortschreibung, 7. die Berücksichtigung des Wunsch- und Wahlrechts nach § 8, insbesondere im Hinblick auf die Ausführung von Leistungen durch ein Persönliches Budget, 8. die Dokumentation der einvernehmlichen, umfassenden und trägerübergreifenden Feststellung des Rehabilitationsbedarfs in den Fällen nach § 15 Absatz 3 Satz 1, 9. die Ergebnisse der Teilhabeplankonferenz nach § 20, 10. die Erkenntnisse aus den Mitteilungen der nach § 22 einbezogenen anderen öffentlichen Stellen und 11. die besonderen Belange pflegender Angehöriger bei der Erbringung von Leistungen der medizinischen Rehabilitation. Wenn Leistungsberechtigte die Erstellung eines Teilhabeplans wünschen und die Voraussetzungen nach Absatz 1 nicht vorliegen, ist Satz 2 entsprechend anzuwenden.	(2) Der Gesamtplan dient der Steuerung, Wirkungskontrolle und Dokumentation des Teilhabeprozesses. Er bedarf der Schriftform und soll regelmäßig, spätestens nach zwei Jahren, überprüft und fortgeschrieben werden.

Teilhabeplan nach § 19 SGB IX	Gesamtplan nach § 121 SGB IX
(3) Der Teilhabeplan wird entsprechend dem Verlauf der Rehabilitation angepasst und darauf ausgerichtet, den Leistungsberechtigten unter Berücksichtigung der Besonderheiten des Einzelfalles eine umfassende Teilhabe am Leben in der Gesellschaft zügig, wirksam, wirtschaftlich und auf Dauer zu ermöglichen. Dabei sichert der leistende Rehabilitationsträger durchgehend das Verfahren. Die Leistungsberechtigten können von dem leistenden Rehabilitationsträger Einsicht in den Teilhabeplan oder die Erteilung von Ablichtungen nach § 25 des Zehnten Buches verlangen.	(3) Bei der Aufstellung des Gesamtplanes wirkt der Träger der Eingliederungshilfe zusammen mit 1. dem Leistungsberechtigten, 2. einer Person seines Vertrauens und 3. dem im Einzelfall Beteiligten, insbesondere mit a. dem behandelnden Arzt, b. dem Gesundheitsamt, c. dem Landesarzt, d. dem Jugendamt und e. den Dienststellen
(4) Die Rehabilitationsträger legen den Teilhabeplan bei der Entscheidung über den Antrag zugrunde. Die Begründung der Entscheidung über die beantragten Leistungen nach § 35 des Zehnten Buches soll erkennen lassen, inwieweit die im Teilhabeplan enthaltenen Feststellungen bei der Entscheidung berücksichtigt wurden.	(4) Der Gesamtplan enthält neben den Inhalten nach § 19 mindestens 1. die im Rahmen der Gesamtplanung eingesetzten Verfahren und Instrumente sowie die Maßstäbe und Kriterien der Wirkungskontrolle einschließlich des Überprüfungszeitpunkts, 2. die Aktivitäten der Leistungsberechtigten, 3. die Feststellungen über die verfügbaren und aktivierbaren Selbsthilferessourcen des Leistungsberechtigten sowie über Art, Inhalt, Umfang und Dauer der zu erbringenden Leistungen, 4. die Berücksichtigung des Wunsch- und Wahlrechts nach § 8 im Hinblick auf eine pauschale Geldleistung, 5. die Erkenntnisse aus vorliegenden sozialmedizinischen Gutachten und 6. das Ergebnis über die Beratung des Anteils des Regelsatzes nach § 27a Absatz 3 des Zwölften Buches, der den Leistungsberechtigten als Barmittel verbleibt.

Teilhabeplan nach § 19 SGB IX	Gesamtplan nach § 121 SGB IX
(5) Ein nach § 15 beteiligter Rehabilitationsträger kann das Verfahren nach den Absätzen 1 bis 3 anstelle des leistenden Rehabilitationsträgers durchführen, wenn die Rehabilitationsträger dies in Abstimmung mit den Leistungsberechtigten vereinbaren. Die Vorschriften über die Leistungsverantwortung der Rehabilitationsträger nach den §§ 14 und 15 bleiben hiervon unberührt.	(5) Der Träger der Eingliederungshilfe stellt der leistungsberechtigten Person den Gesamtplan zur Verfügung.
(6) Setzen unterhaltssichernde Leistungen den Erhalt von anderen Leistungen zur Teilhabe voraus, gelten die Leistungen im Verhältnis zueinander nicht als Leistungen verschiedener Leistungsgruppen im Sinne von Absatz 1.	

4. Teilhabeplankonferenz oder Gesamtplankonferenz

Teilhabeplankonferenz oder Gesamtplankonferenz können, **aber müssen nicht** zwangsläufig durchgeführt werden. Die Entscheidung hierüber liegt bei dem leistenden Rehabilitationsträger (Leistungsträger), der ja Herr des Verfahrens ist und die Koordinationsverantwortung trägt (§§ 20 Abs. 1 Satz 1, 119 Abs. 1 SGB IX).

Die Teilhabeplan- oder die Gesamtplankonferenz ist im Antrags- und Bewilligungsverfahren **Teil der Bedarfserhebung** und findet immer dann statt, wenn die beteiligten zuständigen Rehabilitations- und Leistungsträger ihren Leistungsumfang festgestellt haben. Auf der Teilhabeplan- oder Gesamtplankonferenz werden die unterschiedlichen Leistungen aufeinander abgestimmt, es findet quasi ein „Feintuning" auf der Planungsebene statt.

Teilnehmer der Konferenz sind die Verfahrensbeteiligten. Das sind in der Regel (§ 20 Abs. 3 SGB IX)

- der Leistungsberechtigte (bzw. sein gesetzlicher Vertreter oder Bevollmächtigter oder Beistand) und
- die beteiligten Leistungsträger.

Auf Wunsch des Leistungsberechtigten können **auch** teilnehmen

- sonstige Vertrauenspersonen,
- Rehabilitationsdienste und -einrichtungen (Leistungserbringer).

Nimmt ein zuständiger Rehabilitationsträger an einer Teilhabeplan- oder Gesamtplankonferenz nicht teil, so finden die Regelungen für nicht oder nicht rechtzeitig abgegebene Stellungnahmen Anwendung (§ 16 Abs. 2 und 5 SGB IX). Nimmt der Leistungsberechtigte daran nicht teil, kann die Teilhabe- oder Gesamtplankonferenz durchgeführt werden. Es wird aber kein verbindliches Ergebnis erzielt, jedenfalls solange der Leistungsberechtigte Hinderungsgründe für die Nicht-Teilnahme geltend gemacht hat. Die **Teilnahme** an der Konferenz ist den **Mitwirkungspflichten** zuzuordnen. Ist der Leistungsberechtigte daran gehindert, seinen Mitwirkungspflichten nachzukommen, kann er diese nachholen. Solange die Mitwirkung nicht nachgeholt worden ist, kann kein Bewilligungsbescheid erlassen werden. Die Mitwirkung kann nachgeholt werden, indem der Leistungsberechtigte sich im Nachhinein zu den Inhalten bekennt. Ist das nicht geschehen, so muss die Konferenz erneut einberufen werden, weil der Leistungsberechtigte ansonsten seiner Mitwirkungsrechte beraubt werden würde (Mitwirkungspflichten können immer auch Mitwirkungsrechte sein!).

Achtung

Ist eine leistungsberechtigte Person z.B. aus gesundheitlichen Gründen nicht in der Lage, seine Mitwirkungspflichten zu erfüllen, so besteht nach Art. 12 der UN-BRK zunächst ein Anspruch auf Unterstützung bei der Erfüllung der Mitwirkungspflicht (Art. 12 UN-BRK). Konkretisiert wird dies durch einen Leistungsanspruch auf Unterstützung im SGB IX (§ 106 Abs. 3 Nr. 4 SGB IX).

5. Teilhabezielvereinbarung

Eine Teilhabezielvereinbarung (§§ 122, § 29 Abs. 4 SGB IX) ist in zwei Fällen möglich:

1. im Zusammenhang mit Eingliederungshilfeleistungen und
2. bei der Ausführung der Teilhabeleistungen als Persönliches Budget.

Auf der Grundlage des Teilhabe- oder Gesamtplans fertigt der Leistungsträger einen Leistungsbescheid an. Die Zielvereinbarung ist im Antrags- und Bewilligungsverfahren eine zusätzliche Möglichkeit, detailliertere Vereinbarungen bezüglich der Umsetzung der Hilfen zu treffen. Wird im Zusammenhang mit Eingliederungshilfen eine Zielvereinbarung abgeschlossen, will der Träger der Eingliederungshilfe über diesen Weg für die im Gesamtplan festgehaltenen Ziele eine **größere Verbindlichkeit** herstellen. Dies soll zu einer besseren Erfolgs- oder Wirksamkeitskontrolle beitragen und das Ziel der Abkehr von einer überwiegend maßnahme- oder einrichtungsorientierten Hilfefinanzierung umsetzen.

Davon zu unterscheiden ist der Abschluss einer Zielvereinbarung bei der Ausführung der Leistungen als **Persönliches Budget**. Hier ist der Abschluss einer Zielvereinbarung zwingend vorgeschrieben und Grundlage für den Leistungsbescheid (siehe zum Persönlichen Budget Kapitel I Sonstige Geldzahlungen, dort III. Persönliches Budget und das Muster im Anhang).

V. Welche Fristen gelten für das Antrags- und Bewilligungsverfahren?

Am Beginn des Antrags- und Bewilligungsverfahrens steht die Zuständigkeitsprüfung auf der Grundlage von § 14 SGB IX. Hier muss es aus Sicht des Leistungsträgers, bei dem der Antrag eingegangen ist, „fix gehen". Es stehen nur 14 Tage ab Antragseingang zur Verfügung, folgende Fragen zu klären:

Checkliste: Zu klärende Fragen

1. Was wurde beantragt?
2. Welche Leistungen kommen möglicherweise „zusätzlich" in Betracht?
3. Bin ich dafür zuständig (sachlich und örtlich)?
4. Bin ich gar nicht zuständig oder nur teilweise zuständig?

Bis zu einer abschließenden Entscheidung in dem Fall, also der Bewilligung oder der Ablehnung der Leistungen, vergeht mehr Zeit. Ist der Fall „einfach", d.h. alle Informationen zur Entscheidung liegen vor und sind eindeutig, dann ist die Entscheidung drei Wochen nach Antragseingang zu treffen (§ 14 Abs. 2 Satz 2 SGB IX). Sind mehrere Leistungsträger beteiligt, muss sechs Wochen nach Antragseingang entschieden werden. Ist eine Teilhabeplankonferenz erforderlich, dann spätestens nach zwei Monaten (§ 15 Abs. 4 SGB IX).

Diese gesetzlich vorgesehenen Fristen werden **oftmals nicht eingehalten**. Auch wenn die Möglichkeit besteht, nicht rechtzeitig bewilligte notwendige Leistungen selbst beschaffen zu können, ist das in der Praxis nur selten gut umsetzbar.

Beispiel: Einfacher Fall im Antrags- und Bewilligungsverfahren

Mann, 45 Jahre, nach Schlaganfall halbseitig gelähmt, benötigt für die Mobilität außerhalb der eigenen Wohnung einen elektrisch betriebenen Rollstuhl. Außerdem soll es zur Versorgung mit Medikamenten eine häusliche Krankenpflege geben. Eine (bzw. besser zwei) ärztliche Verordnungen werden bei der Krankenkasse eingereicht. Ein Telefonat zwischen Leistungsträger und Leistungsberechtigtem ergibt, dass letzterer bezüglich der Leistungsmerkmale des Elektro-Rollstuhls bestimmte Vorstellungen hat (Verstellbarkeit und Reichweite).

Anwendung der Checkliste „Zu klärende Fragen":

1. Was wurde beantragt?

2. Welche Leistungen kommen möglicherweise in Betracht?

Ergebnis:

- *Der Antragsteller ist bei uns versichert.*
- *Er gehört zum Kreis der Menschen mit Behinderung.*
- *Es ist eine Leistung der medizinischen Rehabilitation (§ 42 Abs. 2 Nr. 4 SGB IX) erforderlich in Form eines Hilfsmittels gemäß § 33 SGB V (E-Rollstuhl).*
- *Weitere Teilhabebedarfe sind nicht beantragt und auch nicht erkennbar.*

3. Bin ich dafür insgesamt zuständig? (sachlich und örtlich)

Ja

4. Bin ich gar nicht zuständig oder nur teilweise?

Nein

Handlung:

Alternative 1

Bedarfserhebung: Die ärztlichen Verordnungen sind eindeutig und Zweifel am Bedarf und Umfang der Versorgung sind nicht vorhanden.

Folge: Bewilligung der Leistung spätestens 21 Tage nach Antragseingang.

Alternative 2

Bedarfserhebung: Die ärztliche Verordnung ist nicht eindeutig. Es ergeben sich Zweifel. Die Verordnung benennt eine Diagnose und es wird ein E-Rollstuhl verordnet. Der Versicherte möchte aber spezielle Leistungsmerkmale erfüllt haben. Zur Klärung der Bedarfslage wird der MD eingeschaltet.

Folge: Die 21-Tage-Frist für die Entscheidung über den Antrag wird für die Dauer der Bedarfsprüfung durch den MD unterbrochen. Entscheidung über den Antrag erfolgt dann 14 Tage nachdem das Ergebnis des MD vorliegt.

Antrag

1. Zuständigkeitsprüfung
2. Bedarfserhebung
3. Bedarfsfeststellung
4. Teilhabeplan
5. Teilhabeplankonferenz

Leistungsbescheid

Abbildung: Vom Antrag zum Leistungsbescheid

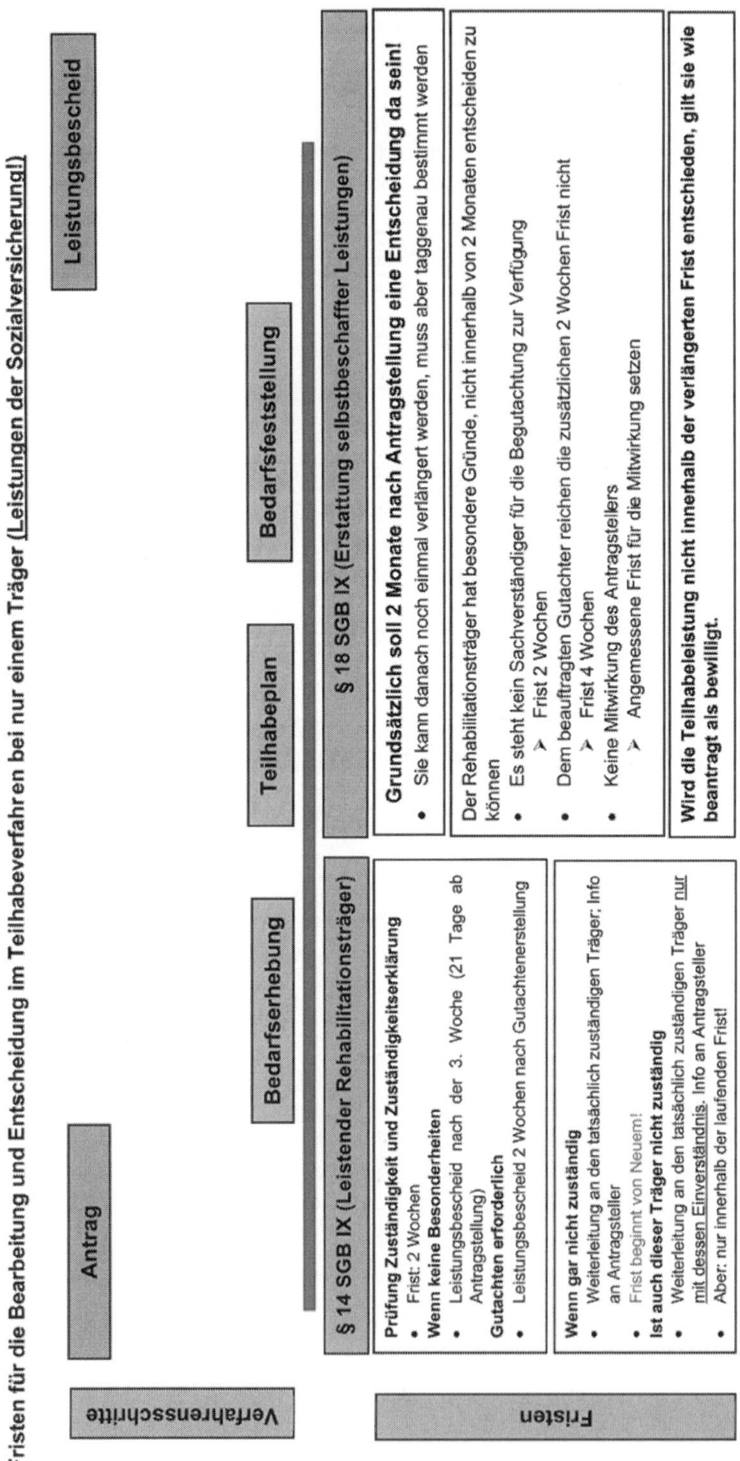

Abbildung: Fristen für die Bearbeitung und Entscheidung im Teilhabeverfahren bei nur einem Träger (Leistungen der Sozialversicherung!)

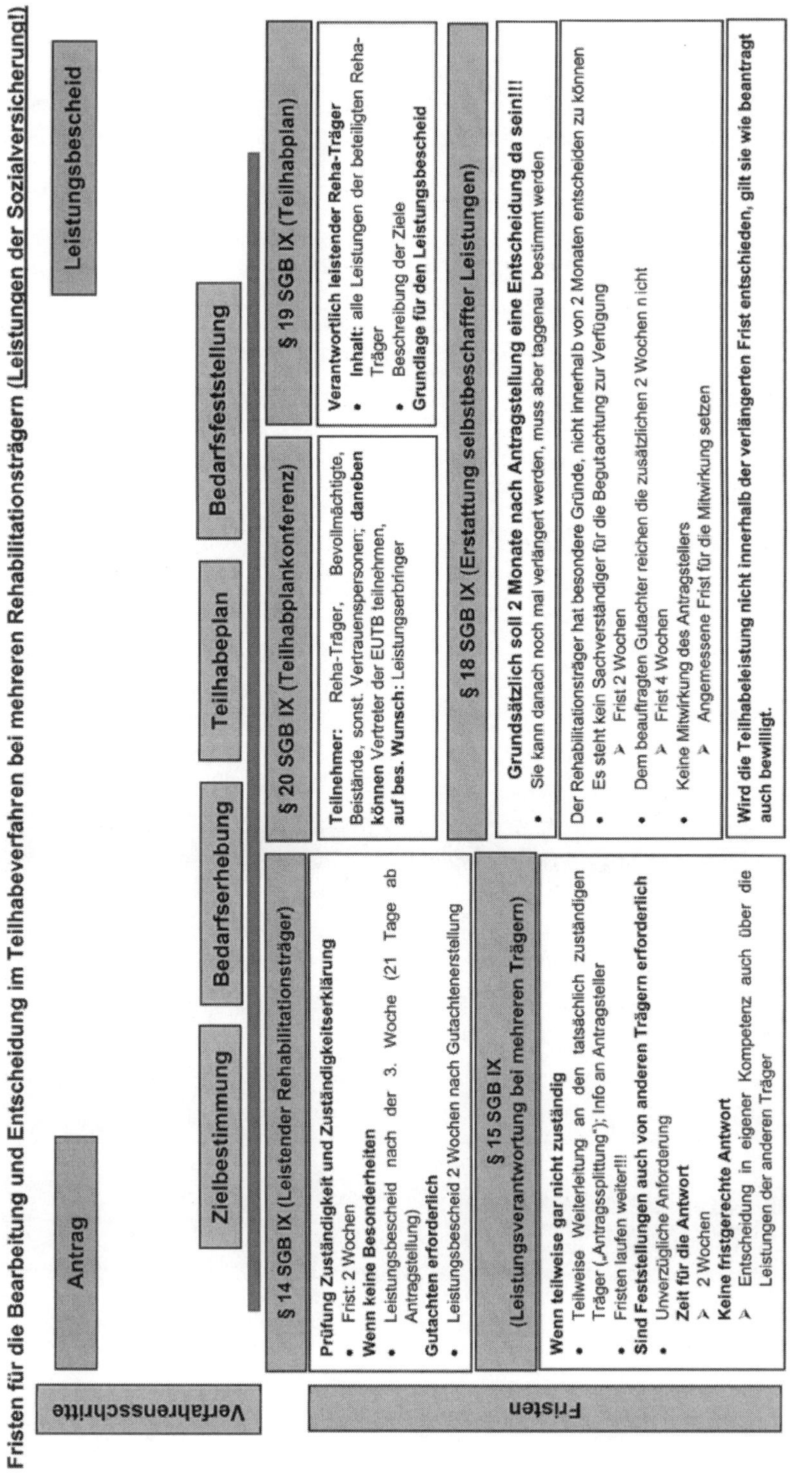

Abbildung: Fristen für die Bearbeitung und Entscheidung im Teilhabeverfahren bei mehreren Rehabilitationsträgern (mit Eingliederungshilfe!)

VI. Welche Teilhabeleistungen gibt es?

Geregelt ist dies grundsätzlich in § 5 SGB IX. Eine Besonderheit war dabei die Eingliederungshilfe, die befristet bis zum 31.12.2019 noch im SGB XII geregelt war und wo bis zum 31.12.2019 noch auf die einschlägigen §§ 53 ff. aus dem alten, bis 31.12.2017 geltenden SGB XII verwiesen wurde.

Folgende Leistungen sind Teilhabeleistungen:

- Leistungen zur medizinischen Rehabilitation (§ 5 Nr. 1 SGB IX),
- Leistungen der Teilhabe am Arbeitsleben (§ 5 Nr. 2 SGB IX),
- Leistungen der Teilhabe an Bildung (§ 5 Nr. 4 SGB IX),
- Leistungen der sozialen Teilhabe (§ 5 Nr. 5 SGB IX),
- Eingliederungshilfe (§§ 90 bis 150 SGB IX),
- unterhaltssichernde und andere ergänzende Leistungen (§ 5 Nr. 3 SGB IX).

Über Verweisungen im Gesetz mit einbezogen sind:

- Leistungen der Pflegeversicherung nach dem SGB XI (§ 28 SGB XI),
- Hilfe zur Pflege nach dem SGB II (§§ 61 bis 66a SGB XII).

Hinweis

Zu beachten ist eine Besonderheit bezogen auf die Leistungen der sozialen Teilhabe und die „Besonderen Leistungen zur selbstbestimmten Lebensführung für Menschen mit Behinderungen (neues Eingliederungshilferecht)"

Die Leistungen der sozialen Teilhabe sind weitestgehend identisch mit den Leistungen der Eingliederungshilfe. Das ist zwangsläufig deshalb so, weil sich die Leistungen der sozialen Teilhabe an die Menschen richten, die einen Anspruch gegenüber der Sozialversicherung geltend machen (können). Hat ein Mensch mit Behinderungen keinen Anspruch auf Versicherungsleistungen, werden die gleichen Leistungen als Eingliederungshilfeleistungen vom Träger der Eingliederungshilfe geleistet.

Die Eingliederungshilfe ist also nachrangig gegenüber den gleichartigen Versicherungsleistungen (§ 91 Abs. 1 SGB IX).

1. Leistungen zur medizinischen Rehabilitation (§§ 5 Nr. 1, 42 bis 47 SGB IX)

Zuständig für Leistungen der medizinischen Rehabilitation sind

- die gesetzlichen Krankenkassen,
- die gesetzliche Unfallversicherung,
- die gesetzliche Rentenversicherung,
- die Träger der Alterssicherung der Landwirte,
- die Träger der Kriegsopferversorgung,

- die Träger der Kriegsopferfürsorge (im Rahmen sozialer Entschädigung von Gesundheitsschäden),
- die Träger der Eingliederungshilfe

Ziel ist (§ 42 Abs. 1 SGB IX),

die Behinderung oder eine chronische Krankheit

- abzuwenden,
- zu beseitigen,
- zu mindern,
- auszugleichen,
- eine Verschlimmerung zu verhindern

oder

- Einschränkungen der Erwerbstätigkeit und der Pflegebedürftigkeit zu vermeiden, zu überwinden, zu mindern, eine Verschlimmerung zu verhindern sowie den vorzeitigen Bezug von laufenden Sozialleistungen zu verhüten oder laufende Sozialleistungen zu mindern.

Die **Umsetzung** erfolgt durch folgende Leistungen (siehe § 42 Abs. 2 und 3 SGB IX)

- Behandlung durch Ärzte, Zahnärzte und Angehörige anderer Heilberufe, soweit deren Leistungen unter ärztlicher Aufsicht oder auf ärztliche Anordnung ausgeführt werden, einschließlich der Anleitung, eigene Heilungskräfte zu entwickeln,
- Früherkennung und Frühförderung für Kinder mit Behinderungen und von Behinderung bedrohte Kinder,
- Arznei- und Verbandsmittel,
- Heilmittel einschließlich physikalischer, Sprach- und Beschäftigungstherapie,
- Psychotherapie als ärztliche und psychotherapeutische Behandlung,
- Hilfsmittel,
- digitale Gesundheitsanwendungen sowie
- Belastungserprobung und Arbeitstherapie.

Zusätzlich auch medizinische, psychologische und pädagogische Hilfen, soweit diese Leistungen im Einzelfall erforderlich sind, um die Ziele zu erreichen. Solche Leistungen sind insbesondere

- Hilfen zur Unterstützung bei der Krankheits- und Behinderungsverarbeitung,
- Hilfen zur Aktivierung von Selbsthilfepotentialen,
- die Information und Beratung von Partnern und Angehörigen sowie von Vorgesetzten und Kollegen, wenn die Leistungsberechtigten dem zustimmen,
- die Vermittlung von Kontakten zu örtlichen Selbsthilfe- und Beratungsmöglichkeiten,

- Hilfen zur seelischen Stabilisierung und zur Förderung der sozialen Kompetenz, unter anderem durch Training sozialer und kommunikativer Fähigkeiten und im Umgang mit Krisensituationen,
- das Training lebenspraktischer Fähigkeiten sowie
- die Anleitung und Motivation zur Inanspruchnahme von Leistungen der medizinischen Rehabilitation.

Bei Leistungen zur medizinischen Rehabilitation denkt man zuallererst an die Krankenkasse. Das ist auch nicht falsch. Schließlich ist die **Krankenkasse** ausdrücklich auch ein Rehabilitationsträger (siehe auch § 11 Abs. 2 SGB V). Es könnte aber auch eine originäre Leistung der **Rentenversicherung** sein. Hier ergeben sich oft mehrere Probleme.

Erstens muss zunächst geklärt werden, welcher Rehabilitationsträger zuständig ist. Die **Zuständigkeitsprüfung** ist explizit Aufgabe der Reha-Träger, also nicht die Aufgabe der Leistungsberechtigten. Diese können eine Leistung dort beantragen, wo es aus ihrer Sicht „richtig" ist.

Zweitens muss sich die Krankenkasse immer dann, wenn über Leistungen für chronisch kranke Menschen oder Menschen mit Beeinträchtigen zu entscheiden ist, als Reha-Träger begreifen, weil viele Leistungen des SGB V (Leistungen der Krankenversicherung) unter bestimmten Bedingungen Leistungen der medizinischen Rehabilitation sind.

Drittens muss in diesen Fällen die Krankenkasse in ihrer Funktion als Rehabilitationsträger das Verwaltungsverfahren nach den üblichen Regeln und Standards des SGB IX abwickeln (§ 14 ff. SGB IX), während es in den anderen Fällen (bei Leistungen zur Behandlung oder Beseitigung einer Krankheit) genügen würde, das Verfahren an den Vorschriften des SGB V und des SGB X auszurichten.[52]

Entscheidend für die Beurteilung, ob es sich um eine Rehabilitationsleistung nach SGB IX oder eine „einfache" Leistung der Krankenversicherung handelt, ist der Gesundheitszustand des Leistungsberechtigten und die Zielstellung, mit der sie geleistet wird oder geleistet werden soll. Eine Krankenkassenleistung ist demnach dann sehr wahrscheinlich eine **Leistung zur medizinischen Rehabilitation, wenn** sie (§ 11 Abs. 2 SGB V)

- für Menschen mit Behinderung oder drohender Behinderung oder chronischer Erkrankung erbracht wird,
- zum Leistungsspektrum der Leistungen zur medizinischen Rehabilitation des SGB IX gehört,
- darauf ausgerichtet ist, die Rehabilitationsziele des SGB IX zu erfüllen.

52 Seit Bestehen des SGB IX stellt sich die Anforderung an die Leistungsträger, bei der Bearbeitung der Rehabilitationsleistungen einen „Rollentausch" vorzunehmen und gewohnte Bearbeitungsstandards „ihres" Leistungsrechts teilweise zu verlassen. Wirklich gelungen ist es bisher nicht.

Beispiel: Krankenkassenleistung als Leistung der medizinischen Rehabilitation

Mann, 40 Jahre alt, lebt im eigenen Haushalt, chronische Muskelerkrankung, muss beatmet werden.

Ist die „Beatmung" und die damit verbundenen pflegerischen Tätigkeiten eine Rehabilitationsleistung?

Leistung: *Häusliche Krankenpflege (§ 37 SGB V)*

Adressat:

- **Mensch mit Behinderung**
- *Mensch mit chronischer Erkrankung*

Ziel:

Die Behinderung oder eine **chronische Krankheit**

- *abzuwenden*
- *zu beseitigen*
- **zu mindern**
- *auszugleichen*
- *eine Verschlimmerung zu verhindern*

oder

- *Einschränkungen der Erwerbstätigkeit und der Pflegebedürftigkeit*
- *zu vermeiden, zu überwinden, zu mindern, eine Verschlimmerung zu verhindern sowie*
- *den vorzeitigen Bezug von laufenden Sozialleistungen zu verhüten oder laufende Sozialleistungen zu mindern*

Folge(n):

- *Die Krankenkassenleistung ist eine Leistung der medizinischen Rehabilitation.*
- *Die Verfahrensvorschriften des SGB IX finden Anwendung, insbesondere bezogen auf Fristen und die der Teilhabeplanung.*
- *Die Krankenkassenleistung hat sich bezüglich des Umfangs und des Inhalts an den Zielen des SGB IX auszurichten.*

Anders beurteilt werden muss die Frage, wenn die Notwendigkeit der Beatmung nicht im Zusammenhang mit der chronischen Erkrankung steht, sondern vorrübergehender Natur, z.B. als Folge oder im Zusammenhang mit einer Lungenentzündung ist.

2. Leistungen der Teilhabe am Arbeitsleben (§§ 5 Nr. 2, 49 bis 63 SGB IX) – Leistungen zur beruflichen Rehabilitation

Zuständig für Leistungen zur Teilhabe am Arbeitsleben sind

- die Bundesagentur für Arbeit (sie ist auch für die Teilhabeleistungen der Jobcenter zuständig),
- die Deutsche Rentenversicherung,
- die gesetzliche Unfallversicherung,
- die Träger der öffentlichen Jugendhilfe,
- die Träger der Eingliederungshilfe.

Ziel der Leistungen ist es,

- die Erwerbsfähigkeit zu verbessern, herzustellen oder wiederherzustellen und
- die Teilhabe am Arbeitsleben möglichst auf Dauer zu sichern.

Die **Umsetzung** der Leistungen zur Teilhabe am Arbeitsleben soll durch

- Hilfen zur Erhaltung oder Erlangung eines Arbeitsplatzes (einschließlich Leistungen zur Aktivierung und beruflichen Eingliederung),

und

- sonstige Hilfen zur Förderung der Teilhabe am Arbeitsleben, um Menschen mit Behinderungen eine angemessene und geeignete Beschäftigung oder eine selbstständige Tätigkeit zu ermöglichen und zu erhalten

erfolgen.

Dazu sollen bei diesen beiden Leistungen auch folgende Leistungen möglich sein (§ 49 Abs. 8 SGB IX):

- die Kraftfahrzeughilfe nach der Kraftfahrzeughilfe-Verordnung,
- der Ausgleich für unvermeidbare Verdienstausfälle des Leistungsberechtigten oder einer erforderlichen Begleitperson wegen Fahrten der An- und Abreise zu einer Bildungsmaßnahme und zur Vorstellung bei einem Arbeitgeber, bei einem Träger oder einer Einrichtung für Menschen mit Behinderungen, durch die Rehabilitationsträger nach § 6 Abs. 1 Nr. 2 bis 5 SGB IX,
- die Kosten einer notwendigen Arbeitsassistenz für schwerbehinderte Menschen als Hilfe zur Erlangung eines Arbeitsplatzes,
- die Kosten für Hilfsmittel, die wegen Art oder Schwere der Behinderung erforderlich sind
  - zur Berufsausübung,
  - zur Teilhabe an einer Leistung zur Teilhabe am Arbeitsleben oder zur Erhöhung der Sicherheit auf dem Weg vom und zum Arbeitsplatz und am Arbeitsplatz selbst, es sei denn, dass eine Verpflichtung des Arbeitgebers besteht oder solche Leistungen als medizinische Leistung erbracht werden können,

- die Kosten technischer Arbeitshilfen, die wegen der Art oder Schwere der Behinderung zur Berufsausübung erforderlich sind und
- die Kosten der Beschaffung, der Ausstattung und der Erhaltung einer behinderungsgerechten Wohnung in angemessenem Umfang.

Daneben werden zur Umsetzung auch noch folgende Leistungen erbracht (§ 49 Abs. 3 SGB IX):

- eine Berufsvorbereitung (einschließlich einer wegen der Behinderung erforderlichen Grundausbildung),
- die individuelle betriebliche Qualifizierung im Rahmen Unterstützter Beschäftigung,
- die berufliche Anpassung und Weiterbildung (auch soweit die Leistungen einen zur Teilnahme erforderlichen schulischen Abschluss einschließen),
- die berufliche Ausbildung (auch soweit die Leistungen in einem zeitlich nicht überwiegenden Abschnitt schulisch durchgeführt werden),
- die Förderung der Aufnahme einer selbstständigen Tätigkeit durch die Rehabilitationsträger nach § 6 Abs. 1 Nr. 2 bis 5 SGB IX (das sind: die Bundesagentur für Arbeit, die Träger der gesetzlichen Unfallversicherung, die Träger der gesetzlichen Rentenversicherung, die Träger der Kriegsopferversorgung und die Träger der Kriegsopferfürsorge im Rahmen des Rechts der sozialen Entschädigung bei Gesundheitsschäden).

Wer wann wofür zuständig ist, ergibt sich direkt aus dem SGB IX oder aber aus den für die Rehabilitationsträger geltenden Sozialgesetzbüchern. Wird bei einem Leistungsträger ein Antrag auf Teilhabeleistungen gestellt, so prüft dieser die Zuständigkeit (siehe Übersicht unter X.) für sich. Kommt er zu dem Schluss, gar nicht zuständig zu sein, schickt er den Antrag an den zuständigen Träger weiter. Dieser Träger ist wiederum zuständig, unabhängig davon, ob er sich selbst für zuständig hält.

a) Budget für Arbeit (§ 61 SGB IX)

Die Bezeichnung „Budget für Arbeit" ist irreführend. Jedenfalls ist es nicht Teil eines Persönlichen Budgets, weil es eine **Leistung an einen Arbeitgeber** ist und nicht an den Leistungsberechtigten.

Das Budget für Arbeit kann als Leistung der Teilhabe am Arbeitsleben beansprucht werden, wenn die Voraussetzungen für Leistungen im Arbeitsbereich einer Werkstatt für Menschen mit Behinderung vorhanden sind. Sie sind darauf ausgerichtet, dass ein sozialversicherungspflichtiges Arbeitsverhältnis bei einem privaten oder öffentlichen Arbeitgeber abgeschlossen wird. Die Bezahlung muss sich nach einem Tarif richten oder aber ortsüblich sein (§ 61 Abs. 1 SGB IX).

Das Budget für Arbeit ist (§ 61 Abs. 2 Satz 1 SGB IX)

- ein Lohnkostenzuschuss,
- wird an den Arbeitgeber gezahlt und
- dient dem Ausgleich einer behinderungsbedingten Minderleistung und
- der Abgeltung zusätzlicher Kosten für Anleitung und Begleitung am Arbeitsplatz.

Das Budget für Arbeit wird in Höhe von 75 % des regelmäßig gezahlten Arbeitsentgelts gewährt und hat eine Deckelung, von der die Länder durch eigene Bestimmungen abweichen können (höchstens jedoch 40 % der monatlichen Bezugsgröße nach § 18 Abs. 1 SGB IV).

Die Leistungsträger sind in dieser Fallkonstellation ausdrücklich nicht verpflichtet, für ausreichende Angebote zu sorgen (§ 61 Abs. 5 SGB IX).

b) Budget für Ausbildung (§ 61a SGB IX)

Seit Januar 2020 besteht auch die Möglichkeit, ein Budget für Ausbildung in Anspruch zu nehmen. Damit wird eine „Lücke" geschlossen, die sich bisher aufgetan hat. Das Budget für Arbeit konnte erst in Anspruch genommen werden, wenn Eingangsverfahren und Berufsbildungsbereich in der WfbM durchlaufen war.

Voraussetzungen sind

- die Eigenschaft „behindert" (§ 2 SGB IX) und
- der Anspruch auf Leistungen im Eingangsverfahren und im Bildungsbereich einer WfbM und
- ein sozialversicherungspflichtiges Ausbildungsverhältnis bei einem privaten oder öffentlichen Arbeitgeber und
- ein Ausbildungsvertrag in einem anerkannten Ausbildungsberuf oder
- ein Ausbildungsvertrag in einem Ausbildungsgang für Menschen mit Behinderungen (§ 66 BBiG; 42m HwO)

Die Leistungen werden als Leistungen der Teilhabe am Arbeitsleben erbracht (§ 61a Abs. 1 Satz 1 SGB IX).

Zuständig sind (§ 61a Abs. 1 Satz 2 SGB IX)

1. die Bundesagentur für Arbeit,
2. die Träger der Unfallversicherung,
3. die Träger der Rentenversicherung,
4. die Träger der Kriegsopferfürsorge

Die Ausbildungsvergütung und die erforderlichen Kosten für die Anleitung und Begleitung am Arbeitsplatz und in der Berufsschule werden erstattet. Erforderlich sind die Kosten, die in der Behinderung des Auszubildenden begründet sind (§ 61a Abs. 2 SGB IX). Die Kosten werden zu 100 % erstattet, es sei denn, sie liegen oberhalb tariflicher oder ortsüblicher Entgelte. Das Budget für Ausbildung endet, wenn die Ausbildung beendet wird.

3. Leistungen der Teilhabe an Bildung (§§ 5 Nr. 4, 75 SGB IX)

Die Leistungen der Teilhabe an Bildung sind völlig **neu** als eigenständiger Leistungsanspruch in den Leistungskatalog der Teilhabeleistungen mit aufgenommen worden. Über diesen Weg kann die Ausbildung als solche nicht finanziert werden. Hier gilt, dass ein Mensch mit Behinderung sich mit den üblichen Unterstützungsmöglichkeiten (Eltern, eigenes Einkommen, BAföG etc.) zufriedengeben muss. Bisher wurden derartige Leistungen vor allem als Teil der

Leistungen zur Teilhabe am Arbeitsleben und der Teilhabe am Leben in der Gemeinschaft erbracht.

> „Mit der Aufnahme einer neuen Leistungsgruppe ... wird dem Umstand Rechnung getragen, dass die Rehabilitationsträger der gesetzlichen Unfallversicherung in ihrer Zuständigkeit für den Versicherungsschutz von Kindern in Tageseinrichtungen, Schülern und Schülerinnen sowie Studierenden, der Kriegsopferversorgung und -fürsorge, der öffentlichen Jugendhilfe und der Eingliederungshilfe (...) bereits heute eine Vielzahl von Leistungen erbringen, die auch den Zugang zur Teilhabe an Bildung von Menschen mit Behinderungen unterstützt. Zum Ausgleich des behinderungsbedingten Mehrbedarfs können dem Lernenden kommunikative, technische und andere Hilfsmittel gewährt werden."[53]

Die offensichtlich beabsichtigte **Begrenzung der Leistung auf junge Menschen** (siehe Zuständigkeitsbegrenzung bei der Unfallversicherung) wird sich nicht auf Dauer durchhalten lassen. Angesichts der Tatsache, dass lebenslang Ausbildungen erforderlich werden, werden zukünftig wahrscheinlich alle behinderungsbedingten Unterstützungsleistungen – soweit sie mit Schule und Hochschule im Zusammenhang zu bringen sind – hier konzentriert werden (müssen). Bis dahin werden Teilhabebedarfe im Zusammenhang mit Bildung bei Menschen, die schon eine erste Ausbildung abgeschlossen haben, wieder über den Weg der Teilhabebedarfe am Leben in der Gemeinschaft abgebildet werden.

Die in der Gesetzesbegründung vorgenommene **Begrenzung der Hilfen** auf *„kommunikative, technische und andere Hilfsmittel"* ist in der Form jedenfalls nicht dem Gesetzestext zu entnehmen und widerspricht auch der Vielfalt möglicher auszugleichender Beeinträchtigungen, die im Einzelfall dazu führen können, dass ein Hilfebedarf besteht.

Zuständig für Leistungen der Teilhabe an Bildung sind

- Träger der Unfallversicherung (nur für die versicherten Kinder, Schüler und Studierende),
- Träger der Kriegsopferversorgung,
- die Träger der Kriegsopferfürsorge (im Rahmen sozialer Entschädigung von Gesundheitsschäden),
- die Träger der öffentlichen Jugendhilfe,
- die Träger der Eingliederungshilfe.

Ziel ist es, dem Menschen mit Behinderung die gleichberechtigte Teilnahme an Bildungsangeboten zu ermöglichen.

Die **Umsetzung** erfolgt, indem „unterstützende" Leistungen zur Teilhabe erbracht werden an

- allgemeinbildenden Schulen,
- Berufsschulen,
- Hochschulen (Fachhochschulen und Universitäten).

Sie umfassen auch die schulische und hochschulische Weiterbildung und unterliegen dem **Prinzip der Erforderlichkeit**.

53 Zitat Begründung BT-Drs. 18/9522 vom 5.9.2016, 267

4. Jobcoaching und Arbeitsassistenz

Ein Job-Coach ist ein Arbeitstrainer. Der Job-Coach arbeitet mit den Anleitern im Betrieb des allgemeinen Arbeitsmarktes, in dem ein Mensch mit Behinderung arbeitet, zusammen. Es geht beim Coaching um die Vermittlung arbeitsplatzbezogener Kenntnisse. **Voraussetzung** für den Einsatzes eines Job-Coaches ist, dass die „Standardhilfen" (Einarbeitung durch den Arbeitgeber und andere Unterstützungsleistungen des Integrationsamtes) nicht ausreichen, das Ziel, die Integration des Menschen mit Behinderung in den allgemeinen Arbeitsmarkt, zu erfüllen. Der Einsatz eines Job-Coaches ist also grundsätzlich **zeitlich begrenzt**.

Dauerhafte Unterstützung kann der Mensch mit Behinderung bei einer Tätigkeit auf einem Arbeitsplatz im allgemeinen Arbeitsmarkt erhalten, wenn die Behinderung einen dauerhaften Unterstützungsbedarf nach sich zieht, damit die jeweiligen arbeitsvertraglichen Pflichten erfüllt werden können. Eine Arbeitsassistenz kann vom Menschen mit Behinderung direkt beschäftigt werden. Die Kosten dafür werden dann ersetzt (Arbeitgebermodell). Es kann aber auch ein Dienst beauftragt werden.

Sowohl die Leistung zur Finanzierung eines Job-Coaches als auch für eine Arbeitsassistenz können in ein **Persönliches Budget** aufgenommen werden.

5. Leistungen der sozialen Teilhabe (§§ 5 Nr. 5, 76 bis 84, 113 bis 116 SGB IX)

Die Leistungen der sozialen Teilhabe sind im Gesetz neu aufgenommen und lösen die im „alten SGB IX" geregelten „Leistungen zur Teilhabe am Leben in der Gemeinschaft" ab.

Zuständig für Leistungen der sozialen Teilhabe sind

- die Träger der gesetzlichen Unfallversicherung,
- die Träger der Kriegsopferversorgung,
- die Träger der Kriegsopferfürsorge (im Rahmen sozialer Entschädigung von Gesundheitsschäden),
- die Träger der öffentlichen Jugendhilfe,
- die Träger der Eingliederungshilfe.

Ziel ist es (§ 76 Abs. 1 SGB IX),

- die *„gleichberechtigte Teilhabe am Leben in der Gemeinschaft zu ermöglichen oder zu erleichtern"*, und
- *„zu einer möglichst selbstbestimmten und eigenverantwortlichen Lebensführung im eigenen Wohnraum sowie in ihrem Sozialraum zu befähigen (...) zu unterstützen."*

Die **Umsetzung** (§ 76 Abs. 2 SGB IX) erfolgt durch:

- Leistungen für Wohnraum (§ 77 SGB IX),
- Assistenzleistungen (§ 78 SGB IX),
- heilpädagogische Leistungen (§ 79 SGB IX),

- Leistungen zur Betreuung in einer Pflegefamilie (§ 80 SGB IX),
- Leistungen zum Erwerb und Erhalt praktischer Kenntnisse und Fähigkeiten (§ 81 SGB IX),
- Leistungen zur Förderung der Verständigung (§ 82 SGB IX),
- Leistungen zur Mobilität (§ 83 SGB IX) und
- Hilfsmittel (§ 84 SGB IX).

Die Leistungen zur Sozialen Teilhabe werden nur erbracht, soweit sie nicht schon Teil der anderen Teilhabeleistungsbereiche sind. Der Gesetzgeber hat mit der Formulierung in § 76 Abs. 1 SGB IX („*...soweit sie nicht nach den Kapiteln 9 bis 12 – von Teil 1 SGB IX – erbracht werden*") insoweit einen **Nachranggrundsatz gegenüber den anderen Teilhabeleistungen** formuliert.

Das bedeutet im Umkehrschluss aber auch, dass wenn die aus den anderen Teilhabeleistungen heraus resultierenden Hilfen nicht bedarfsgerecht ausgestaltet sind oder aus anderen Gründen nicht erbracht werden können, diese mit den Leistungen der sozialen Teilhabe kompensiert werden können. Entscheidungsgrundlage dafür sind die Ergebnisse der Teilhabeplanung.

Leistungen der Eingliederungshilfe als Leistungen der sozialen Teilhabe werden auf der Grundlage von § 113 SGB IX i.V.m. § 77 bis 84 SGB IX erbracht. Nur bei den Besuchsbeihilfen wird keine Verbindung zum Teil 1 des SGB IX hergestellt. Hier ist die Anspruchsgrundlage ausschließlich der § 113 Abs. 2 Nr. 9 SGB IX. Siehe hierzu auch der Vergleich Soziale Teilhabe Teil 1 und Teil 2 von SGB IX unter VII. 4.

VII. Eingliederungshilferecht (§§ 90 bis 150 SGB IX) – besondere Leistungen zur selbstbestimmten Lebensführung für Menschen mit Behinderungen

Mit der Streichung der Parallelvorschriften im SGB XII ist nun das SGB IX in seinem zweiten Teil zu einem „echten" Leistungsgesetz geworden. Alle andere Teilhabeleistungen werden auf der Grundlage der jeweils geltenden SGB geleistet. Die Eingliederungshilfe wird leistungsrechtlich direkt aus dem SGB IX geleistet. Damit ist die Eingliederungshilfe aus dem Fürsorgesystem des SGB XII herausgelöst. Bestehen bleibt der **Nachranggrundsatz** (§ 91 SGB IX).

Die Eingliederungshilfe tritt nur insoweit ein, als die gleiche Leistung nicht durch andere Rehabilitationsträger erbracht werden muss. Die Verpflichtung, zunächst eigenes Vermögen und Einkommen für die Leistungen der Eingliederungshilfe zu nutzen, ist von einer **Kostenbeitragsregelung** („*Beitrag zu den Aufwendungen*"), deren Höhe sich nach Einkommen und Vermögen richtet, abgelöst worden (§§ 135 bis 142 SGB IX).

Zuständig für Leistungen der Eingliederungshilfe sind die Träger der Eingliederungshilfe. Wer Träger der Eingliederungshilfe ist, haben die Länder in ihren entsprechenden Ausführungsgesetzen für sich festgelegt.

Ziele sind

- eine individuelle Lebensführung zu ermöglichen (als Ausdruck der Menschenwürde),
- die volle, wirksame und gleichberechtigte Teilhabe am Leben in der Gesellschaft zu fördern und
- dazu zu befähigen, selbstbestimmt und eigenverantwortlich die eigene Lebensplanung und -führung wahrzunehmen (§ 90 Abs. 1 SGB IX),
- Beeinträchtigungen abzuwenden, zu beseitigen, zu mindern, auszugleichen, eine Verschlimmerung zu verhüten oder von Pflege unabhängig zu machen (gilt insbesondere für den Bereich der medizinischen Reha als Teil des Eingliederungshilferechts, § 90 Abs. 2 SGB IX),
- Aufnahme, Ausübung und Sicherung einer Beschäftigungsmöglichkeit zu fördern und
- die Weiterentwicklung der Leistungsfähigkeit und Persönlichkeit zu fördern (gilt insbesondere für den Bereich der Teilhabe am Arbeitsleben als Teil des Eingliederungshilferechts, § 90 Abs. 3 SGB IX),
- die Teilhabe an Schulbildung, schulische und hochschulische Aus- und Weiterbildung für einen Beruf und die Teilhabe am Leben in der Gesellschaft zu ermöglichen (gilt insbesondere für den Bereich der Teilhabe Bildung als Teil des Eingliederungshilferechts, § 90 Abs. 4 SGB IX),
- die gleichberechtigte Teilhabe am Leben in der Gemeinschaft zu ermöglichen oder zu erleichtern (§ 90 Abs. 5 SGB IX ab 1.1.2020).

Die **Umsetzung** erfolgt durch Leistungen zur

- medizinischen Rehabilitation,
- Teilhabe am Arbeitsleben,
- Teilhabe an Bildung,
- sozialen Teilhabe.

1. Das Verhältnis von Fachleistungen (Leistungen der Eingliederungshilfe) und Leistungen zum Lebensunterhalt

Eingliederungshilfeleistungen waren eigentlich schon mit der Aufhebung des Bundessozialhilfegesetzes (BSHG) und Schaffung des SGB XII im Dezember 2003 Fachleistungen und **getrennt von den Leistungen zum Lebensunterhalt** zu behandeln. Die Leistungen zum Lebensunterhalt waren (und sind ja noch heute) in den Kapiteln 3 und 4 des SGB XII geregelt, die Eingliederungshilfe war bis zum 31. Dezember 2019 in seinen „Restbeständen" noch im Kapitel 6 des SGB XII geregelt.

Wurden Leistungen der Eingliederungshilfe in ambulanter Form erbracht, war und ist die Trennung von Fachleistungen und Leistungen zum Lebensunterhalt auch kein Problem.

a) Trennung von Fachleistungen und Leistungen zum Lebensunterhalt bei stationärer Leistungserbringung

Zu Problemen bei der Trennung von Fachleistungen und Leistungen zum Lebensunterhalt ab 1.1.2020 ist es nur deshalb gekommen, weil – obwohl auch bis dahin schon möglich und vom Gesetz her eigentlich auch geboten – die **Handhabung durch die Eingliederungshilfeträger** eine getrennte Finanzierung von Fachleistung und Leistungen zum Lebensunterhalt nicht vollzogen hatte. Kostenübernahmeerklärungen wurden in den Fällen, in denen kein eigenes Einkommen vorhanden war, pauschal erklärt. In den Fällen, in denen eigenes Einkommen zur Deckung der Kosten herangezogen worden ist, wurde ein Heranziehungsbescheid erstellt.

Das Zusammenarbeiten von Leistungsträgern und Leistungserbringern in Bezug auf die stationären Wohnformen der Eingliederungshilfe hat nicht dazu geführt, dass die vom Gesetz vorgesehene Übergangszeit zur Anpassung der Leistungsstrukturen von zwei Jahren (2018 bis 2020) genutzt worden ist, rechtzeitig verbindliche und gut kommunizierte Regelungen diesbezüglich zu schaffen. So sind Leistungsvereinbarung bis heute nur bedingt der neuen gesetzlichen Grundlage angepasst und die Frist für die Neuverhandlung dieser Vereinbarungen um weitere zwei Jahre verschoben worden (z.B. Niedersachsen). Die Vereinbarungen für die stationären Wohnformen gelten einfach weiter und es wird so der Eindruck vermittelt, als sei die Leistungserbringung in einer stationären Unterbringung nach den alten Vorschriften aus dem SGB XII gleichzusetzen mit der Leistungserbringung in einer „besonderen Wohnform" nach den Vorgaben des SGB IX.

b) Eigenes Konto für die Verwaltung der Leistungen zum Lebensunterhalt bei der Unterbringung in „besonderen Wohnformen"

Grundsätzlich werden Sozialleistungen, wenn sie als Geldleistung erbracht werden, unbar über ein Konto gezahlt (u.a. § 47 SGB I). Das gilt bis auf ganz wenige Ausnahmefälle für alle Sozialleistungen und ist keine Sonderregelung resultierend aus dem SGB IX (BTHG).

Die Tatsache, dass im Falle einer Leistungserbringung in einer stationären Einrichtung der Eingliederungshilfe bis zum 31.12.2019 in vielen Fällen kein Konto zur Verwaltung der Leistungen zum Lebensunterhalt erforderlich war, lag daran, dass das Einkommen des Leistungsberechtigten in der Regel vollständig auf den Eingliederungshilfeträger übergeleitet worden ist (z.B. wurde die Rente direkt an des Sozialamt gezahlt) und dieser „im Gegenzug" sowohl die Fachleistungen als auch die Leistungen zum Lebensunterhalt direkt an den Leistungserbringer gezahlt hat. Der Leistungserbringer hat dann die Leistungen zum Lebensunterhalt als Sachleistung zur Verfügung gestellt (Wohnraum, Lebensmittel etc.).

Ist ein Leistungsberechtigter ganz oder teilweise nicht in der Lage, ein eigenes Konto sachgerecht zu verwalten, hat er Anspruch auf Unterstützung. Diese Unterstützung ist eine **Assistenzleistung** und – soweit der Bedarf im Rahmen der Gesamtplanung erfasst ist – vom Eingliederungshilfeträger zu finanzieren. Bestehende Hilfepläne oder Gesamtpläne müssen entsprechend angepasst werden. Kann eine Kontoverwaltung auch mit der Unterstützung durch eine Assistenzkraft nicht sachgerecht erfolgen, müsste ein rechtlicher Betreuer bestellt werden.

Eine andere Möglichkeit bestünde darin, dass der Leistungserbringer die Leistungen zum Lebensunterhalt **treuhänderisch** verwaltet. Die gesetzliche Vorgabe der unbaren Zahlung von Sozialleistungen wäre auch erfüllt, wenn der Leistungserbringer die Zahlung auf „seinem Konto" vereinnahmt und den Verbrauch der Mittel regelmäßig mit dem Leistungsberechtigten kommuniziert und entscheidet. Auch dies wäre eine Möglichkeit, wie die Assistenzleistung erbracht werden könnte.

Sollte es auch nicht möglich sein, mit dieser Form der Leistungserbringung eine sachgerechte Verwaltung des Kontos sicherzustellen, müsste ein **rechtlicher Betreuer** bestellt werden, der die Verwendung der Mittel kontrolliert und im Zweifel auch Zahlungen verbindlich veranlassen könnte.

c) Miete und Nebenkosten in besonderen Wohnformen der Eingliederungshilfe

Das „Besondere" an den „besonderen Wohnformen" ist ja, dass hier die Fachleistung der Eingliederungshilfe direkt verknüpft ist mit der Zurverfügungstellung von Wohnraum und der Versorgung mit Lebensmitteln. Das Vertragsverhältnis zwischen Leistungserbringer und Leistungsberechtigten richtet sich nach dem **Wohn- und Betreuungs-Vertrags-Gesetz** (WBVG).

Soweit der Leistungsberechtigte über ein eigenes Einkommen verfügt, das oberhalb dessen liegt, was im Rahmen der Grundsicherung nach dem SGB XII den Bedarf darstellt, liegt die **Höhe** der Miete und Nebenkosten und auch die Höhe der Kosten für Verpflegung in dem Ermessen der Vertragspartner und deren Verhandlungsgeschick.

Reicht das Einkommen nicht aus, um Unterkunft und Verpflegung in der besonderen Wohnform zu finanzieren, besteht ein Anspruch auf Zahlung von Grundsicherung nach dem SGB XII. Bezüglich der Miethöhe gelten hier die Regelungen des SGB XII, wonach bei den Unterkunftskosten die real entstehenden Kosten, soweit sie angemessenen sind (§ 42a SGB XII), als Bedarf anerkannt werden. Der Berechnung der Kosten für den Lebensunterhalt wird der maßgebliche Regelsatz (§ 42 SGB XII i.V.m. § 28 SGB XII – Anlage) zugrunde gelegt.

Welche Höhe bei den Unterkunftskosten aus Sicht des Grundsicherungsträgers „angemessen" ist, entscheidet dieser unter Anwendung statistischer Ergebnisse und unter Berücksichtigung des Einzelfalls. Berücksichtigt wird auch ein Zuschlag für die Möblierung zuzüglich Kosten für die Heizung (§ 42a Abs. 4 SGB XII).

2. Heranziehung von Einkommen für die Berechnung eines Kostenbeitrags

Für die Aufwendungen bei den Leistungen zur Eingliederungshilfe muss unter Umständen ein Beitrag aus den zur Verfügung stehenden Einnahmen gezahlt werden (§ 136 Abs. 1 SGB IX). Einkommen ist definiert als *„die Summe der Einkünfte des Vorvorjahres nach § 2 Absatz 2 des Einkommensteuergesetzes"* und *„bei Renteneinkünften die Bruttorente des Vorvorjahres"* (§ 135 Abs. 1 SGB IX). Damit weicht das SGB IX erheblich von den Berechnungsgrundlagen des SGB XII, die bisher für die Heranziehung des Einkommens für die Leistungen der Eingliederungshilfe galt, ab. Damit verbunden ist eine **Einkommensgrenze**, die weit oberhalb der bisher geltenden Einkommensgrenzen liegt.

Als Einkommen gerechnet wird das zu versteuernde Einkommen (§ 2 Abs. 2 EStG) des Vorvorjahres: Für 2026 würde also das zu versteuernde Einkommen des Jahres 2024 zugrunde gelegt werden. Für den Fall, dass das Einkommen im Jahr der Leistungserbringung erheblich von dem Einkommen des Vorvorjahres abweicht, muss das voraussichtliche Einkommen des aktuellen Jahres ermittelt werden (§ 135 Abs. 2 SGB IX).

Für die Berechnung der Höhe des aus dem Einkommen zu zahlenden Kostenbeitrags wurden **vier verschiedene Fallkonstellationen** geschaffen:

1. Das Einkommen aus der **sozialversicherungspflichtigen Beschäftigung** übersteigt 85 % der jährlichen Bezugsgröße nach § 18 Abs. 1 SGB IV.
2. Das Einkommen aus der **selbstständigen Tätigkeit** übersteigt 85 % der jährlichen Bezugsgröße nach § 18 Abs. 1 SGB IV.
3. Das Einkommen wird aus einer **nicht sozialversicherungspflichtigen Beschäftigung** erzielt und übersteigt 75 % der jährlichen Bezugsgröße nach § 18 Abs. 1 SGB IV.
4. Das Einkommen aus **Renteneinkünften** übersteigt 60 % der jährlichen Bezugsgröße nach § 18 Abs. 1 SGB IV.

Die jährliche Bezugsgröße nach § 18 SGB IV wird jährlich neu von der Bundesregierung veröffentlicht.[54] Danach beträgt die Bezugsgröße für das Jahr 2026 jährlich 47.460,00 EUR und monatlich 3.955,00 EUR.

Übersicht: Einkommensgrenzen für die Eingliederungshilfe auf der Grundlage der Werte für 2026

Einkommen	prozentual	Jahr	Monat
Einkommen aus sozialversicherungspflichtiger Beschäftigung	85 %	40.341,00 EUR	3.361,75 EUR
Einkommen aus selbstständiger Tätigkeit	85 %	40.341,00 EUR	3.361,75 EUR
Einkommen aus nicht sozialversicherungspflichtiger Beschäftigung	75 %	35.595,00 EUR	2.966,25 EUR
Einkommen aus Rentenzahlung	60 %	28.476,00 EUR	2.373,00 EUR

Übersteigt das Einkommen (in der Regel des Vor-Vorjahres siehe § 135 Abs. 1 SGB IX) die Einkommensgrenzen, so ist ein **Beitrag zu den Aufwendungen der Eingliederungshilfe** zu leisten. Der Beitrag beträgt 2 % des übersteigenden Betrages als monatliche Zahlung. In der Regel wird das Einkommen des Vor-Vorjahres durch die Vorlage eines Einkommenssteuerbescheides nachgewiesen (Leistungen in 2026 – Einkommen in 2024).

54 Siehe § 2 der Verordnung über maßgebende Rechengrößen der Sozialversicherung für 2020 vom 17. Dezember 2019 (BGBl. I S. 2848)

Beispiel: Beitrag zu den Aufwendungen der Eingliederungshilfe

Bei übersteigendem Einkommen

Allwin L. hatte in 2024 ein Renteneinkommen in Höhe von brutto 2.573,00 EUR monatlich bzw. 30.876,00 EUR jährlich. Sein Einkommen übersteigt den „Freibetrag" in Höhe von 28.476,00 EUR um 2.400,00 EUR. Von diesem Betrag ist ein Beitrag zu den Aufwendungen der Eingliederungshilfe in Höhe von 48,00 EUR zu leisten.

Achtung: *Rechnerisch wäre der Beitrag aus dem Einkommen 48,00 EUR. Es erfolgt aber eine Abrundung auf einen vollen 10-Euro-Betrag (§ 137 Abs. 2 Satz 2 SGB IX). Im Leistungsbescheid (Bewilligungsbescheid) des Eingliederungshilfeträgers müsste dieser Betrag von der zu erbringenden Leistung abgezogen werden (§ 137 Abs. 3 SGB IX).*

3. Heranziehung von Vermögen für die Berechnung eines Kostenbeitrags

Für die Aufwendungen der Leistungen der Eingliederungshilfe muss unter Umständen ein Beitrag aus dem zur Verfügung stehenden Vermögen gezahlt werden. Das betrifft die leistungsberechtigte Person und, wenn diese minderjährig ist und im Haushalt der Eltern lebt, auch die Eltern (§ 140 Abs. 1 SGB IX). Wenn eine sofortige Vermögensverwertung nicht möglich ist oder eine Härte wäre, dann wird die Eingliederungshilfe als Darlehen bewilligt. Die Eingliederungshilfe könnte sich die darlehensweise gezahlte Hilfe absichern lassen (z.B. „Sicherungshypothek"), § 140 Abs. 2 SGB IX. Das Vermögen braucht nicht eingesetzt werden (§ 140 Abs. 3 SGB IX) für

- heilpädagogische Leistungen nach § 113 Abs. 2 Nr. 3 SGB IX,
- Leistungen zur medizinischen Rehabilitation nach § 109 SGB IX,
- Leistungen zur Teilhabe am Arbeitsleben nach § 111 Abs. 1 SGB IX,
- Leistungen zur Teilhabe an Bildung nach § 112 Abs. 1 Nr. 1 SGB IX,
- Leistungen zur schulischen oder hochschulischen Ausbildung oder Weiterbildung für einen Beruf nach § 112 Abs. 1 Nr. 2 SGB IX, soweit diese Leistungen in besonderen Ausbildungsstätten über Tag und Nacht für Menschen mit Behinderungen erbracht werden,
- Leistungen zum Erwerb und Erhalt praktischer Kenntnisse und Fähigkeiten nach § 113 Abs. 2 Nr. 5 SGB IX, soweit diese der Vorbereitung auf die Teilhabe am Arbeitsleben nach § 111 Abs. 1 SGB IX dienen,
- Leistungen nach § 113 Abs. 1 SGB IX, die noch nicht eingeschulten leistungsberechtigten Personen die für sie erreichbare Teilnahme am Leben in der Gemeinschaft ermöglichen sollen,
- gleichzeitige Gewährung von Leistungen zum Lebensunterhalt nach SGB II oder SGB XII oder nach § 27a des Bundesversorgungsgesetzes.[55]

55 Siehe § 138 Abs. 1 SGB IX

Zum Vermögen gehört nicht (§ 139 Abs. 1 Satz 2 SGB IX, § 90 Abs. 2 Nr. 1 bis 8 SGB XII):

- Vermögen, das aus öffentlichen Mitteln zum Aufbau oder zur Sicherung einer Lebensgrundlage oder zur Gründung eines Hausstandes erbracht wird,
- ein nach § 10a oder Abschnitt XI des Einkommensteuergesetzes geförderten Altersvorsorgevermögens i.S.d. § 92 des Einkommensteuergesetzes; dies gilt auch für das in der Auszahlungsphase insgesamt zur Verfügung stehende Kapital, soweit die Auszahlung als monatliche oder als sonstige regelmäßige Leistung i.S.v. § 82 Abs. 5 Satz 3 SGB XII erfolgt; für diese Auszahlungen ist § 82 Abs. 4 und 5 SGB XII anzuwenden,
- ein sonstiges Vermögen, solange es nachweislich zur baldigen Beschaffung oder Erhaltung eines Hausgrundstücks i.S.v. § 90 Abs. 2 Nr. 8 SGB XII bestimmt ist, soweit dieses Wohnzwecken von Menschen mit erheblichen Teilhabeeinschränkungen (§ 99 SGB IX) oder von blinden Menschen (§ 72 SGB XII) oder pflegebedürftigen Menschen (§ 61 SGB XII) dient oder dienen soll und dieser Zweck durch den Einsatz oder die Verwertung des Vermögens gefährdet würde,
- ein angemessener Hausrat; dabei sind die bisherigen Lebensverhältnisse der nachfragenden Person zu berücksichtigen,
- Gegenstände, die zur Aufnahme oder Fortsetzung der Berufsausbildung oder der Erwerbstätigkeit unentbehrlich sind,
- Familien- und Erbstücke, deren Veräußerung für die nachfragende Person oder ihre Familie eine besondere Härte bedeuten würde,
- Gegenstände, die zur Befriedigung geistiger, insbesondere wissenschaftlicher oder künstlerischer Bedürfnisse dienen und deren Besitz nicht Luxus ist,
- ein angemessenes Hausgrundstück, das von der nachfragenden Person oder einer anderen in den § 19 Abs. 1 bis 3 SGB XII genannten Person allein oder zusammen mit Angehörigen ganz oder teilweise bewohnt wird und nach ihrem Tod von ihren Angehörigen bewohnt werden soll. Die Angemessenheit bestimmt sich nach der Zahl der Bewohner, dem Wohnbedarf (z.B. behinderter, blinder oder pflegebedürftiger Menschen), der Grundstücksgröße, der Hausgröße, dem Zuschnitt und der Ausstattung des Wohngebäudes sowie dem Wert des Grundstücks einschließlich des Wohngebäudes.

Nicht zum Vermögen gehört **auch** ein

> „Barvermögen oder sonstiger Geldwerte bis zu einem Betrag von 150 Prozent der jährlichen Bezugsgröße nach § 18 Absatz 1 des Vierten Buches."[56]

Die jährliche Bezugsgröße beträgt im Jahr 2026 47.460,00 EUR. Demzufolge ist ein Barbetrag in Höhe von 71.190,00 EUR anrechnungsfrei.

56 Siehe § 139 SGB IX

Beispiel: Einsatz von Vermögen

Fritz K. ist 38 Jahre alt, hat eine psychische Erkrankung und ist bei der Erledigung der alltäglichen Anforderungen des Lebens umfangreich beeinträchtigt. In dieser Hinsicht benötigt er eine entsprechende Assistenz, um ein Leben in der eigenen Wohnung weiterhin sicherstellen zu können.

Aus einer vor einigen Jahren erfolgten Erbschaft ist ein Barvermögen von 80.000,00 EUR vorhanden. Das vorhandene Barvermögen übersteigt den „Freibetrag" von 71.190,00 EUR um 8.810,00 EUR. Vor der Inanspruchnahme von Leistungen nach dem SGB IX muss Fritz K. also zunächst das übersteigende Vermögen für die Assistenzleistungen als Selbstzahler aufbringen. Die weiteren Kosten werden dann vom Eingliederungshilfeträger gezahlt.

Achtung

Die beantragte Eingliederungshilfe darf mit Hinweis auf einzusetzendes Vermögen nicht abgelehnt werden. Ein gestellter Antrag ist zu bearbeiten, der Bedarf ist in den Teilhabe- und Gesamtplanverfahren festzustellen und ein Leistungsbescheid ist zu erstellen. Im Bescheid ist zu regeln, wie hoch der aus dem Beitrag zu leistende Betrag ist und das nach erfolgter Zahlung des Eigenbeitrags die Leistungspflicht des Eingliederungshilfeträgers einsetzt (§ 140 Abs. 1 SGB IX).

4. Teilhabeansprüche aus Teil 1 SGB IX und gleichartige Teilhabeleistungen aus Teil 2 SGB IX

a) Versicherungsleistungen und Leistungen zur medizinischen Rehabilitation

In SGB IX Teil 1 (§§ 42 bis 47 SGB IX) sind die Leistungen zur medizinischen Rehabilitation aufgeführt, wie sie **die Krankenkassen** erbringen können bzw. erbringen müssen.

In § 42 Abs. 1 SGB IX werden die **Voraussetzungen** benannt, die erfüllt sein müssen, um die Leistungen bekommen zu können und die Ziele, die damit verfolgt werden. In § 42 Abs. 2 und 3 SGB IX sind dann die **Leistungen im Einzelnen** formuliert.

Die Leistungen der §§ 43 bis 47 SGB IX sind **Leistungen der Krankenbehandlung** und werden für den Personenkreis der Krankenversicherten auch unter dem Aspekt der Rehabilitation geleistet, sofern der Krankenversicherte die Voraussetzungen erfüllt (Mensch mit Behinderungen oder von Behinderung bedrohter Mensch).

Praxistipp

Für den Personenkreis der nicht krankenversicherten Menschen wäre im Rahmen der Teilhabeplanung zu prüfen, ob diese Leistungen vom Träger der Sozialhilfe (SGB XII z.B. Hilfe zur Gesundheit) getragen werden können.

In SGB IX Teil 2 (§§ 109 bis 110 SGB IX) sind die Leistungen zur medizinischen Rehabilitation aufgeführt, wie sie **der Träger der Eingliederungshilfe** erbringen kann oder zu erbringen hat.

Dabei wird deutlich, dass der Leistungsumfang dem entspricht, wie er auch von Krankenkassen erbracht wird.

Bei der Leistungserbringung bzw. dem Umgang mit Leistungserbringern werden Ausnahmen festgelegt. Vor allem die **Verträge zwischen Krankenkassen und Leistungserbringern** gelten nicht in der gleichen Form auch für die Träger der Eingliederungshilfe.

Der Träger der Eingliederungshilfe zahlt auch kein Krankengeld und Beitragszuschüsse zur Sozialversicherung (das wäre möglicherweise eine Leistung des Trägers der Sozialhilfe SGB XII), sehr wohl aber z.B. die Kosten für den ärztlich verordneten Rehabilitationssport in Gruppen, ärztlich verordnetes Funktionstraining, ggf. Reisekosten, Haushaltshilfen und Kinderbetreuungskosten.

b) Versicherungsleistungen und Leistungen zur Teilhabe am Arbeitsleben

In SGB IX Teil 1 (§§ 49 bis 63 SGB IX) sind die Leistungen zur Teilhabe am Arbeitsleben aufgeführt, die vor allem vom **Rentenversicherungsträger** oder der **Bundesagentur für Arbeit** zu erbringen sind.

In SGB IX Teil 2 (§ 111 SGB IX) sind die Leistungen aufgeführt, die vom Träger der **Eingliederungshilfe** zu erbringen sind. Der Träger der Eingliederungshilfe ist vor allem immer dann zuständig, wenn der Mensch mit Behinderung in einer Werkstatt im sogenannten Arbeitsbereich tätig werden will und im Falle einer Beschäftigung auf dem ersten Arbeitsmarkt im Rahmen des Budgets für Arbeit.

c) Versicherungsleistungen – Leistungen zur Teilhabe an Bildung

In SGB IX Teil 1 (§ 75 SGB IX) sind die Teilhabeleistungen zur Teilhabe an Bildung aufgeführt für Fälle, in denen die Leistung Teil der Versicherungsleistung für eine versicherte Person ist. Leistungen zur Teilhabe an Bildung können **von allen Rehabilitationsträgern** erbracht werden.

In SGB IX Teil 2 (§ 112 SGB IX) sind die Leistungen zur Teilhabe an Bildung aufgeführt, sofern bei der Leistungsgewährung der **Eingliederungshilfeträger** zuständig ist. Die Leistungen entsprechen dem Grunde nach den Leistungen, wie sie auch von den anderen Rehabilitationsträgern erbracht werden müssen, sind aber **weiter ausdifferenziert und umfangreicher** beschrieben.

d) Versicherungsleistungen – Soziale Teilhabe

In SGB IX Teil 1 (§§ 76 bis 84 SGB IX) sind die Leistungen zur sozialen Teilhabe aufgeführt, wie sie von den zuständigen Rehabilitationsträgern der Sozialversicherung zu erbringen sind. Planungsinstrument und Entscheidungsgrundlage ist hier die **Teilhabeplanung der zuständigen Rehabilitationsträger**.

In SGB IX Teil 2 (§ 113 SGB IX) sind die Leistungen zur sozialen Teilhabe aufgeführt, wie sie vom Träger der Eingliederungshilfe zu erbringen sind. Sie sind identisch mit denen der Sozialversicherung. Planungsinstrument und Entscheidungsgrundlage ist hier die **Gesamtplanung**

des Eingliederungshilfeträgers. Der Leistungskatalog ist um die Besuchsbeihilfen ergänzt. Als Teilhabeleistungen werden auch die Kosten definiert, die z.B. eine WfbM hat, um die gemeinsame Mittagessenverpflegung überhaupt anbieten zu können.

VIII. Leistungen der sozialen Pflegeversicherung nach dem SGB XI (§ 28 SGB XI)

Aufgabe der sozialen Pflegeversicherung ist es, Pflegebedürftigen *„Hilfe zu leisten"* (§ 1 Abs. 4 SGB XI). Von den Hilfen der Pflegeversicherung können diejenigen profitieren, die Mitglied dieser Versicherung sind (§ 1 Abs. 2 Satz 1 SGB XI). Für den Personenkreis der privat Krankenversicherten ist geregelt, dass diese verpflichtet sind, sich privat gegen die Pflegebedürftigkeit zu versichern (§ 1 Abs. 2 Satz 2 SGB XI). Die Leistungen der Pflegeversicherung sind **nicht bedarfsdeckend** ausgelegt, sondern helfen bei der Finanzierung der grundsätzlich als privates Risiko eingestuften Pflegebedürftigkeit (§ 4 Abs. 2 SGB XI).

Umgangssprachlich spricht man in diesem Zusammenhang von einer „Teilkasko-Versicherung". Bis zur Einführung der Pflegeversicherung im Mai 1994 war das Risiko „Pflegebedürftigkeit" ausschließlich ein privates Lebensrisiko, dass mit eigenen Mitteln oder im familiären Umfeld gelöst werden sollte. Soweit keine finanziellen oder personalen Selbsthilfekräfte vorhanden sind, kann bei Bedürftigkeit „Hilfe zur Pflege" (siehe unter IX.) durch den Sozialhilfeträger beansprucht werden.

Auch wenn die Leistungen der sozialen Pflegeversicherung dabei „helfen" sollen, ein möglichst selbstständiges und selbstbestimmtes Leben führen zu können, können sie die **Leistungen der Teilhabe** nach dem SGB IX nicht ersetzen. Deshalb ist für die Pflegeversicherung ausdrücklich geregelt, dass ihre Leistungen *„die Leistungen der Eingliederungshilfe für Menschen mit Behinderungen nach dem Neunten Buch, dem Bundesversorgungsgesetz und dem Achten Buch"* nicht berühren und dass sie *„im Verhältnis zur Pflegeversicherung nicht nachrangig"* sind (§ 13 Abs. 3 Satz 2 SGB XI). Anders gestaltet ist das Verhältnis von Leistungen der Pflegeversicherung zu den **Leistungen der Hilfe zur Pflege** nach dem SGB XII. Hier sind die Leistungen der Pflegeversicherung immer vorrangig (§ 13 Abs. 3 Satz 1 SGB XI).

Das **Pflegeversicherungsgesetz** ist im Laufe seiner Geltungsdauer seit 1994 mehrfach geändert worden. So wurde

- 2008 das Pflege-Weiterentwicklungsgesetz,
- 2012 das Pflege-Neuausrichtungsgesetz,
- 2015 bis 2017 die drei Pflegestärkungsgesetze,
- 2019 das Pflegepersonalstärkungsgesetz und
- 2024 das EM-Bestandsrentenverbesserungsauszahlungsgesetz

verabschiedet. Weitere Anpassungsnotwendigkeiten sind in der fachpolitischen Diskussion bereits angekündigt.

Die soziale Pflegeversicherung ist – genauso wie die Krankversicherung – als **Pflichtversicherung** ausgestaltet. Mitglieder sind demnach alle Menschen, die Mitglied einer gesetzlichen Krankenkasse sind (§ 20 Abs. 1 Satz 1 SGB XI). Die Versicherungspflicht erstreckt sich auch auf die freiwillig in der Krankenversicherung befindlichen Mitglieder (§ 20 Abs. 3 SGB XII).

Neben der sozialen (gesetzlichen) Pflegeversicherung besteht auch die **private Pflegeversicherung**. Auch für die private Pflegeversicherung gilt die Versicherungspflicht (§ 23 SGB XII). Mitglieder der privaten Krankenversicherung müssen auch in der privaten Pflegeversicherung aufgenommen werden.

Anspruchsberechtigt sind alle Versicherten, soweit sie pflegebedürftig sind. Eine Altersgrenze (sowohl nach oben als auch nach unten) gibt es nicht.

Zuständig sind die Pflegekassen. Die Aufgaben der Pflegekassen werden von den Krankenkassen wahrgenommen (§ 1 Abs. 3 SGB XI). Die Pflegekassen sind deshalb den Krankenkassen angegliedert. Die Pflegekassen gehören nicht zu den Rehabilitationsträgern.

Ziel ist die Absicherung des Risikos der Pflegebedürftigkeit (§ 1 Abs. 1 SGB XI). Die Hilfen sollen so gestaltet sein, dass sie

- der Selbstständigkeit und Selbstbestimmung dienen und
- körperliche, geistige und seelische Kräfte wiedergewonnen oder erhalten (§ 2 Abs. 1 SGB XI) werden und
- vorrangig in der eigenen Häuslichkeit geleistet werden (§ 3 SGB XI).

Die **Umsetzung** erfolgt durch Gewährung folgender Leistungen:

1. Ambulante erbrachte Leistungen:
   - Pflegesachleistung (§ 36 SGB XI),
   - Pflegegeld für selbst beschaffte Pflegehilfen (§ 37 SGB XI),
   - Kombination von Geldleistung und Sachleistung (§ 38 SGB XI),
   - häusliche Pflege bei Verhinderung der Pflegeperson (§ 39 SGB XI),
   - Pflegehilfsmittel und wohnumfeldverbessernde Maßnahmen (§ 40 SGB XI).
2. (Teil-)stationär erbrachte Leistungen:
   - Tagespflege und Nachtpflege (§ 41 SGB XI),
   - Kurzzeitpflege (§ 42 SGB XI),
   - vollstationäre Pflege (§ 43 SGB XI),
   - Pauschalleistung Pflege in vollstationären Einrichtungen der Hilfe für behinderte Menschen (§ 43a SGB XI),
   - Leistungen für die zusätzliche Betreuung und Aktivierung in stationären Pflegeeinrichtungen (§ 43b SGB XI).

3. „Ergänzende" Leistungen:
    - Leistungen zur sozialen Sicherung der Pflegepersonen (§ 44 SGB XI),
    - zusätzliche Leistungen bei Pflegezeit und kurzzeitiger Arbeitsverhinderung (§ 44a SGB XI),
    - Pflegekurse für Angehörige und ehrenamtliche Pflegepersonen (§ 45 SGB XI),
    - Umwandlung des ambulanten Sachleistungsbetrags (§ 45a SGB XI),
    - Entlastungsbetrag (§ 45b SGB XI),
    - Leistungen des Persönlichen Budgets nach § 29 SGB IX (§ 35a SGB XI),
    - zusätzliche Leistungen für Pflegebedürftige in ambulant betreuten Wohngruppen (§ 38a SGB XI),
    - Pflegeberatung (§ 7a SGB XI),
    - Anschubfinanzierung bei Gründung von ambulant betreuten Wohngruppen (§ 45e SGB XI).

Die Leistungen müssen beantragt werden. Das Gesetz sieht die Nutzung eines bestimmten Vordrucks nicht vor. Wie in anderen Bereichen auch, legen die Pflegekassen jedoch Wert darauf, dass man die von ihnen produzierten Vordrucke nutzt. Für die Festlegung des Zeitpunktes der Antragstellung ist dies jedoch unbedeutend.

Die laufenden Leistungen werden monatlich gezahlt, beginnend mit dem Monat der Antragstellung (§ 33 Abs. 1 SGB XI). Die Bedarfserhebung erfolgt über eine Begutachtung durch den **Medizinischen Dienst** (MD).[57] Auf der Grundlage des Gutachtens erlässt die Pflegekasse einen Leistungsbescheid. Der **Medizinische Dienst Bund (KöR)** hat zur Sicherstellung einer einheitlichen Umsetzung der Pflegebegutachtung Richtlinien erarbeitet, an die sich der MDK in der Umsetzung richtet und die auch bei Streitigkeiten vor Gericht als Maßstab herangezogen werden (Richtlinien des GKV-Spitzenverbandes zur Feststellung der Pflegebedürftigkeit nach dem XI. Buch des Sozialgesetzbuches[58]).

Gegen Bescheide der Pflegekasse kann mit Rechtsbehelfen (siehe ausführlich in Kapitel J Rechtsbehelfe und Rechtsmittel) vorgegangen werden.

Praxistipp

Da die Widerspruchsbearbeitung erfahrungsgemäß durchaus etwas Zeit in Anspruch nimmt, kann es sinnvoll sein, einen Monat zu warten und einen erneuten Antrag („Verschlimmerungsantrag") zu stellen.

57 Weitere Informationen zur Begutachtung siehe „GKV-Richtlinien zum Verfahren der Feststellung der Pflegebedürftigkeit sowie zur pflegefachlichen Konkretisierung der Inhalte des Begutachtungsinstruments nach dem Elften Buch des Sozialgesetzbuches (Begutachtungsrichtlinien – BRi) vom 15.04.2016, geändert durch Beschluss vom 31.03.2017"

58 https://www.medizinischerdienst.de/downloads-links (Abruf: 30.10.2025)

IX. Hilfe zur Pflege nach dem SGB XII (§§ 61 bis 66a SGB XII)

Hilfe zur Pflege ist das **sozialhilferechtliche Gegenstück zur privaten und sozialen Pflegeversicherung**. Vor jeder Inanspruchnahme steht zunächst die Bedürftigkeitsprüfung. Das heißt, dass innerhalb der gesetzlichen Grenzen eigenes Einkommen und Vermögen und die Leistungen anderer Leistungsträger berücksichtigt werden. Über die Hilfe zur Pflege wird immer nur der übrigbleibende „Rest" finanziert. Das ergibt sich aus dem Grundsatz des Nachrangs der Sozialhilfe. Hilfe erhält nur der, der nicht in der Lage ist, sich selbst zu helfen (§§ 1, 9 und 61 SGB XII).

Hinsichtlich des **Leistungsumfangs** ist der zuständige Leistungsträger an die Ergebnisse des Pflegegutachtens gebunden (§ 62 SGB XII). Soweit eine teil- oder vollstationäre Versorgung nicht erforderlich ist, soll die Hilfe zur Pflege ambulant erbracht werden. Hinsichtlich dieser Frage ist das **Wunsch- und Wahlrecht eingeschränkt** und bezieht sich dann nur auf die Auswahl der Einrichtung, die die erforderlichen Leistungen erbringt.

Beispiel: Zahlungsverpflichtungen der Hilfe zur Pflege

Ist ein Mensch pflegebedürftig und hat

- *keine Pflegeversicherung,*
- *kein anrechenbares Einkommen und*
- *kein anrechenbares Vermögen,*

dann besteht der „Rest" aus den insgesamt entstehenden Kosten.

Hat der Leistungsberechtigte eine Pflegeversicherung, allerdings kein anrechenbares Einkommen und Vermögen, dann zahlt das Sozialamt im Rahmen der Hilfe zur Pflege die entstehenden Gesamtkosten abzüglich des Zahlbetrages aus der Pflegeversicherung.

Die Hilfe zur Pflege können alle Menschen beanspruchen, soweit sie (§ 61 SGB XII)

a) nicht in der sozialen oder privaten Pflegeversicherung sind oder

b) bei denen die Leistungen dieser Versicherung nicht ausreichen, den Bedarf zu decken und

c) eigene Ressourcen (insbesondere das Einkommen und Vermögen) für die Deckung des Restbedarfs nicht zur Verfügung stehen.

Zuständig sind die (überörtlichen) Träger der Sozialhilfe (§ 97 Abs. 3 Nr. 2 SGB XII). Durch Landesrecht können z.B. die Landkreise und kreisfreien Städte zur Umsetzung herangezogen werden.

Besondere **Ziele** sind im SGB XII hinsichtlich der Gewährung von Hilfe zur Pflege nicht genannt. Damit gelten für den Bereich der Hilfe zur Pflege die im allgemeinen Teil des SGB XII formulierten Grundsätze, vor allem Berücksichtigung des Einzelfalls, Bedarfsdeckung etc.

Die **Umsetzung** erfolgt im Prinzip mit den gleichen Leistungen wie in der Pflegeversicherung.

1. Für Pflegebedürftige der Pflegegrade 2, 3, 4 oder 5:
   - häusliche Pflege in Form von
     - Pflegegeld (§ 64a SGB XII),
     - häuslicher Pflegehilfe (§ 64b SGB XII),
     - Verhinderungspflege (§ 64c SGB XII),
     - Pflegehilfsmitteln (§ 64d SGB XII),
     - Maßnahmen zur Verbesserung des Wohnumfeldes (§ 64e SGB XII),
     - anderen Leistungen (§ 64f SGB XII);
   - teilstationäre Pflege (§ 64g SGB XII),
   - Kurzzeitpflege (§ 64h SGB XII),
   - einen Entlastungsbetrag (§ 64i SGB XII) und
   - stationäre Pflege (§ 65 SGB XII).
2. Für Pflegebedürftige des Pflegegrades 1:
   - Pflegehilfsmittel (§ 64d SGB XII),
   - Maßnahmen zur Verbesserung des Wohnumfeldes (§ 64e SGB XII) und
   - einen Entlastungsbetrag (§ 66 SGB XII).

Die Leistungen der Pflegeversicherung sind aber vorrangig in Anspruch zu nehmen.

Hinweis

Eine Sonderregelung gilt für den Fall, dass der Pflegebedarf ausschließlich durch selbstbeschaffte Pflegekräfte sichergestellt wird. In diesen Fällen kann der Träger der Hilfe zur Pflege den Pflegebedürftigen nicht auf die vorrangig in Anspruch zu nehmende höhere Pflegesachleistung verweisen (§ 63b Abs. 6 SGB XII).

X. Unterhaltssichernde und andere ergänzende Leistungen (§ 5 Nr. 3 SGB IX)

Unterhaltssichernde und andere ergänzende Leistungen (§ 5 Nr. 3 SGB IX) werden geleistet, **wenn Leistungen der medizinischen Rehabilitation oder Leistungen zur Teilhabe am Arbeitsleben** erbracht werden. Es wird unterschieden zwischen Leistungen für den Lebensunterhalt und anderen ergänzende Leistungen.

Die Leistungen sind:

- Übergangsgeld (§ 64 Abs. 1 Nr. 1 SGB IX),
- Krankengeld (§ 64 Abs. 1 Nr. 1 SGB IX),
- Versorgungskrankengeld (§ 64 Abs. 1 Nr. 1 SGB IX),

- Verletztengeld (§ 64 Abs. 1 Nr. 1 SGB IX),
- Ausbildungsgeld (§ 64 Abs. 1 Nr. 1 SGB IX),
- Unterhaltsbeihilfe (§ 64 Abs. 1 Nr. 1 SGB IX),
- Beiträge und Beitragszuschüsse vor allem zur gesetzlichen Sozialversicherung (§ 64 Abs. 1 Nr. 2 SGB IX),
- Kosten für Unterkunft und Verpflegung bei beruflichen Rehabilitationsmaßnahmen (§ 49 Abs. 7 Nr. 1 SGB IX),
- Reisekosten (§ 64 Abs. 1 Nr. 5 SGB IX),
- Betriebs- oder Haushaltshilfe (§ 64 Abs. 1 Nr. 5 SGB IX),
- Kinderbetreuungskosten (§ 64 Abs. 1 Nr. 5 SGB IX),
- ärztlich verordneter Rehabilitationssport (§ 64 Abs. 1 Nr. 3 SGB IX),
- ärztlich verordnetes Funktionstraining (§ 64 Abs. 1 Nr. 4 SGB IX),
- Übungen für behinderte oder von Behinderung bedrohte Frauen und Mädchen, die der Stärkung des Selbstbewusstseins dienen (§ 64 Abs. 1 Nr. 3 SGB IX n.F.).

Übersicht: Zuständigkeiten für Leistungen zum Lebensunterhalt als ergänzende Leistungen bei Maßnahmen der medizinischen Rehabilitation und zur Teilhabe am Arbeitsleben

Leistungen / Zuständigkeit	**Krankenkassen**	**Unfallversicherung**	**Rentenversicherung**	**Träger der Kriegsopferversorgung**	**Bundesagentur für Arbeit**	**Träger der Kriegsopferfürsorge**
1. bei Maßnahmen der medizinischen Rehabilitation						
Übergangsgeld	nein	nein	**ja**	nein	nein	nein
Krankengeld	**ja**	nein	nein	nein	nein	nein
Versorgungskrankengeld	nein	nein	nein	**ja**	nein	nein
Verletztengeld	nein	**ja**	nein	nein	nein	nein
2. bei Maßnahmen der Teilhabe am Arbeitsleben						
Übergangsgeld	nein	**ja**	**ja**	nein	**ja**	**ja**
3. bei erster Ausbildung, BVJ, UB, Eingangsverf., Berufsbildungsbereich						
Ausbildungsgeld	nein	nein	nein	nein	**ja**	nein
Unterhaltsbeihilfe	nein	nein	nein	nein	nein	**ja**
Übergangsgeld	nein	**ja**	**ja**	nein	**ja**	nein

1. Übergangsgeld (§§ 64 Abs. 1 Nr. 1; 66 bis 72 SGB IX)

Übergangsgeld wird – wenn die weiteren Voraussetzungen erfüllt sind – zur Sicherung des Lebensunterhalts erbracht, wenn Maßnahmen der medizinischen Rehabilitation oder zur Teilhabe am Arbeitsleben durchgeführt werden. Für Maßnahmen der Teilhabe am Arbeitsleben sind (§ 119 Nr. 2 SGB III) das:

- Maßnahmen der Berufsausbildung,
- Maßnahmen der Berufsvorbereitung,
- Maßnahmen der individuellen betrieblichen Qualifizierung bei einer unterstützten Beschäftigung (§ 55 SGB IX),
- Maßnahmen im Eingangsverfahren bei der WfbM oder einem anderen Leistungsanbieter (§ 60 SGB IX),
- andere Maßnahmen, bei denen Übergangsgeld, Ausbildungsgeld gezahlt oder Teilnahmekosten für die Maßnahme übernommen werden (§ 118 Nr. 1 bis 3 SGB III).

Daneben muss eine *„Vorbeschäftigungszeit"* (§ 119 Nr. 1 SGB III) erfüllt sein. Die **Vorbeschäftigungszeit** ist erfüllt, wenn innerhalb der letzten drei Jahre vor Beginn der Maßnahme mindestens zwölf Monate eine sozialversicherungspflichtige Tätigkeit ausgeübt worden ist oder die Voraussetzungen für den Anspruch auf Arbeitslosengeld erfüllt sind und Arbeitslosengeld beantragt worden ist (§ 120 Abs. 1 Nr. 1 und 2 SGB IX).

Die Drei-Jahres-Frist gilt nicht für Berufsrückkehrer:innen. Hier reicht es, wenn in der Zeit vor Beginn der Maßnahme überhaupt zwölf Monate lang Beiträge für die Sozialversicherung entrichtet worden sind (§ 120 Abs. 2 Satz 1 SGB III).

Wer keine Beiträge zur Sozialversicherung entrichtet hat kann Übergangsgeld beanspruchen, wenn innerhalb des letzten Jahres vor Beginn der Maßnahme ein **Berufsausbildungsabschluss** auf Grund einer Zulassung zur Prüfung nach § 43 Abs. 2 BBiG (Berufsbildungsgesetz) oder § 36 Abs. 2 HwO (Handwerksordnung) erworben worden oder ein **Prüfungszeugnis** auf Grund einer Rechtsverordnung nach § 50 Abs. 1 BBiG oder § 40 Abs. 1 HwO dem Zeugnis über das Bestehen der Abschlussprüfung in einem nach dem Berufsbildungsgesetz oder der Handwerksordnung anerkannten Ausbildungsberuf gleichgestellt worden ist, vorgelegt werden kann (§ 121 SGB III).

Typischerweise handelt es sich um Maßnahmen bei Berufsförderungswerken, in Werkstätten für Menschen mit Behinderung oder in sonstigen Einrichtungen. Für die zuständigen Rehabilitationsträger gelten unterschiedliche gesetzliche Bezugspunkte (§ 65 Abs. 1 und 2 SGB IX).

Die **Höhe und die Berechnung** des Übergangsgeldes sind im SGB IX geregelt, jedenfalls soweit die Spezialgesetze der zuständigen Rehabilitationsträger nicht ausdrücklich etwas anderes vorsehen:

Übergangsgeld bei Maßnahmen der medizinischen Rehabilitation

- Für die Träger der Rentenversicherung gelten die §§ 20 und 21 des SGB VI (§ 65 Abs. 1 Nr. 3 SGB IX).

Übergangsgeld bei Maßnahmen zur Teilhabe am Arbeitsleben

- Für die Träger der Unfallversicherung gelten die §§ 49 bis 52 SGB VII.
- Für die Träger der Rentenversicherung gelten die §§ 20 und 21 SGB VI.
- Für die Bundesagentur für Arbeit gelten die §§ 119 bis 121 SGB III.
- Für die Träger der Kriegsopferfürsorge gilt der § 26a BVG (Bundesversorgungsgesetzes).

Maßnahmen zur Klärung der beruflichen Eignung oder eine Maßnahme der Arbeitserprobung können auch einen Anspruch auf Übergangsgeld auslösen (§ 65 Abs. 3 SGB IX).

Übergangsgeld wird pro Kalendertag berechnet und für Kalendertage (also inklusive Samstag und Sonntag) gezahlt. Sollte eine monatliche Berechnung und Zahlung erfolgen, hat dieser immer 30 Tage (§ 65 Abs. 7 SGB IX).

Bei Maßnahmen der medizinischen Rehabilitation sind die Träger der Rentenversicherung die einzigen Träger, die Übergangsgeld zahlen. Bei Maßnahmen der medizinischen Rehabilitation

- der Krankenkassen zahlen diese Krankengeld,
- der Unfallversicherung zahlt diese Verletztengeld,
- der Träger der Kriegsopferversorgung zahlen diese Versorgungskrankengeld (§ 65 Abs. 1 SGB IX).

Grundlage für die Berechnung bildet das regelmäßig erzielte Arbeitseinkommen. Es beträgt 80 % des regelmäßig erzielten Arbeitsentgelts, maximal aber auf die Kalendertage umgerechnetes Nettoarbeitsentgelt. Ausgehend von diesen 80 % bzw. dem maximalen Nettoarbeitsentgelt beträgt die Höhe des Übergangsgelds 75 % (§ 66 Abs. 1 Satz 3 Nr. 1 SGB IX), wenn

- mindestens ein Kind oder ein Stiefkind mit Kindergeldanspruch im Haushalt aufgenommen worden ist oder
- ein Ehe- oder Lebenspartner im Haushalt lebt, der den Leistungsberechtigten pflegt und deshalb keiner Erwerbstätigkeit nachgehen kann.

Es beträgt 68 % für alle anderen Leistungsberechtigten (§ 66 Abs. 1 Satz 3 Nr. 2 SGB IX).

Wenn die Träger der Kriegsopferfürsorge Übergangsgeld zahlen, ist dieses höher. Es beträgt dann 80 % bzw. 75 % von der Berechnungsgrundlage (§ 66 Abs. 1 Satz 4 SGB IX).

Die Bemessungsgrundlage (das regelmäßig erzielte Arbeitsentgelt) ist das zuletzt abgerechnete Arbeitseinkommen, mindestens die letzten vier abgerechneten Arbeitswochen (§ 67 Abs. 1 Satz 1 SGB IX). Da es – anders als z.B. bei der Berechnung von Arbeitslosengeld – keine Rahmenfrist gibt, kann das auch länger zurück liegen. Dann kommt eine fiktive Berechnung des Arbeitsentgelts in Betracht (§ 68 SGB IX).

Von den Rehabilitationsträgern können auch die Beiträge und Beitragszuschüsse zur Sozialversicherung gezahlt werden.

2. Krankengeld (§ 64 Abs. 1 Nr. 1 SGB IX, §§ 44 bis 51 SGB V)

Seit 2009 besteht in Deutschland eine Versicherungspflicht im Hinblick auf die Krankenversicherung (§ 193 Abs. 3 VVG). Gewählt werden kann zwischen gesetzlichen und privaten Versicherungsunternehmen. **Von der Versicherungspflicht** nach dem Versicherungsvertragsgesetz (VVG) **ausgenommen** (§ 193 Abs. 3 Satz 2 VVG) sind Personen, die

- in der gesetzlichen Krankenversicherung versichert oder versicherungspflichtig sind oder
- Anspruch auf freie Heilfürsorge haben, beihilfeberechtigt sind oder vergleichbare Ansprüche haben im Umfang der jeweiligen Berechtigung oder
- Anspruch auf Leistungen nach dem Asylbewerberleistungsgesetz haben oder
- Empfänger laufender Leistungen nach dem Dritten, Vierten, Sechsten und Siebten Kapitel des SGB XII für die Dauer dieses Leistungsbezugs und während Zeiten einer Unterbrechung des Leistungsbezugs.

Grundvoraussetzung für die Inanspruchnahme von Leistungen der gesetzlichen Krankenkasse ist die Mitgliedschaft (§ 1 Satz 1 SGB V). Nur wer zum Kreis der Versicherten gehört, kann auch von deren Solidarität profitieren (§ 2 SGB V). Es gibt verschiedene **Formen der Mitgliedschaft**:

- die Pflichtmitgliedschaft (§ 5 SGB V, § 2 KVLG),
- die freiwillige Mitgliedschaft (§ 9 SGB V, § 6 KVLG),
- die Familienmitgliedschaft (§ 10 SGB V),
- die Auffangmitgliedschaft (§ 5 Abs. 1 Nr. 13 SGB V).

Folgende Personen[59] sind **versicherungspflichtig** in der gesetzlichen Krankenversicherung (§ 5 Abs. 1 SGB V):

- Arbeitnehmer mit Anspruch auf Arbeitsentgelt,
- Auszubildende mit Anspruch auf Ausbildungsvergütung,
- Auszubildende ohne Ausbildungsvergütung,
- Auszubildende des Zweiten Bildungswegs, in einem förderungsfähigen Teil eines Ausbildungsabschnitts nach dem Bundesausbildungsförderungsgesetz,
- Arbeitslose mit Anspruch auf Arbeitslosengeld I (ALG I) (auch während einer Sperrzeit oder eines Urlaubs),
- Arbeitslose mit Anspruch auf Arbeitslosengeld II (gilt nicht bei darlehensweiser Gewährung und wenn z.B. ausschließlich Leistungen für die Erstausstattung der Wohnung gewährt werden),
- Landwirte (§ 2 Gesetz über die Krankenversicherung der Landwirte, KVLG),
- Künstler und Publizisten (§ 1 Künstlersozialversicherungsgesetz, KSVG),
- Personen, die in Einrichtungen der Jugendhilfe für eine Erwerbstätigkeit befähigt werden sollen,

59 Unvollständige Aufzählung, komplett siehe § 5 SGB V

- Teilnehmer an Leistungen zur Teilhabe am Arbeitsleben sowie an Abklärungen der beruflichen Eignung oder Arbeitserprobung (gilt nicht bei Finanzierung nach BVG),
- behinderte Menschen, die in einer WfbM oder in Blindenwerkstätten oder für diese Einrichtungen in Heimarbeit oder bei einem anderen Leistungsanbieter nach § 60 SGB IX tätig sind,
- behinderte Menschen, die in Anstalten, Heimen oder gleichartigen Einrichtungen (sofern in gewisser Regelmäßigkeit eine Leistung erbracht wird, die einem Fünftel der Leistung eines voll erwerbsfähigen Beschäftigten in gleichartiger Beschäftigung entspricht),
- Studenten, die an staatlichen oder staatlich anerkannten Hochschulen eingeschrieben sind,
- Studenten nach Abschluss des 14. Fachsemesters oder nach Vollendung des 30. Lebensjahres, wenn die Art der Ausbildung oder familiäre sowie persönliche Gründe, insbesondere der Erwerb der Zugangsvoraussetzungen in einer Ausbildungsstätte des Zweiten Bildungswegs, die Überschreitung der Altersgrenze oder eine längere Fachstudienzeit rechtfertigen,
- Studenten während eines unbezahlten Praktikums,
- Personen, die eine Waisenrente erhalten,
- Personen, die keinen anderweitigen Anspruch auf Absicherung im Krankheitsfall haben und zuletzt gesetzlich krankenversichert waren oder bisher nicht gesetzlich oder privat krankenversichert waren, es sei denn, dass sie zu den in § 5 Abs. 5 SGB V oder den in § 6 Abs. 1 oder 2 SGB V genannten Personen gehören oder bei Ausübung ihrer beruflichen Tätigkeit im Inland gehört hätten.

Krankengeld ist eine **Lohnersatzleistung**. Die Höhe (§ 47 SGB V) richtet sich also nicht nach dem individuellen Bedarf, sondern ist ein bestimmter Prozentsatz (70 % vom Brutto-„Regelarbeitsentgelt", maximal 90 % des Nettoarbeitsentgelts, § 47 Abs. 1 SGB V) des Einkommens, von dem Beiträge an die Krankenkasse gezahlt worden sind.

Anspruch auf Krankengeld hat, wer Mitglied einer gesetzlichen Krankenkasse ist und die Krankheit als Ursache einer Arbeitsunfähigkeit festgestellt worden ist oder wenn der Versicherte sich zur Behandlung der Erkrankung in einer stationären Versorgung in einem Krankenhaus, einer Vorsorge- oder Rehabilitationseinrichtung befindet (siehe § 44 Abs. 1 SGB V).

Keinen Anspruch auf Krankengeld haben (§ 44 Abs. 2 SGB V):

- **Empfänger von Bürgergeld/Grundsicherung**;

  Ausnahme: diese Leistungen werden nur darlehensweise gewährt oder es werden nur Leistungen für Erstausstattung etc. (§ 24 Abs. 3 Satz 1 SGB II) bezogen;
- Personen, die in Einrichtungen der Jugendhilfe für eine Erwerbstätigkeit befähigt werden sollen;
- **Teilnehmer an Leistungen zur Teilhabe am Arbeitsleben** sowie an Abklärungen der beruflichen Eignung oder Arbeitserprobung;

  Ausnahme: sie gehören zum Personenkreis nach § 151 SGB XIV oder zum Personenkreis nach § 81 Abs. 3 des Soldatenentschädigungsgesetzes;

- **Studenten**, die an staatlichen oder staatlich anerkannten Hochschulen eingeschrieben sind, unabhängig davon, ob sie ihren Wohnsitz oder gewöhnlichen Aufenthalt im Inland haben, wenn für sie auf Grund über- oder zwischenstaatlichen Rechts kein Anspruch auf Sachleistungen besteht, längstens bis zur Vollendung des 30. Lebensjahres;

  Ausnahme: nach Vollendung des 30. Lebensjahres nur, wenn die Art der Ausbildung oder familiäre sowie persönliche Gründe, insbesondere der Erwerb der Zugangsvoraussetzungen in einer Ausbildungsstätte des Zweiten Bildungswegs, die Überschreitung der Altersgrenze rechtfertigen und deshalb Versicherungspflicht besteht;
- **Personen, die eine** in Studien- oder Prüfungsordnungen vorgeschriebene **berufspraktische Tätigkeit ohne Arbeitsentgelt verrichten**, längstens bis zur Vollendung des 30. Lebensjahres, sowie zu ihrer Berufsausbildung ohne Arbeitsentgelt Beschäftigte; Auszubildende des Zweiten Bildungswegs, die sich in einem förderungsfähigen Teil eines Ausbildungsabschnitts nach dem Bundesausbildungsförderungsgesetz befinden, sind Praktikanten gleichgestellt;
- **Personen, die keinen anderweitigen Anspruch auf Absicherung im Krankheitsfall haben** und

  a) zuletzt gesetzlich krankenversichert waren oder

  b) bisher nicht gesetzlich oder privat krankenversichert waren.

  Ausnahme: es sei denn, dass sie zu den in § 5 Abs. 5 SGB V oder den in § 6 Abs. 1, 2 SGB V genannten Personen gehören oder bei Ausübung ihrer beruflichen Tätigkeit im Inland gehört hätten;
- familienversicherte Familienangehörige;
- **hauptberuflich selbstständig Erwerbstätige**, es sei denn, das Mitglied erklärt gegenüber der Krankenkasse, dass die Mitgliedschaft den Anspruch auf Krankengeld umfassen soll (Wahlerklärung);
- **Versicherte** nach § 5 Abs. 1 Nr. 1 SGB V, **die bei Arbeitsunfähigkeit nicht mindestens sechs Wochen Anspruch auf Fortzahlung des Arbeitsentgelts** auf Grund des Entgeltfortzahlungsgesetzes, eines Tarifvertrags, einer Betriebsvereinbarung oder anderer vertraglicher Zusagen oder auf Zahlung einer die Versicherungspflicht begründenden Sozialleistung haben, es sei denn, das Mitglied gibt eine Wahlerklärung ab, dass die Mitgliedschaft den Anspruch auf Krankengeld umfassen soll. Dies gilt nicht für Versicherte, die nach § 10 des Entgeltfortzahlungsgesetzes Anspruch auf Zahlung eines Zuschlages zum Arbeitsentgelt haben;
- **Versicherte, die eine Rente** aus einer öffentlich-rechtlichen Versicherungseinrichtung oder Versorgungseinrichtung ihrer Berufsgruppe oder von anderen vergleichbaren Stellen **beziehen**, die ihrer Art nach den in § 50 Abs. 1 SGB V genannten Leistungen entspricht. Für Versicherte nach § 44 Abs. 2 Satz 1 Nr. 4 SGB V gilt § 50 Abs. 2 SGB V entsprechend, soweit sie eine Leistung beziehen, die ihrer Art nach den in dieser Vorschrift aufgeführten Leistungen entspricht.

Krankengeld muss beantragt werden. Der Anspruch entsteht mit Beginn der Feststellung der Arbeitsunfähigkeit. Der Zahlungsanspruch beginnt nach Ablauf der Lohnfortzahlungspflicht durch den Arbeitgeber (in der Regel sechs Wochen), § 44 Abs. 2 Nr. 3 SGB V.

Die **Anspruchsdauer** ist grundsätzlich nicht begrenzt. Die Verknüpfung von Krankheit und Krankengeldanspruch führt dazu, dass sich ein Krankengeldzahlungsanspruch an den anderen Krankengeldzahlungsanspruch anschließen kann. Es wird immer eine auf die festgestellte Krankheit bezogene Beurteilung vorgenommen. Wird nach Beendigung des Krankengeldzahlungsanspruchs eine „neue" Erkrankung mit folgender Arbeitsunfähigkeit festgestellt, kann erneut (weiterhin) Krankengeld gezahlt werden. Die **längste Anspruchsdauer** pro einzelne Krankheit ist dann auf 78 Wochen innerhalb von drei Jahren begrenzt (§ 48 Abs. 1 Satz 1 SGB V).

Wechselt sich während des Bezugs von Krankengeld die eine Krankheit mit der anderen Krankheit ab, wird der verbrauchte Anspruch der einen Krankheit auf die Zahlungsdauer der anderen Krankheit **angerechnet** (§ 48 Abs. 1 Satz 2 SGB V). Das gleiche gilt, wenn man wegen derselben Krankheit innerhalb von drei Jahren erneut arbeitsunfähig wird (§ 48 Abs. 2 SGB V).

Die Berechnung der **Frist für die Bezugsdauer** beginnt mit dem Tag der Feststellung der Arbeitsunfähigkeit. Bezugsdauer und tatsächliche Zahlungsdauer können auch auseinanderfallen, weil in bestimmten Situationen der Anspruch auf Krankengeld „ruht" (§ 48 Abs. 3 SGB V).

Für den Fall, dass ein **Kind** unter zwölf Jahren im eigenen Haushalt erkrankt, besteht auf Seiten eines Elternteils ein Anspruch auf Zahlung von Krankengeld durch die Krankenkasse für längstens zehn Tage pro Kalenderjahr (§ 45 Abs. 1 und 2 SGB V) bei gleichzeitigem Anspruch auf Freistellung von der Arbeit durch den Arbeitgeber im gleichen Umfang (§ 45 Abs. 3 SGB V). Der Anspruch besteht bei mehreren Kindern nebeneinander. Darüber hinaus besteht ein Anspruch auf Krankengeld auch dann, wenn das Kind tödlich erkrankt ist und nur noch wenige Wochen oder Monate zu leben hat (§ 45 Abs. 4 SGB V).

Der Anspruch auf Krankengeld **ruht** in folgenden Fallkonstellationen(§ 49 SGB V):

1. soweit und solange Versicherte beitragspflichtiges Arbeitsentgelt oder Arbeitseinkommen erhalten; dies gilt nicht für einmalig gezahltes Arbeitsentgelt,

2. solange Versicherte Elternzeit nach dem Bundeselterngeld- und Elternzeitgesetz in Anspruch nehmen; dies gilt nicht, wenn die Arbeitsunfähigkeit vor Beginn der Elternzeit eingetreten ist oder das Krankengeld aus dem Arbeitsentgelt zu berechnen ist, das aus einer versicherungspflichtigen Beschäftigung während der Elternzeit erzielt worden ist,

3. soweit und solange Versicherte Versorgungskrankengeld, Übergangsgeld, Unterhaltsgeld oder Kurzarbeitergeld oder Qualifizierungsgeld beziehen,

3a. soweit er auf der Erkrankung eines Kindes beruht, das für die Versicherte oder den Versicherten Anspruch auf Versorgungskrankengeld oder Krankengeld der Sozialen Entschädigung Krankengeld der Soldatenentschädigung hat,

3b. solange Versicherte Mutterschaftsgeld oder Arbeitslosengeld beziehen oder der Anspruch wegen einer Sperrzeit nach dem SGB III ruht,

4. soweit und solange Versicherte Entgeltersatzleistungen, die ihrer Art nach den in Nummer 3 genannten Leistungen vergleichbar sind, von einem Träger der Sozialversicherung oder einer staatlichen Stelle im Ausland erhalten,

5. solange die Arbeitsunfähigkeit der Krankenkasse nicht gemeldet wird; dies gilt nicht, wenn die Meldung innerhalb einer Woche nach Beginn der Arbeitsunfähigkeit oder die Übermittlung der Arbeitsunfähigkeitsdaten im elektronischen Verfahren nach § 295 Abs. 1 Satz 10 SGB V erfolgt,

6. soweit und solange für Zeiten einer Freistellung von der Arbeitsleistung (§ 7 Abs. 1a SGB IV) eine Arbeitsleistung nicht geschuldet wird,

7. während der ersten sechs Wochen der Arbeitsunfähigkeit für Versicherte, die eine Wahlerklärung nach § 44 Abs. 2 Satz 1 Nr. 3 SGB V abgegeben haben.

(...)

Hinweis wegen nahtloser Weiterzahlung von Krankengeld

Krankengeld wird kalendertäglich gezahlt. Liegt eine Krankschreibung bis zu einem Freitag der laufenden Woche vor, muss – um die Nahtlosigkeit der Zahlung sicherzustellen –, die darüber hinausgehende Krankschreibung am Freitag erfolgen und der Krankenkasse spätestens am darauffolgenden Montag nachgewiesen werden.

Beispiel: Nachweis der weiteren Arbeitsunfähigkeit bei Krankengeldbezug

AU-Bescheinigung liegt vor für die Zeit vom Freitag, den 2.10.2020 bis zum Freitag, 16.10.2020. Eine Arbeitsunfähigkeit liegt aber über den Freitag, 16.10.2020 hinaus vor.

Um den Krankengeldanspruch für die Zeit Samstag, 17.10.2020 und Sonntag, 18.10.2020 nicht zu verlieren, muss am Montag, 19.10.2020 der Krankenkasse eine Bescheinigung mit Datum Freitag, 16.10.2020 bis Freitag 30.10.2020 vorgelegt werden.

Zuständig ist die Krankenkasse, bei der der Klient versichert ist (§ 2 SGB V). Die gesetzlichen Krankenkassen gliedern sich wie folgt (§ 4 Abs. 2 SGB V):

- Allgemeine Ortskrankenkassen,
- Betriebskrankenkassen,
- Innungskrankenkassen,

  Sozialversicherung für Landwirtschaft, Forsten und Gartenbau als Träger der Krankenversicherung der Landwirte,
- Deutsche Rentenversicherung Knappschaft-Bahn-See als Träger der Krankenversicherung,
- Ersatzkassen.

3. Versorgungskrankengeld (§ 64 Abs. 1 Nr. 1 SGB IX, §§ 16 bis 16h BVG)

Anspruch auf Versorgung durch das Bundesversorgungsgesetz (BVG) haben Menschen, die durch

> „eine militärische oder militärähnliche Dienstverrichtung oder durch einen Unfall während der Ausübung des militärischen oder militärähnlichen Dienstes oder durch die diesem Dienst eigentümlichen Verhältnisse eine gesundheitliche Schädigung erlitten"

haben (§ 1 Abs. 1 BVG). Das sind ehemalige Wehrmachtsangehörige genauso wie Angehörige der Bundeswehr, Vertriebene und Spätaussiedler (§ 2 BVG).

Zuständig sind in der Regel die Versorgungsämter der Länder.

Ziel ist der Schadensausgleich einer gesundheitlichen Schädigung.

Die **Umsetzung** der Leistungen des BVG erfolgt, indem folgende Leistungen beansprucht werden können (§ 9 BVG):

- Heilbehandlung, Versehrtenleibesübungen und Krankenbehandlung (§§ 10 bis 24a BVG),
- Leistungen der Kriegsopferfürsorge (§§ 25 bis 27j BVG),
- Beschädigtenrente (§§ 29 bis 34 BVG) und Pflegezulage (§ 35 BVG),
- Bestattungsgeld (§ 36 BVG) und Sterbegeld (§ 37 BVG),
- Hinterbliebenenrente (§§ 38 bis 52 BVG),
- Bestattungsgeld beim Tod von Hinterbliebenen (§ 53 BVG).

Im Rahmen eines Persönlichen Budgets auch:

- Leistungen der Heil- und Krankenbehandlung,
- Leistungen zur Teilhabe am Arbeitsleben nach den §§ 26 und 26a BVG,
- Leistungen zur Teilhabe nach § 27d Abs. 1 Nr. 3 BVG,
- Leistungen der Hilfe zur Pflege nach § 26c BVG einschließlich der Hilfe zur Weiterführung des Haushalts nach § 26d BVG und
- die Pflegezulage nach § 35 BVG.

Versorgungskrankengeld wird während der Dauer der Arbeitsunfähigkeit gezahlt. Es beträgt 80 % des Brutto-„Regelarbeitsentgelts" und darf nicht höher sein als das regelmäßige Netto-Arbeitsentgelt.

4. Verletztengeld (§ 64 Abs. 1 Nr. 1 SGB IX, §§ 45 bis 48 SGB VII)

Verletztenkrankengeld ist eine **Lohnersatzleistung**. Es beträgt 80 % des Brutto- „Regelarbeitsentgelts" und darf das entgangene durchschnittliche Nettoarbeitsentgelt nicht übersteigen (§ 47 Abs. 1 SGB VII). Voraussetzung ist Arbeitsunfähigkeit wegen eines Arbeitsunfalls (§ 45 SGB VII).

Zuständig sind die Träger der Unfallversicherung, in der Regel oder überwiegend also die Berufsgenossenschaften.

Ziel ist es, einen erlittenen Schaden auszugleichen.

5. Ausbildungsgeld (§ 64 Abs. 1 Nr. 1 SGB IX, §§ 122 bis 126 SGB III)

Das Ausbildungsgeld ist nach § 64 Abs. 1 Nr. 1 SGB IX eine **ergänzende Leistung** für die Leistungen zur Rehabilitation und Teilhabe. Die Sozialleistung wird für Menschen mit Behinderungen erbracht, wenn sie eine Erstausbildung durchlaufen und keinen Anspruch auf Übergangsgeld haben.

Als **Erstausbildung** gelten auch

- eine berufsvorbereitende Bildungsmaßnahme (BvB),
- ein Berufsgrundbildungsjahr (BGJ),
- eine individuelle betriebliche Qualifizierung im Rahmen der Unterstützten Beschäftigung,
- eine Maßnahme im Eingangsverfahren einer Werkstatt für behinderte Menschen oder bei einem anderen Leistungsanbieter nach § 60 SGB IX,
- eine Maßnahme im Berufsbildungsbereich einer Werkstatt für behinderte Menschen oder bei einem anderen Leistungsanbieter nach § 60 SGB IX.

Das Ausbildungsgeld gehört innerhalb der Vorschriften des SGB III zu dem Bereich der **aktiven Arbeitsmarkförderung** und hierbei speziell in den Bereich der Teilhabe behinderter Menschen am Arbeitsmarkt. Dort wiederum gehört es zu den besonderen Leistungen. Näheres ist in den §§ 122 bis 126 SGB III geregelt.

Das **Ausbildungsgeld** ist unter Umständen vom Einkommen abhängig. Das Einkommen des Ausbildungsgeldempfängers bleibt **anrechnungsfrei**, wenn

- es in einer Maßnahme in einer anerkannten Werkstatt für behinderte Menschen oder bei einem anderen Leistungsanbieter nach § 60 SGB IX erzielt wird (§ 126 Abs. 1 SGB III),
- aus Waisenrenten, Waisengeld oder aus Unterhaltsleistungen bis zu 352,00 EUR monatlich besteht (§ 126 Abs. 2 Nr. 1 SGB III).

Einkommen anderer Personen wird **nicht angerechnet**, soweit es sich um Einkommen handelt von

- Eltern, das 4.623.00 EUR monatlich nicht überschreitet (§ 126 Abs. 2 Nr. 2 SGB III),
- des verwitweten Elternteils und 2.880,00 EUR nicht überschreitet (§ 126 Abs. 2 Nr. 2 SGB III) oder
- des getrennt lebenden Elternteils und das Einkommen des Elternteils, bei dem der behinderte Mensch lebt (ohne Anrechnung des Einkommens des anderen Elternteils) 2.880,00 EUR monatlich nicht überschreitet (§ 126 Abs. 2 Nr. 2 SGB III),
- des Ehegatten oder des Lebenspartners und 2.880,00 EUR monatlich nicht übersteigt (§ 126 Abs. 2 Nr. 3 SGB III).

Übersicht: Ausbildungsgeld nach §§ 123 bis 125 SGB III

Ausbildungsart / Ausbildungsgeld	Berufsausbildung	Berufsvorbereitende Bildungsmaßnahmen	Unterstützte Beschäftigung	Grundausbildung
bei Unterbringung im Haushalt der Eltern oder eines Elternteils	• **442,00 EUR monatlich**, wenn der behinderte Mensch unverheiratet oder nicht in einer Lebenspartnerschaft verbunden ist und das 21. Lebensjahr noch nicht vollendet hat, zzgl. 56,00 EUR. • im Übrigen **515,00 EUR bis 620,00 EUR monatlich** (§ 17 Abs. 2 BBiG)	der jeweils nach § 12 Abs. 1 Nr. 1 BAFöG geltende Bedarf **(z.Zt. 247,00 EUR)**	der jeweils nach § 12 Abs. 1 Nr. 1 BAFöG geltende Bedarf **(z.Zt. 247 EUR)**	der jeweils nach § 12 Abs. 1 Nr. 1 BAFöG geltende Bedarf **(z.Zt. 133,00 EUR)**
bei Unterbringung in einem Wohnheim, Internat, bei der oder dem Ausbildenden oder in einer besonderen Einrichtung für behinderte Menschen	**133,00 EUR monatlich**, wenn die Kosten für Unterbringung und Verpflegung von der Agentur für Arbeit oder einem anderen Leistungsträger übernommen werden	**133,00 EUR monatlich**, wenn die Kosten für Unterbringung und Verpflegung von der Agentur für Arbeit oder einem anderen Leistungsträger übernommen werden	kein Ausbildungsgeld	**133,00 EUR monatlich**, wenn die Kosten für Unterbringung und Verpflegung von der Agentur für Arbeit oder einem anderen Leistungsträger übernommen werden

Ausbildungsart / Ausbildungsgeld	Berufsausbildung	Berufsvorbereitende Bildungsmaßnahmen	Unterstützte Beschäftigung	Grundausbildung
bei anderweitiger Unterbringung und Kostenerstattung für Unterbringung und Verpflegung	• **442,00 EUR monatlich**, wenn der behinderte Mensch unverheiratet oder nicht in einer Lebenspartnerschaft verbunden ist und das 21. Lebensjahr noch nicht vollendet hat • im Übrigen **515,00 EUR bis 620,00 EUR monatlich**	**666,00 EUR monatlich** (§ 12 Abs. 2 Nr. 1 BAFöG)	kein Ausbildungsgeld	**666,00 EUR monatlich**
bei anderweitiger Unterbringung ohne Kostenerstattung für Unterbringung und Verpflegung	der jeweils nach § 13 Abs. 1 Nr. 1 BAföG geltende Bedarf **(z.Zt. 442,00 EUR) zzgl. 380,00 EUR monatlich** für die Unterkunft	**666,00 EUR monatlich**	kein Ausbildungsgeld	**666,00 EUR monatlich**

6. Unterhaltsbeihilfe (§ 64 Abs. 1 Nr. 1 SGB IX)

kann gezahlt werden für Menschen, die seit der Geburt behindert sind oder als Kind eine Behinderung erlitten haben im Falle der Gewährung von Leistungen zur Teilhabe am Arbeitsleben – z.B. im Berufsbildungsbereich einer Werkstatt für Menschen mit Behinderung – und die keinen Anspruch auf Übergangsgeld haben, weil noch keine Erwerbstätigkeit ausgeübt werden konnte.

Zuständig sind die Träger der Kriegsopferfürsorge.

Die Leistungen werden auf Antrag geleistet und sind als **Zuschuss zu den laufenden Kosten des Lebensunterhalts** zu sehen. Grundlage für die Leistung sind die §§ 26 und 26a BVG.

Für die **Höhe** der Unterhaltsbeihilfe sind die Vorschriften des BVG über Leistungen für den Lebensunterhalt bei Gewährung von Erziehungsbeihilfe (§ 27 BVG) sinngemäß anzuwenden (§ 26a Abs. 3 Satz 2 BVG). Einkommen und Vermögen werden ggf. angerechnet (§ 27 Abs. 2 BVG).

Sollten zur Sicherstellung des Lebensunterhalts weitere Zahlungen erforderlich sein, kann der Träger der Kriegsopferfürsorge die Unterhaltsbeihilfe durch weitere Zahlungen für den Lebensunterhalt ergänzen (§ 27a BVG). Diese beiden Leistungen werden während der Teilnahme gezahlt an:

- Leistungen zur erstmaligen beruflichen Ausbildung behinderter Menschen,
- berufsvorbereitenden Bildungsmaßnahmen,
- Leistungen zur individuellen betrieblichen Qualifizierung im Rahmen Unterstützter Beschäftigung (§ 55 SGB IX) sowie
- im Eingangsverfahren und im Berufsbildungsbereich von Werkstätten für behinderte Menschen.

7. Beiträge und Beitragszuschüsse vor allem zur gesetzlichen Sozialversicherung (§ 64 Abs. 1 Nr. 2 SGB IX)

Ob während der Gewährung von Leistungen der medizinischen Rehabilitation oder der Teilhabe am Arbeitsleben Beiträge zur gesetzlichen Sozialversicherung gezahlt werden, richtet sich ausschließlich nach den für die jeweils zuständigen Rehabilitationsträger geltenden **Spezialgesetzen**.

Wenn während der Inanspruchnahme von Leistungen der medizinischen Rehabilitation und Teilhabe am Arbeitsleben keine andere Möglichkeit der **Absicherung der Risiken für Krankheit und Pflege** bestehen, können auch Beitragszuschüsse zu freiwilligen oder privaten Kranken- und Pflegeversicherungen gezahlt werden (§ 64 Abs. 2 Satz 1 SGB IX).

8. Kosten für Unterkunft und Verpflegung bei beruflichen Rehabilitationsmaßnahmen (§ 49 Abs. 7 Nr. 1 SGB IX)

Die Kosten für Unterkunft und Verpflegung bei beruflichen Rehabilitationsmaßnahmen sind Teil der **Leistungen zur Teilhabe am Arbeitsleben**, wenn

> „für die Ausführung einer Leistung eine Unterbringung außerhalb des eigenen oder des elterlichen Haushalts wegen Art oder Schwere der Behinderung oder zur Sicherung des Erfolges der Teilhabe am Arbeitsleben notwendig ist“[60].

9. Reisekosten (§ 64 Abs. 1 Nr. 5 SGB IX, § 73 SGB IX)

Reisekosten können beansprucht werden, wenn Leistungen zur medizinischen Rehabilitation oder Leistungen zur Teilhabe am Arbeitsleben gewährt werden (§ 73 Abs. 1 Satz 1 2. HS SGB IX). Zu den Reisekosten gehören Fahr-, Verpflegungs- und Übernachtungskosten (§ 73 Abs. 1 Satz 1. 1. HS SGB IX).

60 Auszugsweise zitiert aus § 49 Abs. 7 Nr. 1 SGB IX

Zusätzlich werden auch Kosten übernommen

1. für besondere Beförderungsmittel, deren Inanspruchnahme wegen der Art oder Schwere der Behinderung erforderlich ist,
2. für eine wegen der Behinderung erforderliche Begleitperson einschließlich des für die Zeit der Begleitung entstehenden Verdienstausfalls,
3. für Kinder, deren Mitnahme an den Rehabilitationsort erforderlich ist, weil ihre anderweitige Betreuung nicht sichergestellt ist sowie
4. für den erforderlichen Gepäcktransport.[61]

Reisekosten für Familienheimfahrten werden zweimal im Monat übernommen (§ 73 Abs. 2 SGB IX) bei Leistungen der medizinischen Rehabilitation in den Fällen, in denen die Leistungen länger als acht Wochen gewährt werden (§ 73 Abs. 3 SGB IX). Grundsätzlich werden die Kosten in der **Höhe** übernommen, wie sie bei der Benutzung von **öffentlichen Verkehrsmitteln** anfallen (§ 73 Abs. 4 SGB IX).

10. Betriebs- oder Haushaltshilfe und Kinderbetreuungskosten (§ 64 Abs. 1 Nr. 6 SGB IX)

Betriebs- und Haushaltshilfen stehen oft im Zusammenhang mit der Weiterführung des Haushalts während der Durchführung von Leistungen der medizinischen Rehabilitation oder der Teilhabe am Arbeitsleben. Bedingung ist in der Regel auch die **Versorgung eines minderjährigen Kindes**. Werden Kinderbetreuungskosten übernommen, fällt in der Regel die Möglichkeit der Kostenübernahme für eine Haushaltshilfe weg.

Praxistipp

Die Kostenübernahme für Kinderbetreuungskosten kommt grundsätzlich bei allen Rehabilitations- und Teilhabeleistungen in Betracht. Alle Rehabilitationsträger können auch zuständig sein. Die Bedingungen unterscheiden sich nur wenig und in der Regel ist ein monatlicher Höchstbetrag festgelegt.

Es besteht aber auch die Möglichkeit der Mitnahme des Kindes zu der Maßnahme der Rehabilitation oder Teilhabe, soweit eine stationäre Maßnahme durchgeführt wird und andere Möglichkeiten nicht zur Verfügung stehen.

61 Auszugsweise zitiert § 73 Abs. 1 S. 2 SGB IX

11. Ärztlich verordneter Rehabilitationssport (§ 64 Abs. 1 Nr. 3 SGB IX), ärztlich verordnetes Funktionstraining (§ 64 Abs. 1 Nr. 4 SGB IX) und Übungen für behinderte oder von Behinderung bedrohte Frauen und Mädchen, die der Stärkung des Selbstbewusstseins dienen (§ 64 Abs. 1 Nr. 3 SGB IX)

Rehabilitationssport und Funktionstraining sind Leistungen folgender **Rehabilitationsträger**:

- Krankenversicherung (siehe auch § 43 SGB V),
- Rentenversicherung (siehe auch § 28 SGB V und § 10 Abs. 1 ALG),
- Unfallversicherung (siehe auch § 39 SGB VII),
- Träger der Kriegsopferversorgung (siehe auch §§ 11 Abs. 5; 12 Abs. 1 BVG).

Rehabilitationssport wird umgangssprachlich auch als „Behindertensport" bezeichnet, dient eher der allgemeinen körperlichen Ertüchtigung, kann aber im Zusammenhang mit Leistungen der medizinischen Rehabilitation durchaus von Nutzen sein. Funktionstraining dagegen richtet sich eher an den Stütz- und Bewegungsapparat und beinhaltet Leistungen der Krankengymnastik und Ergotherapie.

Grundlage ist in der Regel eine **ärztliche Verordnung**. Die Rentenversicherung übernimmt unter bestimmten Bedingungen die Kosten für Rehabilitationssport und Funktionstraining auch im Anschluss an eine Maßnahme der medizinischen Rehabilitation. Die Unfallversicherung übernimmt die Kosten auch im Rahmen der Leistungen zur Teilhabe am Arbeitsleben und der Teilhabe am Leben in der Gemeinschaft.

Einzelheiten ergeben sich aus einer Rahmenvereinbarung der Bundesarbeitsgemeinschaft für Rehabilitation (BAR).[62]

62 Siehe: https://www.bar-frankfurt.de/themen/rehasport-und-funktionstraining/publikationen/was-sagt-mir-die-rahmenvereinbarung-rehabilitationssport-und-funktionstraining.html (Abruf: 30.10.2025)

G Leistungen zur Sicherung des Lebensunterhalts

Jenseits von Teilhabeleistungen und dazugehörigen ergänzenden Leistungen gehören **Geldleistungen** für den Lebensunterhalt zu den wichtigsten Sozialleistungen und spielen eine große Rolle in der Betreuungspraxis. Darunter fallen:

- Hilfe zum Lebensunterhalt nach SGB XII (§§ 27 bis 40 SGB XII),
- Grundsicherung (GruSi) nach SGB XII (§§ 41bis 46b SGB XII),
- GruSi (Bürgergeld a.F.) nach SGB II (§§ 20 bis 23 SGB II),
- ALG I (§§ 136 bis 162 SGB III),
- Übergangsgeld (§§ 119 bis 126 SGB III; §§ 20, 21, 234, 234a SGB VI),
- Ausbildungsgeld (§122 SGB III),
- Wohngeld,
- Kindergeld,
- Erwerbsminderungsrente,
- Altersrente,
- Rente als Opfer einer Straftat,
- Unterhalt und Unterhaltsvorschuss,
- usw.

Die nachfolgende Übersicht verdeutlicht die **Unterschiede** zwischen Hilfe zum Lebensunterhalt nach dem SGB XII und Grundsicherung nach dem SGB XII[63]

Übersicht: Hilfe zum Lebensunterhalt und Grundsicherung

Hilfe zum Lebensunterhalt (3. Kapitel SGB XII)	Grundsicherung (4. Kapitel SGB XII)
Unter 65 Jahre und befristet erwerbsgemindert im Sinne der gesetzlichen Rentenversicherung	Über 65 Jahre (ab Jahrgang 1947 älter entspr. Rentenversicherung)
Länger als 6 Monate stationärer Aufenthalt, obwohl nicht erwerbsgemindert	Unter 65 Jahre und auf Dauer erwerbsgemindert im Sinne der gesetzlichen Rentenversicherung
Unter 15 Jahre und nicht in einer Bedarfsgemeinschaft nach dem SGB II (z.B. Pflegekind bei Verwandten)	Keine Regelung

63 Siehe auch: https://www.bmas.de/DE/Soziales/Sozialhilfe/Leistungen-fuer-den-Lebensunterhalt/leistungen-fuer-den-lebensunterhalt.html (Abruf am 12.1.2026)

Hilfe zum Lebensunterhalt (3. Kapitel SGB XII)	Grundsicherung (4. Kapitel SGB XII)
Keine Regelung	**Ausnahme** bei Grundsicherung: In den letzten 10 Jahren vor Antragstellung wurde die Bedürftigkeit vorsätzlich oder grob fahrlässig herbeigeführt, dann HLU
Überprüfung der unterhaltspflichtigen Angehörigen und ggf. Festsetzung eines monatlichen Unterhaltsbeitrages	Keine Überprüfung unterhaltspflichtiger Angehöriger, es sei denn, deren Einkommen ist höher als 100.000 EUR p.a.
Leistung vom Tag des Bekanntwerdens der Bedürftigkeit	Leistung vom Beginn des Kalendermonats, in dem der Antrag gestellt wird

Diese Hilfen sind allgemein unter dem Begriff „Sozialhilfe" bekannt.

Die Höhe der Leistungen ist bei beiden Hilfen gleich!

Zusätzliche Vergünstigungen

Die Empfänger von HLU oder Grundsicherung können Anträge stellen auf:

- Befreiung von der Rundfunk- und Fernsehbeitragspflicht
- einen günstigeren günstigen Tarif bei der Telekom
- Befreiung von Zuzahlungen bei der Krankenversicherung

Wichtig

- Wer Hilfe nach Kapitel 3 (HLU) oder Kapitel 4 (Grundsicherung) bekommt, dem wird kein Wohngeld bewilligt!
- Beide Hilfen können **nicht gleichzeitig** gewährt werden!

In diesem Kapitel werden die wichtigsten Leistungen zur Sicherung des Lebensunterhalts aufgeführt.

I. Hilfe zum Lebensunterhalt nach SGB XII (§§ 27 bis 40 SGB XII)

Die Hilfe zum Lebensunterhalt (HLU) ist – genauso wie die Grundsicherung – eine **bedarfsorientierte Leistung** zur Sicherstellung des Lebensunterhalts. Abgesichert wird das so genannte soziokulturelle Existenzminimum.[64]

Ziel ist es also, das soziokulturelle Existenzminimum abzusichern und so ein menschenwürdiges Leben zu garantieren.

Die Hilfe zum Lebensunterhalt ist im 3. Kapitel des SGB XII geregelt (siehe §§ 27 bis 40 SGB XII).

64 Er umfasst den materiellen Bedarf, der unerlässlich ist, um bei sparsamem Wirtschaften am gesellschaftlichen Leben teilhaben zu können. Siehe https://wirtschaftslexikon.gabler.de/definition/existenzminimum-35288 (Abruf am: 21.10.2025)

Als **Voraussetzung** um es zu erhalten, müssen

- eine finanzielle Notlage und
- eine Bedürftigkeit (kein oder ein zu geringes eigenes Einkommen und kein oder ein zu geringes Vermögen; keine umsetzbaren Unterhaltsansprüche)

nachgewiesen werden. Da die Hilfe zum Lebensunterhalt die **letzte Möglichkeit** ist, eine finanzielle Hilfe zur Deckung der Kosten des täglichen Lebens zu erhalten, müssen zunächst alle vorrangigen Leistungen, also auch ggf. vorhandene Unterhaltsansprüche realisiert werden. Auf die Leistung hat man – wenn die Voraussetzungen erfüllt sind – einen Rechtsanspruch. Warum die Notlage entstanden ist, hat in der Regel keinen Einfluss auf den Anspruch.

Im Rahmen der Umsetzung deckt die HLU die **Kosten für**

- den notwendigen Lebensunterhalt in und außerhalb von Einrichtungen (siehe §§ 27, 27a SGB XII),
- Mehrbedarfe, die ggf. zusätzlich gewährt werden (siehe §§ 30 bis 33 SGB XII),
- die Bildung und Teilhabe (siehe §§ 34 bis 34b SGB XII) und
- die Unterkunft und Heizung (siehe §§ 35 bis 36 SGB XII).

Es können aber auch **Darlehen** (siehe §§ 37 bis 38 SGB XII) gewährt werden.

Unter bestimmten Bedingungen kann die Hilfe auch verweigert oder verkürzt gezahlt werden (siehe §§ 39, 39a SGB XII).

Zuständig für die Leistungen sind die örtlichen Träger der Sozialhilfe. In den meisten Bundesländern sind dies die Landkreisverwaltungen oder die kreisfreien Städte. Die Hilfe setzt auch **ohne Antrag** ein, sobald dem Träger der Sozialhilfe die Notlage bekannt wird und die Voraussetzungen für die Leistungsgewährung gegeben sind (siehe § 18 Abs. 1 SGB XII). In der Regel jedoch muss auch hier ein **Antragsvordruck** ausgefüllt und die darin gemachten Angaben glaubhaft gemacht werden.

Jede Behörde braucht zur eigenen, internen Nachweisführung etwas zum Abheften in der Leistungsakte. Daher wird in den allermeisten Fällen zur Glaubhaftmachung die Vorlage von Beweisurkunden verlangt. Es müssen also **Belege, Dokumente und Urkunden** vorgelegt werden oder der Vorlage zugestimmt werden (siehe §§ 60 ff. SGB I).

Leistungsberechtigt ist, wer bedürftig ist. Bedürftig ist, wer kein eigenes einzusetzendes Einkommen oder Vermögen hat oder dessen eigenes Einkommen oder Vermögen nicht ausreicht, den notwendigen Lebensunterhalt zu finanzieren (siehe § 27 SGB XII).

Die Hilfe zum Lebensunterhalt setzt sich aus den folgenden Teilbedarfen zusammen:

- Regelsatz **+**
- Unterkunft **+**
- Heizung **+**
- Mehrbedarfe **+**
- Beiträge Pflege und KV.

Abzüglich des „bereinigten Einkommens" ergibt die Summe der Teilbedarfe die **Zahlung des Regelbedarfs**.

Der notwendige **Lebensunterhalt** besteht aus

a) den Bedarfen für

- Ernährung,
- Kleidung,
- Körperpflege,
- Hausrat,
- Haushaltsenergie, ohne die auf Heizung und Erzeugung von Warmwasser entfallenden Anteile,
- persönliche Bedürfnisse des täglichen Lebens (zu den persönlichen Bedürfnissen des täglichen Lebens gehört in vertretbarem Umfang eine Teilhabe am sozialen und kulturellen Leben in der Gemeinschaft)

sowie

b) den Bedarfen für

- Unterkunft (Kaltmiete plus Nebenkosten) und
- Heizung.

Die Bedarfe zu **a)** bilden den Regelbedarf. Diese Bedarfe werden in einem **Regelsatz** abgebildet (siehe § 27a SGB XII). Weicht hingegen der individuelle Bedarf regelmäßig von dem pauschal gedeckten Bedarf ab, dann kann auch abweichend davon ein anderer Regelsatz festgelegt werden (siehe § 27a Abs. 4 SGB XII).

Der Regelsatz ist eine **Pauschale**. Das bedeutet, dass der Leistungsträger eine zweckgebundene Verwendung unterstellt.

> „Der Regelsatz stellt einen monatlichen Pauschalbetrag zur Bestreitung des Regelbedarfs dar, über dessen Verwendung die Leistungsberechtigten eigenverantwortlich entscheiden."[65]

Mit der pauschalen Abgeltung des Bedarfs bestehen keine weiteren Zahlungsverpflichtungen durch den Leistungsträger (z.B. wegen einer nicht zweckgemäßen Verwendung).

Sollte der Regelsatz im laufenden Monat verloren gehen (z.B. dadurch, dass die Geldbörse verloren gegangen ist), besteht kein Rechtsanspruch auf erneute Zahlung des Regelsatzes. Der Fürsorgeauftrag des Sozialstaates gebietet es aber, dafür Sorge zu tragen und Möglichkeiten zu finden, eine auf das absolute Existenzminimum reduzierte Bedarfsdeckung zu realisieren. In der Regel werden dann Lebensmittelgutscheine ausgegeben. Die zusätzlichen Kosten werden unter Umständen mit der laufenden Hilfe des Folgemonats verrechnet (siehe § 26 Abs. 3 SGB XII).

HLU wird **monatlich im Voraus** gezahlt. Andere Leistungen haben unter Umständen einen anderen Zahlungszeitpunkt (z.B. am Monatsende für den laufenden Monat – Rente, Arbeitslohn). Hieraus kann immer dann ein praktisches Problem entstehen, wenn sich einzelne Bestandteile der Bedarfssicherung verändern. Selbst erzieltes Einkommen darf immer nur zeit-

65 Siehe § 27a Abs. 3 SGB XII

und zweckidentisch angerechnet werden. So darf am Monatsende gezahltes Arbeitsentgelt nicht auf den Folgemonat angerechnet werden (obwohl es ja tatsächlich da ist und deshalb ja auch genutzt werden kann). Am Monatsende gezahltes Arbeitsentgelt steht aber am Anfang des Monats noch nicht zur Verfügung. Für diesen Fall ist geregelt, dass die **laufende Hilfe** für den laufenden Monat („*auf Antrag*") **als Darlehen** gezahlt wird (siehe § 37a SGB XII).

1. Regelsätze

Der Regelsatz setzt sich wie folgt zusammen:[66]

Übersicht: Regelsätze SGB XII

Leistungsbezieher/ Leistung	**Erwachsener, älter als18 Jahre**	**Kinder bis zur Vollendung des sechsten Lebensjahres**	**Kinder vom Beginn des siebten bis zur Vollendung des 14. Lebensjahres**	**Jugendliche vom Beginn des 15. bis zur Vollendung des 18. Lebensjahres**
Gesamtbetrag (100 %)	563,00 EUR	357,00 EUR	390,00 EUR	441,00 EUR
Abteilung 1 und 2 (Nahrungsmittel, Getränke, Tabakwaren)	34,7 % = 195,36 EUR	32,8 % = 117,15 EUR	39,2 % = 152,83 EUR	44,1 % = 194,59 EUR
Abteilung 3 (Bekleidung und Schuhe)	8,3 % = 46,71 EUR	16,0 % = 57,14 EUR	12,1 % = 47,25 EUR	11,9 % = 52,63 EUR
Abteilung 4 (Wohnungsmieten, Energie und Wohnungsinstandhaltung)	8,5 % = 47,73 EUR	3,1 % = 11,17 EUR	4,6 % = 18,00 EUR	5,4 % = 23,94 EUR
Abteilung 5 (Innenausstattung, Haushaltsgeräte und -gegenstände, laufende Haushaltsführung)	6,1 % = 34,29 EUR	5,7 % = 20,49 EUR	4,3 % = 16,69 EUR	4,6 % = 20,13 EUR
Abteilung 6 (Gesundheitspflege)	3,8 % = 21,48 EUR	2,9 % = 10,43 EUR	2,6 % = 10,28 EUR	3,0 % = 13,02 EUR
Abteilung 7 (Verkehr)	9,0 % = 50,50 EUR	9,2 % = 32,86 EUR	8,0 % = 31,07 EUR	6,3 % = 27,81 EUR

66 Siehe § 28 SGB XIII, Anlage 01; § 7 Regelbedarfs-Ermittlungsgesetz vom 9. Dezember 2020 (RBEG); eigene Berechnung

Leistungsbezieher/ Leistung	**Erwachsener, älter als18 Jahre**	**Kinder bis zur Vollendung des sechsten Lebensjahres**	**Kinder vom Beginn des siebten bis zur Vollendung des 14. Lebensjahres**	**Jugendliche vom Beginn des 15. bis zur Vollendung des 18. Lebensjahres**
Abteilung 8 (Post und Telekommunikation)	8,9 % = 50,34 EUR	8,8 % = 31,24 EUR	8,7 % = 33,80 EUR	7,2 % = 31,61 EUR
Abteilung 9 (Freizeit, Unterhaltung und Kultur)	9,8 % = 54,93 EUR	16,0 % = 57,15 EUR	14,3 % = 55,85 EUR	10,5 % = 46,34 EUR
Abteilung 10 (Bildungswesen)	0,4 % = 2,03 EUR	0,5 % = 1,93 EUR	0,5 % = 2,02 EUR	0,2 % = 0,78 EUR
Abteilung 11 (Beherbergungs- und Gaststättendienstleistungen)	2,6 % = 14,71 EUR	1,1 % = 4,02 EUR	2,3 % = 8,82 EUR	2,8 % = 12,45 EUR
Abteilung 12 (andere Waren und Dienstleistungen)	8,0 % = 44,93 EUR	3,8 % = 13,42 EUR	3,4 % = 13,39 EUR	4,0 % = 17,71 EUR

Da es sich bei dem Regelsatz um eine pauschale Bedarfsdeckung des notwendigen Lebensunterhalts handelt, wurden für vorhersehbare Ausnahmesituationen gesetzlich vorgesehene Steigerungsbeträge vorgesehen.

2. Mehrbedarfe und Krankenkostzulagen

Der notwendige Lebensunterhalt wird ergänzt durch Mehrbedarfe und Krankenkostzulagen (siehe § 30 SGB XII)

Übersicht: Berechtigte für Mehrbedarfe und Krankenkostzulagen

Berechtigte/Berechtigung	**Höhe Mehrbedarfszuschlag**[67]
Personen, die eine volle Erwerbsminderungsrente oder eine Regelaltersrente beziehen **und** Merkzeichen G oder Merkzeichen aG haben	17 % des *maßgebenden* RS
Schwangere mit Beginn der 13. Schwangerschaftswoche (bis zum Ende des Entbindungsmonats)	17 % des *maßgebenden* RS

67 Soweit nicht ein abweichender Bedarf im Einzelfall nachweisbar ist, § 30 SGB XII

Berechtigte/Berechtigung	Höhe Mehrbedarfszuschlag[67]
Alleinerziehende, die mit einem oder mehreren minderjährigen Kindern zusammenleben und diese(s) versorgen: für ein Kind unter 7 Jahren oder für 2 bzw. 3 Kinder unter 16 Jahren	36 % des Eck-RS
Alleinerziehende, die mit einem oder mehreren minderjährigen Kindern zusammenleben und diese(s) versorgen: für jedes Kind, das die Voraussetzungen in der vorausgehenden Zeile nicht erfüllt	12 % pro Kind bis insgesamt maximal 60% des Eck-RS
Menschen mit Behinderungen, die das 15. Lebensjahr vollendet haben **und** Eingliederungshilfe für Menschen mit Behinderungen zur Schul-, Aus- oder Fortbildung erhalten	35 % des *maßgebenden* RS
Krankenkostzulage: konsumierende Erkrankungen (z.B. Malignome, Aids, Tuberkulose), gestörte Nährstoffaufnahme bzw. Nährstoffverwertung	10 % des Eck-RS
Krankenkostzulage: Mukoviszidose/zystische Fibrose	10 % des Eck-RS
Krankenkostzulage: Niereninsuffizienz, die mit einer eiweißdefinierten Kost behandelt wird	10 % des Eck-RS
Krankenkostzulage: Niereninsuffizienz mit Dialysediät	20 % des Eck-RS
Krankenkostzulage: Zöliakie/einheimische Sprue (Durchfallerkrankung wegen Überempfindlichkeit gegenüber Klebereiweiß Gluten)	20 % des Eck-RS
Warmwasserkosten: Die Kosten für Warmwasser gehören normalerweise zu Unterkunft und Heizung, aber bei einer dezentralen Warmwasserversorgung (Durchlauferhitzer, Boiler) werden diese Kosten als Mehrbedarf abgerechnet.	2,3 % des **maßgebenden** RS

Zu beachten ist, dass zwischen dem maßgebenden und dem Eck-Regelsatz als Bemessungsgrundlage für die Höhe der Mehrbedarfe unterschieden wird. Der **maßgebende Regelsatz** ist der individuell gültige Regelsatz der Person, die den Mehrbedarfsanspruch geltend machen kann. Der **Eck-Regelsatz** ist immer der Regelsatz der Regelbedarfsstufe 1.

Auch wenn sich der Betroffene in einer Einrichtung aufhält, besteht ein Bedarf für den notwendigen Lebensunterhalt. Darüber hinaus besteht aber noch ein weiterer Bedarf für Bekleidung und für ein Taschengeld (Barbetrag). Letzteres wird auch **weiterer notwendiger Lebensunterhalt** genannt (siehe § 27b SGB XII).

3. Einmalige Bedarfe

Ebenfalls nicht mit den Regelsätzen abgedeckt sind einmalig auftretende Bedarfe (siehe § 31 SGB XII). Diese sind abschließend im Gesetz genannt. Es sind

1. 1. Erstausstattungen für die Wohnung einschließlich Haushaltsgeräten,
2. 2. Erstausstattungen für Bekleidung und Erstausstattungen bei Schwangerschaft und Geburt sowie
3. 3. Anschaffung und Reparaturen von orthopädischen Schuhen, Reparaturen von therapeutischen Geräten und Ausrüstungen sowie die Miete von therapeutischen Geräten.

Eine **Erstausstattung** ist immer ein einmaliger Bedarf. Der einmalige Bedarf kann aber im Laufe eines Lebens durchaus mehr als nur ein Mal auftreten. Sollte z.B. der Hausrat durch Feuer, Wasser etc. unbrauchbar werden und muss Hausrat neu angeschafft werden, dann handelt es sich auch um eine „Erstausstattung". Gleiches gilt, wenn man aus einer Heimunterbringung in die eigene Wohnung zurückkehrt oder z.B. nach einer Scheidung auch in dieser Hinsicht ganz oder teilweise neu anfangen muss.

Einmalige Bedarfe können auch die Personen erhalten, die den laufenden Lebensunterhalt aus eigenem Einkommen sichern können, für die unter 1 bis 3 genannten einmaligen Bedarfe aber keine finanziellen Mittel zur Verfügung haben.

> „In diesem Falle kann das Einkommen berücksichtigt werden, das sie innerhalb eines Zeitraums von bis zu sechs Monaten nach Ablauf des Monats erwerben, in dem über die Leistung entschieden worden ist." (§ 31 Abs. 2 Satz 2 SGB XII)

Beispiel:

Das monatliche laufende Einkommen beträgt 1.100 EUR.

Der monatliche laufende Sozialhilfebedarf beträgt 1.000 EUR.

Es sind also rechnerisch 100 EUR im Monat „übrig".

Die neue Ausstattung der Wohnung mit Möbel und Hausrat verursacht Kosten in Höhe von 2.000 EUR. Das Sozialamt könnte in diesem Fall einen einmaligen Bedarf in Höhe von 1.400 EUR gewähren:

6 Monate x 100 EUR = 600 EUR

2.000 EUR Bedarf abzüglich 600 EUR eigene Ansparleistung = 1.400 EUR

4. Beiträge für die Kranken- und Pflegeversicherung

Für Personen ohne Krankenversicherungsschutz gilt, dass die individuell anfallenden Kosten im Rahmen der **Hilfen zur Gesundheit** übernommen werden (siehe §§ 47 bis 52 SGB XII). Der Sozialhilfeträger wird sich aber immer darum bemühen, dass im Rahmen der HLU die Beiträge zu den gesetzlichen Krankenkassen und den gesetzlichen Pflegekassen und die in diesem Zusammenhang anfallenden **Zusatzbeiträge als Bedarf** anerkannt und entsprechend gezahlt werden können. Das ist für den Sozialhilfeträger finanziell günstiger, entspricht dem

Nachrangprinzip der Sozialhilfe und ist letztlich auch gesetzlich so vorgesehen (siehe § 32 Abs. 1 SGB XII).

Hat ein Leistungsberechtigter eine **private Kranken- und/oder Pflegeversicherung**, so werden die Beiträge des Basistarifs zu 50 % anerkannt und vom Sozialhilfeträger übernommen. Das läuft dann folgendermaßen ab:

Beispiel

Der Versicherungsnehmer lässt sich – weil er wegen seiner Einkommenssituation den KV-Beitrag nicht mehr vollständig zahlen kann – in den Basistarif einstufen. Der Beitrag ist dann identisch mit dem maximalen Beitrag in der gesetzlichen KV.

Der Gesetzgeber hat geregelt, dass der Beitrag in diesem Fall den Betrag des Beitrags nicht überschreiten darf, der auch in der gesetzlichen Krankenkasse gilt (siehe § 152 Abs. 2 und 3 VAG). Kann der Versicherungsnehmer auch diesen Beitrag aus eigenem Einkommen nicht zahlen, so halbiert sich der Beitrag! Darauf hat der Versicherungsnehmer gegenüber seinem Versicherungsunternehmen einen Anspruch (siehe § 152 Abs. 4 VAG).

Ausdrücklich vorgesehen ist, dass die **Kosten für die Zuzahlungen zu Leistungen** der Krankenversicherung bis zur Belastungsgrenze (siehe § 62 SGB V) **als Darlehen** vom Leistungsträger übernommen werden können und in zwölf gleich hohen Raten über das Jahr verteilt mit der laufenden Hilfe verrechnet werden können (siehe § 37 Abs. 2 und 4 SGB XII).

5. Bedarfe für die Vorsorge

Beiträge für die **Alterssicherung** werden entweder bei der Einkommensbereinigung einkommensmindernd berücksichtigt oder aber als Bedarf bei der Berechnung der HLU anerkannt. Das bezieht sich auf

- Beiträge zur gesetzlichen Rentenversicherung und zur landwirtschaftlichen Alterskasse,
- Beiträge zu berufsständischen Versorgungseinrichtungen (wenn sie den gesetzlichen Rentenversicherungen vergleichbare Leistungen erbringen).

Und auch

- Beiträge für private Lebensversicherungen (wenn eine lebenslange monatliche Rentenzahlung vereinbart worden und eine Kapitalabfindung ausgeschlossen ist),
- geförderte Altersvorsorgebeiträge für zertifizierte Rentenversicherungen („Riesterrenten" oder „Rürup-Renten").[68]

6. Bedarfe für Bildung und Teilhabe

Kinder und Jugendliche haben – insbesondere in ihrer Eigenschaft als Schüler einer allgemeinbildenden oder Berufsschule – Bedarfe für Bildung und Teilhabe, die zusätzlich zum im Regelsatz erfassten Bedarf gehören und zusätzlich gezahlt werden (siehe § 34 Abs. 1 SGB XII).

68 Siehe §§ 82 und 86 Einkommenssteuergesetz (EstG) und § 5 Altersvorsorgezertifizierungsgesetz (AltZertG)

In tatsächlicher Höhe gezahlt werden die Kosten für

- Schulausflüge und
- mehrtägige Klassenfahrten im Rahmen der schulrechtlichen Bestimmungen (siehe § 34 Abs. 2 SGB XII).

Zur **Einschulung** zahlt das Sozialamt pauschal 100 EUR, zu Beginn des zweiten Schuljahres noch einmal pauschal 50 EUR (siehe § 34 Abs. 3 SGB XII).

Sofern eine kostenpflichtige **Schülerbeförderung** erforderlich ist, werden die tatsächlich anfallenden Kosten, abzüglich einer monatlichen Eigenbeteiligung in Höhe von 5 EUR, berücksichtigt. Gleiches gilt für die Schulverpflegung. Hier wird allerdings ein Betrag in Höhe von 1 EUR pro Mittagessen als Eigenanteil abgerechnet (siehe § 34 Abs. 4 SGB XII und § 9 RBEG).

Die notwendigen Kosten für **Nachhilfeunterricht** (*„eine schulische Angebote ergänzende angemessene Lernförderung"*, siehe § 34 Abs. 5 SGB XII) werden ebenfalls berücksichtigt.

Mit einer Pauschale in Höhe von 15 EUR monatlich werden die Kosten für

- Mitgliedsbeiträge in den Bereichen Sport, Spiel, Kultur und Geselligkeit,
- Unterricht in künstlerischen Fächern (zum Beispiel Musikunterricht) und vergleichbare angeleitete Aktivitäten der kulturellen Bildung und
- die Teilnahme an Freizeiten

berücksichtigt (siehe § 34 Abs. 7 SGB XII).

7. Bedarfe für Unterkunft und Heizung

Der Gesetzgeber unterscheidet zwischen den Kosten für die Unterkunft und die Kosten für Heizung.

Soweit eine kreisfreie Stadt oder ein Landkreis eine **Satzung mit Regelungen** zu den Kosten für Unterkunft im Rahmen des SGB II (ALG II) erlassen hat, gilt diese auch für die HLU. Das führt zu einer Gleichbehandlung (gleich gut oder gleich schlecht) von Leistungsempfängern nach dem SGB II und denen nach dem SGB XII.

a) Kosten für die Unterkunft

Bei den Kosten für die Unterkunft werden die **tatsächlich anfallenden Kosten** übernommen (siehe § 35 Abs. 1 Satz 1 SGB XII). Sofern es der Leistungsberechtigte wünscht, können die Miete und Nebenkosten auch vom Leistungsträger direkt an den Vermieter überwiesen werden. Der Leistungsträger soll das von sich aus tun, wenn

> „1.Mietrückstände bestehen, die zu einer außerordentlichen Kündigung des Mietverhältnisses berechtigen,
>
> 2. Energiekostenrückstände bestehen, die zu einer Unterbrechung der Energieversorgung berechtigen,

3. konkrete Anhaltspunkte für ein krankheits- oder suchtbedingtes Unvermögen der leistungsberechtigten Person bestehen, die Mittel zweckentsprechend zu verwenden, oder

4. konkrete Anhaltspunkte dafür bestehen, dass die im Schuldnerverzeichnis eingetragene leistungsberechtigte Person die Mittel nicht zweckentsprechend verwendet."[69]

Sollten die Kosten für die Unterkunft **nicht angemessen** sein, dann sind sie so lange in tatsächlicher Höhe zu übernehmen, wie es dem Leistungsberechtigten nicht möglich oder nicht zumutbar ist, durch Umzug, Untervermietung oder auf andere Weise die Kosten zu verringern (siehe § 35 Abs. 2 SGB XII). Dieser Vorgang soll nicht mehr als sechs Monate in Anspruch nehmen, weil die Übernahme der unangemessen hohen Unterkunftskosten in der Regel auf sechs Monate begrenzt ist.

Sollte es innerhalb der sechs Monate nicht möglich sein, eine andere zumutbare und kostengünstigere Wohnung zu finden, sollen auch die **Wohnungsbeschaffungskosten** (auf Antrag) übernommen werden. Wenn eine Kaution fällig wird, soll diese als Darlehen übernommen werden. Um zu verhindern, dass die Unterkunftskosten für eine neue Wohnung auch übernommen werden, ist der Leistungsträger vor Abschluss eines Mietvertrages *„in Kenntnis zu setzen"*.

Der Bedarf für die Kosten der Unterkunft kann auch **pauschal** befriedigt werden. Dazu muss es aber ein ausreichend verfügbares Angebot an mit der Pauschale zu bezahlendem Wohnraum geben.

Steht eine **Räumungsklage** ins Haus, so kann diese unter Umständen dadurch abgewendet werden, dass Mietrückstände als *„sonstige Hilfen zur Sicherung der Unterkunft"* gewährt werden (siehe § 36 SGB XII). Diese Vorschrift gilt sowohl für die Fälle, in denen Mietrückstände bestehen als auch für Fälle, in denen Kosten für Heizung oder Kosten für die Energieversorgung nicht gezahlt worden sind. Auch **andere Notlagen**, wie z.B. Kosten für Entmüllung bei vorliegender Vermüllung und drohendem Wohnungsverlust.

Ausdrücklich vorgesehen ist die Möglichkeit, die Kosten als Beihilfe oder als Darlehen zu übernehmen (siehe § 36 Abs. 1 SGB XII).

b) Kosten für Heizung und zentrale Wasserversorgung

Auch die Kosten für Heizung und zentrale Wasserversorgung werden **in tatsächlicher Höhe** übernommen. Hier gilt ebenfalls, dass sie angemessen sein müssen. Der Bedarf kann auch mit einer Pauschale gedeckt werden (siehe § 35 Abs. 4 SGB XII).

Für die Kosten für Heizung und die der zentrale Warmwasserversorgung gelten die **Angemessenheitsregelungen** für die Kosten der Unterkunft nicht. Für die Kosten für Heizung ist lediglich geregelt, dass sie angemessen sein müssen. An einer Regelung für den Fall von nicht angemessenen Heizkosten besteht keine gesonderte Regelung. Es kann aber zu einer analogen Anwendung der Angemessenheitsvorschriften der Kosten für Unterkunft kommen (siehe § 35 Abs. 4 Satz 1 SGB XII).

69 § 35 Abs. 1 Satz 4 SGB XII

8. HLU bei Haushaltsgemeinschaft bzw. Wohngemeinschaft

Bewohnen zwei erwachsene Personen eine Wohnung gemeinsam, so darf der Leistungsträger zunächst unterstellen, dass diese Personen sich auch gegenseitig finanziell unterstützen. Das gilt jedenfalls dann, wenn die Einkommensverhältnisse dies zulassen. Sie bilden dann eine Haushaltsgemeinschaft.

Diese Vermutung kann widerlegt werden, in dem man dem Leistungsträger gegenüber das Gegenteil kundtut. Dazu muss darlegt werden, dass sich das Zusammenleben in erster Linie auf das gemeinsame Wohnen beschränkt. Es handelt sich dann um eine Wohngemeinschaft. In diesem Fall besteht ein uneingeschränkter Anspruch auf HLU. Das gilt u.a. ausdrücklich nicht (siehe § 39 Nr. 1 und 2 SGB XII) für

- Schwangere und für Menschen, die zusammen mit ihrem Kind unter sechs Jahren bei ihren Eltern wohnen,
- Menschen mit Behinderung,
- pflegebedürftige Menschen.

9. Einsatz von Einkommen und Vermögen

Sozialhilfe erhält nur derjenige, der sich nicht selbst helfen kann. Bei der Geldleistung Hilfe zum Lebensunterhalt wird vor allem geprüft, ob die Person sich durch eigenes Einkommen oder eigenes Vermögen selbst helfen kann. Der zuständige Leistungsträger zieht dieses Einkommen und das Vermögen zur Deckung des Bedarfs heran, soweit dies zuzumuten ist.

Geprüft wird auch noch, ob es vorrangig zuständige Angehörige gibt, die **Unterhalt** zahlen könnten (Kinder gegenüber den Eltern und Eltern gegenüber den Kindern). Das trifft auch auf nicht getrennt lebende Ehegatten zu. Ist die Leistungsberechtigte schwanger oder erzieht ein Kind unter sechs Jahren, entfällt die Unterhaltspflicht der Eltern gegenüber der schwangeren Tochter, auch wenn diese in ihrem Haushalt leben sollte (siehe §§ 19 Abs. 4, 94 Abs. 1 SGB XII).

a) Einkommen

Als Einkommen zählen alle **Einnahmen in Geld oder Geldeswert** (siehe § 82 Abs. 1 SGB XII; § 1 VO zu § 82 SGB XII), insbesondere

- Sachbezüge (umgerechnet in Geld), § 2 VO zu § 82 SGB XII,
- Einkünfte aus nichtselbstständiger Arbeit (§ 3 Abs. 1 und 2 VO zu § 82 SGB XII) abzüglich notwendiger Ausgaben (§ 3 Abs. 2 bis 7 VO zu § 82 SGB XII),
- Einkünfte aus Land- und Forstwirtschaft, Gewerbebetrieb und selbstständiger Arbeit (§ 4 VO zu § 82 SGB XII),
- Einkünfte aus Kapitalvermögen (§ 6 VO zu § 82 SGB XII),
- Einkünfte aus Vermietung und Verpachtung (§ 7 VO zu § 82 SGB XII),
- Leistungen von anderen Sozialleistungsträgern (Arbeitslosengeld, ALG II, Rente, Wohngeld, Mutterschaftsgeld, Unterhaltsvorschuss, Kindergeld, Krankengeld, Elterngeld über 300 EUR), § 83 SGB XII,

Unberücksichtigt bleiben u.a. folgende Einnahmen:

- Leistungen nach dem SGB XII,
- Grundrente nach dem Bundesversorgungsgesetz (BVG) und anderen entsprechenden Gesetzen,
- Renten oder Beihilfen nach dem Bundesentschädigungsgesetz bis zur Höhe der Grundrente nach dem Bundesversorgungsgesetz,
- Rückerstattungen auf Vorauszahlungen, die der Leistungsberechtigte aus dem Regelsatz selbst gezahlt hat (Stromguthaben, Aufwandsentschädigungen etc. bis 200 EUR monatlich),
- Mittel der Bundesstiftung „Mutter und Kind" und Zuwendungen anderer Stiftungen (z.B. für Krebshilfe, für Contergan-Geschädigte oder aus Aidshilfe-Fonds für durch Blutkonserven Infizierte),
- Schmerzensgeld,
- Pflegegeld (Pflegegeld Pflegeversicherung, Pflegegeld Sozialhilfe, Pflegegeld Unfallversicherung), **außer** es wird Hilfe zur Pflege beantragt.

Einkünfte werden vor der Anrechnung „bereinigt", um die **anrechenbaren Einkünfte** zu ermitteln. Da immer von den Bruttoeinnahmen ausgegangen wird, werden zunächst auf das Einkommen anfallende

- Steuern und Sozialabgaben,
- Pflichtbeiträge zur Sozialversicherung einschließlich der Beiträge zur Arbeitsförderung,
- gesetzlich vorgeschriebene oder nach Grundhöhe angemessene Versicherungsbeiträge (z.B. Kfz-Versicherung, Haftpflichtversicherung, Hausratversicherung, Sterbeversicherung),
- Altersvorsorgebeiträge gemäß § 82 EstG

abgezogen.

Zusätzlich abgezogen werden die „**Werbungskosten**" („*die mit der Erzielung des Einkommens verbundenen notwendigen Ausgaben*", § 82 Abs. 2 Nr. 4 SGB XII). Das sind insbesondere

- notwendige Aufwendungen für Arbeitsmittel,
- notwendige Aufwendungen für Fahrten zwischen Wohnung und Arbeitsstätte,
- notwendige Beiträge für Berufsverbände,
- notwendige Mehraufwendungen infolge Führung eines doppelten Haushalts.

Darüber hinaus gibt es einen **Grundfreibetrag** in Höhe von 30 % des Einkommens aus selbstständiger oder nichtselbstständiger Arbeit, der maximal 50 % des Eckregelsatzes beträgt (derzeit 281,50 EUR, § 82 Abs. 3 Satz 1 SGB XII). Wenn das Einkommen in einer Werkstatt für Menschen mit Behinderungen oder eines anderen Leistungserbringers erzielt wird, berechnet sich der Freibetrag aus einem Achtel des Eckregelsatzes (derzeit 71 EUR) zuzüglich 50 % des (um die 71 EUR verminderten) dort erzielten Arbeitsentgelts (§ 82 Abs. 3 Satz 2 SGB XII).

Beispiel

Das Arbeitsentgelt in der Werkstatt beträgt 250 EUR. Davon sind 71 EUR frei. Vom Verdienst werden 71 EUR abgezogen, ergibt 108 EUR – davon 50 % sind 54 EUR. Der Klient hat also 71 EUR plus 89,50 EUR, insgesamt also 160,50 EUR als Freibetrag.

Achtung

Einmalige Einnahmen werden auf sechs Monate verteilt, wenn bei Anrechnung der einmaligen Einnahme der Leistungsanspruch vollständig entfällt (§ 82 Abs. 7 SGB XII).

b) Vermögen

Zum Vermögen gehört das gesamte verwertbare Vermögen (§ 90 Abs. 1 SGB XII). Diese Formulierung deutet schon darauf hin, dass nicht jedes Vermögen auch angerechnet wird. Ausgenommen von der Anrechnung und dem **Schonvermögen** zuzurechnen sind der Einsatz oder die Verwertung

1. eines Vermögens, das aus öffentlichen Mitteln zum Aufbau oder zur Sicherung einer Lebensgrundlage oder zur Gründung eines Hausstandes erbracht wird,

2. eines nach § 10a oder Abschnitt XI des Einkommensteuergesetzes geförderten Altersvorsorgevermögens im Sinne des § 92 des Einkommensteuergesetzes; dies gilt auch für das in der Auszahlungsphase insgesamt zur Verfügung stehende Kapital, soweit die Auszahlung als monatliche oder als sonstige regelmäßige Leistung im Sinne von § 82 Absatz 5 Satz 3 erfolgt; für diese Auszahlungen ist § 82 Absatz 4 und 5 anzuwenden,

3. eines sonstigen Vermögens, solange es nachweislich zur baldigen Beschaffung oder Erhaltung eines Hausgrundstücks im Sinne der Nummer 8 bestimmt ist, soweit dieses Wohnzwecken behinderter (§ 53 Abs. 1 Satz 1 und § 72) oder pflegebedürftiger Menschen (§ 61) dient oder dienen soll und dieser Zweck durch den Einsatz oder die Verwertung des Vermögens gefährdet würde,

4. eines angemessenen Hausrats; dabei sind die bisherigen Lebensverhältnisse der nachfragenden Person zu berücksichtigen,

5.von Gegenständen, die zur Aufnahme oder Fortsetzung der Berufsausbildung oder der Erwerbstätigkeit unentbehrlich sind,

6. von Familien- und Erbstücken, deren Veräußerung für die nachfragende Person oder ihre Familie eine besondere Härte bedeuten würde,

7. von Gegenständen, die zur Befriedigung geistiger, insbesondere wissenschaftlicher oder künstlerischer Bedürfnisse dienen und deren Besitz nicht Luxus ist,

8. eines angemessenen Hausgrundstücks, das von der nachfragenden Person oder einer anderen in den § 19 Abs. 1 bis 3 genannten Person allein oder zusammen mit Angehörigen ganz oder teilweise bewohnt wird und nach ihrem Tod von ihren Angehörigen bewohnt werden soll. Die Angemessenheit bestimmt sich nach der Zahl der Bewohner, dem Wohnbedarf (zum Beispiel behinderter, blinder oder pflegebedürftiger Menschen), der Grundstücksgröße, der Hausgröße, dem Zuschnitt und der Ausstattung des Wohngebäudes sowie dem Wert des Grundstücks einschließlich des Wohngebäudes,

9. kleinerer Barbeträge oder sonstiger Geldwerte; dabei ist eine besondere Notlage der nachfragenden Person zu berücksichtigen.[70]

Die **kleineren Barbeträge** sind in einer Vorordnung geregelt. Seit 2022 beträgt der Vermögensfreibetrag 10.000 EUR für jede erwachsene Person. Für jede weitere Person, die im Haushalt lebt und versorgt wird, werden 500 EUR nicht berücksichtigt (§ 1 Nr. 1 und 2 VO zu § 90 Abs. 2 Nr. 9 SGB XII).

Hinzuweisen ist noch auf die **Härtefallregelung** (§ 90 Abs. 3 SGB XII). Danach ist eine Verwertung dann nicht zuzumuten, wenn die Verwertung für den Leistungsberechtigten oder unterhaltsberechtigte Angehörige eine Härte bedeuten würde.

II. Grundsicherungsleistungen im Sozialrecht

Die Grundsicherungsleistungen sind als **bedarfsorientierte Leistungen** zur Sicherstellung des Lebensunterhalts ausgerichtet. In der Sozialversicherungslogik haben sie die Aufgabe, Armut zu verhindern oder zumindest den Faktor „Einkommensarmut" nach unten hin zu begrenzen. Sie decken den sozio-ökonomischen **Bedarf** ab, der es den Menschen ermöglichen soll, ein menschenwürdiges Leben führen zu können.

Praxistipp

▶ *Als armutsgefährdet gilt eine Person, wenn ihr Einkommen weniger als 60 % des mittleren Einkommens (Medianeinkommen) beträgt. Für eine Einzelperson bedeutet das entsprechend einer Veröffentlichung des Statistischen Bundesamt in 2025 monatlich 781,00 EUR.*[71]

Damit unterscheiden sich die Grundsicherungsleistungen von den Leistungen zum Lebensunterhalt, die von der Sozialversicherung als Lohnersatzleistungen erbracht werden. Lohnersatzleistungen orientieren sich in der Höhe nicht am Bedarf, sondern an dem Verdienst, nach dessen Höhe vorher die Beitragshöhe an die Sozialversicherung berechnet wurde. Da sich ein Verdienst, also ein Arbeitslohn, nicht danach richtet, welcher Bedarf zum Bestreiten des Lebensunterhalts auf Seiten des Arbeitnehmers vorhanden ist, kann natürlich auch eine davon abgeleitete Zahlung nicht automatisch bedarfsdeckend sein.

Um zu verhindern, dass bedarfsorientierte Sozialleistungen sich zum Maßstab für die Höhe unterer Lohngruppen entwickeln und um einen Anreiz zu schaffen, seinen Lebensunterhalt mit Arbeit selbst zu erwirtschaften, wurde das **Lohnabstandsgebot** im Gesetz aufgenommen. In der politischen Diskussion nannte man das *„Arbeiten muss sich wieder lohnen"* oder *„wer arbeitet, soll auch mehr haben"* (als die Personen, die Transferleistungen des Staates erhalten).

70 Auszugsweise zitiert aus § 90 Abs. 2 SGB XII
71 Siehe Armutsgrenze in Deutschland laut Armutsbericht - Reich Single- Paare | Statista

Mit Grundsicherungsleistungen sind häufig vorkommende, „typische" Lebenssituationen abgesichert, die oft ein zu geringes oder auch gar kein Einkommen nach sich ziehen:

- Altersrente,
- unbefristete Erwerbsminderungsrente,
- Langzeitarbeitslosigkeit.

Die Grundsicherungsleistungen – vor allem das Grundsicherungsgeld (früher ALG 2 oder Bürgergeld) – stehen seit Jahren in der **politischen Diskussion**. Dabei wird immer wieder der mangelnde Abstand der Sozialleistung zum Arbeitslohn ins Feld geführt. Während die konservativen und neoliberalen Kreise dies zum Anlass nehmen, die Sozialleistung zu begrenzen, sehen die fortschrittlicheren Kräfte die Lösung eher in einer besseren Entlohnung (etwa durch einen höheren Mindestlohn) der unteren Einkommen. Mit Hilfe von **Sanktionen**, gemeinsam mit einer eher geringen Geldzahlung versehen, soll die Neigung zur Annahme von Erwerbsarbeit „gefördert" werden. Dieser Punkt hat auf die Grundsicherungsleistungen nach dem SGB XII nur geringe Auswirkungen. Hier ist die Arbeitsfähigkeit und die Arbeitsbereitschaft ja nicht Leistungsvoraussetzung. Da hier aber davon ausgegangen wird, dass eine längerfristige Hilfebedürftigkeit besteht, kommt es zur **Vermeidung von Armut** umso mehr auf die Höhe und die weitere Ausgestaltung der Regelsätze und der sonstigen Hilfen an.

Vor diesem Hintergrund steht auch die **Diskussion** um die Höhe des **Mindestlohnes**. Auch hier stehen sich zwei Auffassungen gegenüber. Die einen sind der Ansicht, ein Lohn – also auch der Mindestlohn – ist das Ergebnis einer Auseinandersetzung zweier Tarifparteien um die Verteilung des durch Arbeit geschaffenen Mehrwerts und denen, die davon ausgehen, der Mindestlohn sei das Instrument zur Vermeidung von Armut, während die Sozialleistungen diejenigen „auffängt", denen es auf Dauer oder temporär nicht möglich ist, ihren Lebensunterhalt durch Arbeit abzudecken.

Praxistipp: Bedeutung für die Betreuungspraxis

Zum Personenkreis der Menschen mit Betreuung gehören vor allem Menschen mit Beeinträchtigung ihrer kognitiven und psychischen Fähigkeiten. In der Regel können diese Menschen ihren Lebensunterhalt ganz oder teilweise nicht mehr durch eine Erwerbstätigkeit sicherstellen. Einkommensquellen sind hier die Erwerbsminderungsrente nach dem SGB VI, die Grundsicherung oder die Hilfe zum Lebensunterhalt nach dem SGB XII. In seltenen Fällen[72] wird auch noch Grundsicherungsgeld (früher Bürgergeld) gezahlt. Vor allem in den Fällen, in denen keine dauerhafte Erwerbsminderung festgestellt worden ist.

Unterschieden werden **zwei verschiedene Grundsicherungen**:

1. Grundsicherung im Alter und bei Erwerbsminderung – **GruSi nach SGB XII** (§§ 41 bis 46b SGB XII): eine Leistung der Kommunen
2. Grundsicherung für Arbeitssuchende – **GruSi Grundsicherungsgeld** (vormals Arbeitslosengeld II – ALG II – und Sozialgeld, Bürgergeld) nach SGB II (§§ 20 bis 23 SGB II): eine Leistung sowohl vom Bund als auch von den Kommunen

72 Eigene Einschätzung, Erfahrungswert

1. Grundsicherung im Alter und bei Erwerbsminderung (§§ 41 bis 46b SGB XII)

Die Grundsicherung nach dem SGB XII wird für

- ältere und
- dauerhaft voll erwerbsgeminderte Personen

mit gewöhnlichem Aufenthalt im Inland gezahlt, die ihren notwendigen Lebensunterhalt nicht oder nicht ausreichend aus Einkommen und Vermögen nach § 43 SGB XII bestreiten können (§ 41 Abs. 1 SGB XII).

„Älter" im Sinne des Gesetzes ist man dann,

- wenn man vor 1947 geboren ist und das 65. Lebensjahr vollendet hat.

  Für Personen, die nach 1947 geboren sind, wurde die Altersgrenze verschoben, sie sind „später älter". Maßgeblich für die gesetzliche Einordnung ist eine extra dafür erarbeitete Tabelle. Ab dem Jahrgang 1964 liegt die Altersgrenze bei 67 Jahren (§ 41 Abs. 2 SGB XII).

Dauerhaft voll erwerbsgemindert,

- wer eine diesbezügliche Anerkennung durch die Deutsche Rentenversicherung (DRV) bekommen hat (§ 41 Abs. 3 SGB XII i.V.m. § 42 Abs. 3 SGB VI).

Keinen Anspruch auf Grundsicherung nach dem SGB XII haben Personen, die vorsätzlich oder grob fahrlässig die Hilfebedürftigkeit (z.B. durch das Verschenken von Vermögen) herbeigeführt haben (§ 41 Abs. 4 SGB XII, § 528 BGB). In dieser Hinsicht gibt es eine Rückwirkung: Von der Antragstellung an gerechnet zehn Jahre zurück.

Achtung

Personen, die Deutschland ohne Unterbrechung länger als vier Wochen verlassen, verlieren den Anspruch auf Grundsicherung nach SGB XII so lange, bis sie wieder zurückkehren (§ 41a SGB XII).

Grundsicherung nach dem SGB XII wird **auf Antrag** gewährt (§ 44 Abs. 1 SGB XII).

Praxistipp

Anders als bei der Hilfe zum Lebensunterhalt (HLU) wird die Grundsicherung ab dem 1. eines Monats gewährt, auch wenn der Antrag zu einem späteren Zeitpunkt (z.B. am 15. des Monats) bei dem Leistungsträger eingegangen ist (§ 44 Abs. 2 SGB XII).

Die Grundsicherung soll in der Regel **für zwölf Kalendermonate** gewährt werden. Nur bei einer vorläufigen Bewilligung kommt ein kürzerer Zeitraum (sechs Monate) in Frage (§ 44 Abs. 3 SGB XII). Die Grundsicherung muss grundsätzlich zum Ende des laufenden Bewilligungszeitraums neu beantragt werden.

Die Befristung erfolgt vor dem Hintergrund, dass in diesem Zuge die **Voraussetzungen für die Leistungsgewährung** überprüft werden sollen. Der Ablauf des Bewilligungszeitraums führt jedoch nicht immer und in jedem Fall zu einer Leistungseinstellung. Es liegt im Ermessen des Leistungsträgers, wie im Einzelfall reagiert wird.

Da es im Ermessen des Leistungsträgers steht, wie verfahren werden soll, sind auch die **Weiterbewilligungsanträge** unterschiedlich bürokratisch ausgestaltet. Ausreichend wäre es eigentlich, mitzuteilen, dass sich keine Änderungen, die Einfluss auf die Leistung nach sich ziehen, ergeben haben: Miete hat sich nicht verändert, Einkommen hat sich nicht verändert, Personenzahl der Bedarfsgemeinschaft hat sich nicht geändert usw. Das genügt den meisten Leistungsträgern allerdings nicht. Sie verlangen mindestens auch die Kontosauszüge der letzten drei Monate als Nachweis dafür, dass die Angabe *„keine Veränderungen gegenüber dem Vorjahr"* auch richtig ist.

Praxistipp

▶ *Es soll auch Leistungsträger geben, die den Weiterbewilligungsantrag so ausgeweitet haben, dass es einer Neuantragstellung gleichkommt. Hier lohnt sich dann der Hinweis auf § 65 SGB I, wonach die Grenzen der Mitwirkungspflicht erreicht bzw. überschritten sind.*

a) Regelbedarfe, Regelsätze

Die Regelbedarfe sind im Wesentlichen identisch mit denen bei der HLU und Grundsicherungsgeld.

Allerdings können die Länder bei der Höhe der Regelsätze für die Grundsicherung – anders als bei den Regelsätzen für die HLU – keine eigenen, abweichenden Regelungen treffen (§ 41 Nr. 1 SGB XII i.V.m. § 29 Abs. 1 letzter HS. und Abs. 2 bis 5 SGB XII).

b) Bedarfe für Unterkunft und Heizung

Für die Bedarfe für Unterkunft und Heizung gelten die Vorschriften für den Abschnitt der Regelungen der HLU (§ 42a Abs. 1 SGB XII).

Wegen der besonderen Lebenssituation älterer und pflegebedürftiger Menschen ist aber der **Begriff Wohnung** genauer definiert (§ 42a Abs. 2 SGB XII). Eine Wohnung ist demnach dann vorhanden, wenn es

- ein oder mehrere Räume sind (inkl. der Funktion von Küche und Bad)

und

- diese Räume von anderen Räumen baulich abgegrenzt sind.

Diese Definition von Wohnung lässt es zu, dass auch in einem Mehrpersonenhaushalt Unterkunftskosten anerkannt werden können.[73]

c) Einsatz von Einkommen und Vermögen

Grundsätzlich richtet sich der Einsatz von Einkommen nach den Regelungen der §§ 82 bis 84 SGB XII und der Einsatz von Vermögen nach den Vorschriften der §§ 90 und 91 SGB XII und

73 Näheres regelt § 42a Abs. 3 bis 5 SGB XII

den entsprechenden Verordnungen dazu. Es gibt aber auch **Unterschiede** im Hinblick auf die Regelungen bei der **Hilfe zum Lebensunterhalt**.

Hier die wichtigsten Abweichungen:

- Bei der Bereinigung des Einkommens um Erträge aus Kapitalvermögen (Zinsen) sind zusätzlich 26 EUR pro Jahr frei (§ 43 Abs. 2 SGB XII).
- Auf die Berücksichtigung von Unterhaltsansprüchen gegenüber Kindern und Eltern wird in der Regel verzichtet und der Leistungsträger vermutet, dass das Jahreseinkommen dieser Personen 100.000 EUR nicht überschreitet (§ 43 Abs. 5 SGB XII).

2. Grundsicherung für Arbeitssuchende (§§ 20 bis 23 SGB II)

Die Grundsicherung für Arbeitssuchende wurde umgangssprachlich auch *„ALG II"* oder *„Hartz 4"* genannt, wechselte dann zu der Bezeichnung *„Grundsicherung für Arbeitsuchende – Bürgergeld"* um dann – dem Zeitgeist folgend – in *„Grundsicherung für Arbeitsuchende – Grundsicherungsgeld"* umbenannt zu werden. Arbeitslosengeld II (ALG II), Bürgergeld und Grundsicherungsgeld sind gesetzlich definierte Begriffe. Der frühere Name *„Hartz 4"* dagegen nicht. Dieser ergabt sich daraus, dass es im Januar 2005 als *„Viertes Gesetz für moderne Dienstleistungen am Arbeitsmarkt"* auf Vorschlag einer Kommission, deren Vorsitzender Peter Hartz[74] hieß, eingeführt worden ist.

2026 wurde das Bürgergeld durch das Grundsicherungsgeld abgelöst. Hintergrund sind Ausgabenkürzungen im Sozialbereich zur Konsolidierung des Bundeshaushalts. Als Argumente ins Feld geführt wurde, dass durch die Höhe der Bürgergeldzahlungen und dem Vorrang von beruflicher (Fort)-Bildung vor Vermittlung in Arbeit

- die Motivation zur Arbeitsaufnahme nicht gegeben sei,
- schlecht verdienende Arbeitnehmer:innen ihre Beschäftigung zugunsten des Bezugs von Bürgergeld aufgeben würden und so erhebliche unnötige Staatsausgaben provoziert würden.

Hier wären erhebliche Einsparungen im Milliardenbereich für den Bundeshaushalt möglich. Als Gegenmaßnahme soll durch einen höheren ökonomischen Druck auf die Bügergeld- und zukünftigen Grundsicherungsgeldbezieher:innen eine größere Motivation zur Arbeitsaufnahme erreicht werden.

Die Grundsicherung für Arbeitssuchende hatte die davor geltende „Arbeitslosenhilfe", die für arbeitslose Menschen im Anschluss an ihren Anspruch auf Arbeitslosengeld gezahlt worden ist, abgelöst. Gleichzeitig wurden die arbeitslosen Menschen, die keinen Anspruch auf Arbeitslosenhilfe hatten und stattdessen Sozialhilfe bezogen, aus der kommunal zu zahlenden Sozialhilfe herausgenommen und in das Grundsicherungssystem für Arbeitsuchende eingegliedert. Neu geordnet wurden in diesem Zusammenhang auch die staatlichen Finanzströme zu Lasten des Bundes und zur Entlastung der Kommunen.

Um zu verhindern, dass die neu geschaffene *„Grundsicherung für Arbeitssuchende"* als *„soziale Hängematte"* missbraucht wird, wurden Geldzahlungen in ihrer Höhe stark begrenzt und der

74 Peter Hartz war bis Juli 2005 der Personalvorstand und Mitglied des Vorstands der Volkswagen AG

Grundsatz des *„Förderns und Forderns"* (§§ 2, 14 SGB II) entwickelt. Seit Einführung der Grundsicherung für Arbeitssuchende wird darüber gestritten, ob die Geldzahlungen zur Sicherstellung des Lebensunterhalts in der Form seiner Konzeption, seiner Höhe und seiner Rahmenbedingungen dem selbstgesteckten Ziel, ein menschenwürdiges Leben führen zu können, entsprechen (§ 1 Abs. 1 SGB II). Konzeptionell ist die Grundsicherung für Arbeitssuchende – entgegen der Grundsicherung für Rentner und dauernd voll erwerbsgeminderten Menschen (SGB XII) – darauf ausgerichtet, einen **vorübergehenden Zustand – nämlich die Erwerbslosigkeit** – zu überbrücken. Festzustellen ist aber, dass in diesem Unterstützungssystem auch viele Menschen sind, bei denen die Erwerbslosigkeit kein vorrübergehender Zustand ist.

Unter dem Blickwinkel der **Bedarfsdeckung** ist der Betrag, der zur Deckung der regelmäßigen Ausgaben für den Lebensunterhalt zur Verfügung gestellt wird – der Regelsatz – zu gering. Gleichzeitig wird unter dem Blickwinkel des Vergleichs mit den unteren Erwerbseinkommensgruppen eine zu großzügige Geldzahlung festgestellt oder behauptet. Rein sachlich betrachtet werden hier zwei unterschiedliche Dinge miteinander verglichen. Löhne werden nicht nach dem Gesichtspunkt der Bedarfsdeckung gezahlt. Sie sind im optimalen Fall Ergebnis von Verhandlungen zwischen Gewerkschaften und Arbeitgebern und Bedarfsdeckung ist hier kein Maßstab.

Ob die neuen Regelungen beim Grundsicherungsgeld dazu führen, dass viele Grundsicherungsgeldbezieher eine Erwerbsarbeit aufnehmen, ist auch fraglich. Arbeitnehmer und Arbeitsstelle müssen persönlich und fachlich zueinander passen. Ist das nicht gegeben, dann kommt das Arbeitsverhältnis nicht zustande oder wird relativ bald wieder aufgelöst.

Der Grundsatz des Förderns und Forderns bezieht sich auf alle Personen, die eine **Bedarfsgemeinschaft** (§ 7 Abs. 1 SGB II) bilden. Von allen wird gefordert, dass sie sich füreinander einsetzen. Daraus leitet sich der Anspruch von allen auf Förderung ab. In die „Hilfebedürftigkeit" werden also auch die Personen einbezogen, die in einer Bedarfsgemeinschaft leben (§ 7 Abs. 3 SGB II). Zu einer Bedarfsgemeinschaft bei der Grundsicherung für Arbeitssuchenden gehören:

1. die erwerbsfähigen Leistungsberechtigten,

2. die im Haushalt lebenden Eltern oder der im Haushalt lebende Elternteil eines unverheirateten erwerbsfähigen Kindes, welches das 25. Lebensjahr noch nicht vollendet hat, und die im Haushalt lebende Partnerin oder der im Haushalt lebende Partner dieses Elternteils,

3. als Partnerin oder Partner der erwerbsfähigen Leistungsberechtigten

a) die nicht dauernd getrennt lebende Ehegattin oder der nicht dauernd getrennt lebende Ehegatte,

b) die nicht dauernd getrennt lebende Lebenspartnerin oder der nicht dauernd getrennt lebende Lebenspartner,

c) eine Person, die mit der erwerbsfähigen leistungsberechtigten Person in einem gemeinsamen Haushalt so zusammenlebt, dass nach verständiger Würdigung der wechselseitige Wille anzunehmen ist, Verantwortung füreinander zu tragen und füreinander einzustehen.

4. die dem Haushalt angehörenden unverheirateten Kinder der in den Nummern 1 bis 3 genannten Personen, wenn sie das 25. Lebensjahr noch nicht vollendet haben, soweit sie die Leistungen zur Sicherung ihres Lebensunterhalts nicht aus eigenem Einkommen oder Vermögen beschaffen können.[75]

75 Siehe § 7 Abs. 3 SGB II

Personen, die zu einer Bedarfsgemeinschaft gehören aber nicht erwerbsfähig sind, beziehen als Teil der Bedarfsgemeinschaft ebenfalls Grundsicherungsgeld (früher Sozialgeld, dann Bürgergeld) (§ 19 Abs. 1 Satz 2 SGB II).

Fallen Leistungsberechtigte aus der Bedarfsgemeinschaft heraus (z.B. weil sie älter als 25 Jahre geworden sind) und leben weiter im Haushalt mit denselben Personen, dann bilden sie eine **Haushaltsgemeinschaft**. In diesen Fällen kann der Leistungsträger vermuten, dass die Personen sich gegenseitig unterstützen (füreinander einstehen, quasi wie bisher). Dem kann aber widersprochen werden und in dem Fall müsste der Leistungsträger seine Vermutung nachweisen.

Praxistipp

Personen, die nicht (mehr) zu einer Bedarfsgemeinschaft gehören, haben – wenn sie die Voraussetzungen erfüllen – einen eigenständigen Grundsicherungsgeldanspruch.

Gleiches gilt für Personen, die eine Wohngemeinschaft bilden.

Die **Hauptaufgabe** der Grundsicherung für Arbeitssuchende beschreibt das Gesetz so:

> Die Leistungen der Grundsicherung sind insbesondere darauf auszurichten, dass
>
> 1. durch eine Erwerbstätigkeit Hilfebedürftigkeit vermieden oder beseitigt, die Dauer der Hilfebedürftigkeit verkürzt oder der Umfang der Hilfebedürftigkeit verringert wird,
>
> 2. die Erwerbsfähigkeit einer leistungsberechtigten Person erhalten, verbessert oder wieder hergestellt wird,
>
> 3. Nachteile, die erwerbsfähigen Leistungsberechtigten aus einem der in § 1 des Allgemeinen Gleichbehandlungsgesetzes genannten Gründe entstehen können, überwunden werden,
>
> 4. die familienspezifischen Lebensverhältnisse von erwerbsfähigen Leistungsberechtigten, die Kinder erziehen oder pflegebedürftige Angehörige betreuen, berücksichtigt werden,
>
> 5. Anreize zur Aufnahme und Ausübung einer Erwerbstätigkeit geschaffen und aufrechterhalten werden.[76]

Dafür stehen **folgende Hilfen** zur Verfügung (§ 1 Abs. 3 SGB II):

- Beratung,
- Beendigung oder Verringerung der Hilfebedürftigkeit insbesondere durch
  - Eingliederung in Ausbildung,
  - Eingliederung in Arbeit und
- Sicherung des Lebensunterhalts.

Zuständiger Leistungsträger ist das örtlich zuständige Jobcenter oder die durch Landesrecht bestimmten kommunalen Instanzen (sog. „Optionskommunen"), § 6 SGB II.

76 Auszugsweise zitiert § 1 Abs. 2 SGB II

Wie bei der Grundsicherung nach dem SGB XII erhalten auch die Leistungsberechtigten für Grundsicherungsgeldzahlungen für

- einen Regelbedarf zur Sicherung des Lebensunterhalts (§ 20 SGB XII), siehe unter e)
- Mehrbedarfe (§ 21 SGB XII), siehe unter f) und
- Bedarfe für Unterkunft und Heizung (§ 22 SGB XII), siehe g).

a) Potenzialanalyse und Kooperationsplan

Potenzialanalyse und Kooperationsplan entsprechen der ehemaligen Kooperationsvereinbarung bzw. Eingliederungsvereinbarung. Wie im Einzelfall *gefördert* werden soll und was im Einzelfall *gefordert* wird, soll auf der Grundlage einer Potenzialanalyse in einem **Kooperationsplan** festgehalten werden (§ 15 Abs. 1 Satz 1 SGB II). Dieser Plan soll in Zusammenarbeit mit der betroffenen Person erstellt werden.

Der Kooperationsplan regelt

- in welche Ausbildungen, Tätigkeiten oder Tätigkeitsbereiche vermittelt werden soll,
- welche Eigenbemühungen mindestens zu unternehmen und nachzuweisen sind,
- welche Unterstützungsleistungen seitens des Jobcenters infrage kommen,
- ob ein Integrationskurs absolviert werden soll,
- ob Leistungen Dritter zur Überwindung der Erwerbslosigkeit einbezogen werden sollen,
- dass im Falle eines Anspruchs auf Leistungen nach dem SGB IX dort auch Leistungen beantragt werden sollen.

Spätestens nach sechs Monaten soll eine Überarbeitung des Kooperationsplans erfolgen.

Wirken die Grundsicherungsgeldbezieher bei der Erstellung des Kooperationsplans nicht mit, können diese Personen einseitig vom Jobcenter dazu verpflichtet werden, die Anforderungen aus dem dann vom Jobcenter allein erstellten Kooperationsplan zu erfüllen (§ 15a SGB II).

b) Grundvoraussetzungen, Leistungsberechtigung und Leistungen bei ALG II

Grundvoraussetzung für den Bezug von ALG II ist die **Erwerbsfähigkeit** (§ 7 Abs. 1 SGB II) und der Wille, seinen Lebensunterhalt mit Arbeit sichern zu wollen (§ 2 Abs. 2 Satz 2 SGB II). In der Sozialversicherungslogik tritt das Grundsicherungsgeld dann ein, wenn der Anspruch auf ALG I wegen der langen Dauer der Arbeitslosigkeit ausgeschöpft ist. Das Grundsicherungsgeld sichert also den Lebensunterhalt in den Fällen von (Langzeit)-Arbeitslosigkeit ab.

In der Erkenntnis, dass Erwerbsbiographien der Menschen sich nicht unbedingt nach der Sozialversicherungslogik richten, wurde die **„Hilfebedürftigkeit" als Maßstab** für den Grundsicherungsgeldanspruch eingeführt. Das Grundsicherungsgeld wird auch dann gezahlt, wenn eine Erwerbstätigkeit ausgeübt wird, über diesen Weg aber zu wenig Einkommen erzielt wird, um die laufenden Kosten für den Lebensunterhalt zu bestreiten (§ 9 Abs. 1 SGB II). Für die Finanzierung des Lebens in Würde fordert der Gesetzgeber die Verfügbarkeit und tätige Mitwirkung zur Aufnahme einer bezahlten Tätigkeit als Gegenleistung. Die tätige Mithilfe umfasst auch die Verpflichtung, sich selbst um die Beendigung der Hilfebedürftigkeit zu bemühen (sich zu bewerben).

Zur Durchsetzung diesbezüglicher Anforderungen durch die zuständige Behörde kann diese im Falle der Nichteinhaltung **Sanktionen** verhängen (§§ 31, 32 SGB II). Diese Sanktionen bestehen in der Kürzung oder Streichung der finanziellen Unterstützung.

Leistungsberechtigt sind Menschen, die

> 1. das 15. Lebensjahr vollendet und die Altersgrenze nach § 7a SGB II noch nicht erreicht haben,
> 2. erwerbsfähig sind,
> 3. hilfebedürftig sind und
> 4. ihren gewöhnlichen Aufenthalt in der Bundesrepublik Deutschland haben (erwerbsfähige Leistungsberechtigte).[77]

Hilfebedürftig sind Menschen, wenn sie ihren

> „Lebensunterhalt nicht oder nicht ausreichend aus dem zu berücksichtigenden Einkommen oder Vermögen sichern" können „und die erforderliche Hilfe nicht von anderen, insbesondere von Angehörigen oder von Trägern anderer Sozialleistungen" (§ 9 Abs. 1 Satz 1 SGB II)

, erhalten.

c) Zumutbarkeit von Arbeitsangeboten

Wer Grundsicherung für Arbeitssuchende haben will, für den ist grundsätzlich jede Arbeit zumutbar (§ 10 Abs. 1 1. HS SGB II). Allerdings gibt es auch da **Grenzen**. Diese sind erreicht, wenn

- der Leistungsberechtigte zur Ausübung der Tätigkeit körperlich, geistig oder seelisch nicht in der Lage ist (§ 10 Abs. 1 Satz 1 Nr. 1 SGB II),
- die Ausübung der Tätigkeit den Leistungsberechtigten daran hindern würde, seine Ursprungstätigkeit wieder ausüben zu können (§ 10 Abs. 1 Satz 1 Nr. 2 SGB II),
- die Ausübung der Tätigkeit der Erziehung eines Kindes im Wege stünde (§ 10 Abs. 1 Satz 1 Nr. 3 SGB II),
- die Ausübung der Tätigkeit den Leistungsberechtigten hindern würde, einen Angehörigen zu pflegen (§ 10 Abs. 1 Satz 1 Nr. 4 SGB II),
- ein anderer wichtiger Grund der Ausübung entgegenstehen würde (§ 10 Abs. 1 Satz 1 Nr. 5 SGB II).

d) Besonderheiten für nicht zur Erwerbsarbeit verpflichtete Menschen

Um zu verhindern, dass in dem Grundsicherungssystem für voll erwerbsgeminderte Menschen im Rahmen der Sozialhilfe einerseits und dem System der Sozialgeldzahlung bei der Grundsicherung für Arbeitssuchende anderseits die Zahlungsbeträge unterschiedlich sind, wurden die Vorschriften der Grundsicherung aus dem SGB XII in das SGB II übernommen und als Besonderheiten festgehalten, § 23 SGB II:

77 Auszugsweise zitiert § 9 Abs. 1 Satz 1 SGB II

1. Als **Regelbedarf** wird
   - bis zur Vollendung des sechsten Lebensjahres ein Betrag in Höhe der Regelbedarfsstufe 6,
   - vom Beginn des siebten bis zur Vollendung des 14. Lebensjahres ein Betrag in Höhe der Regelbedarfsstufe 5 und
   - im 15. Lebensjahr ein Betrag in Höhe der Regelbedarfsstufe 4

anerkannt;

1. **Mehrbedarfe** nach § 21 Absatz 4 werden auch bei behinderten Menschen, die das 15. Lebensjahr vollendet haben, anerkannt, wenn Leistungen der Eingliederungshilfe nach dem SGB IX erbracht werden;
2. § 21 Abs. 4 Satz 2 SGB II gilt auch nach Beendigung der in § 112 SGB IX genannten Maßnahmen;
3. bei nicht erwerbsfähigen Personen, die voll erwerbsgemindert nach SGB VI sind, wird
   - ein **Mehrbedarf von 17 %** der nach § 20 SGB II maßgebenden Regelbedarfe anerkannt, wenn sie Inhaberin oder Inhaber eines Ausweises nach § 152 Abs. 5 SGB IX mit dem Merkzeichen G sind; dies gilt nicht, wenn bereits ein Anspruch auf einen Mehrbedarf wegen Behinderung nach § 21 Abs. 4 SGB II oder nach der vorstehenden Nummer 2 oder 3 besteht.

e) Regelbedarf zur Sicherung des Lebensunterhalts (§ 20 SGB II)

Der Regelbedarf wird mit Hilfe einer **pauschalen Zahlung** abgedeckt (§ 20 Abs. 1 Satz 3 SGB II). Der Leistungsträger kontrolliert nicht, ob die Zahlungen zur Deckung des Regelbedarfs auch zweckgebunden eingesetzt werden, weist aber darauf hin, dass in dieser Zahlung auch nicht monatlich auftretende Bedarfe mit abgedeckt sind (z.B. Bekleidung) und eine entsprechende **Einteilung eigenverantwortlich** erfolgen soll (§ 20 Abs. 1 Satz 4 SGB II).

Der Regelbedarf berücksichtigt folgende Bedarfe:

- Ernährung,
- Kleidung,
- Körperpflege,
- Hausrat,
- Haushaltsenergie ohne die auf die Heizung und Erzeugung von Warmwasser entfallenden Anteile sowie
- persönliche Bedürfnisse des täglichen Lebens.

Praxistipp

Höhe, Struktur und Inhalt unterscheiden sich nicht von den Regelbedarfen bei der Hilfe zum Lebensunterhalt und der Grundsicherung für ältere und voll erwerbsunfähige Menschen nach SGB XII (siehe § 20 Abs. 1a Satz 1 SGB II).

f) Mehrbedarfe (§ 21 SGB II)

Mehrbedarfe können sich nur auf die Bedarfe für den Lebensunterhalt beziehen, die nicht Teil des Regelbedarfs sind. Dafür gibt es ja den Regelsatz.

Übersicht: Mehrbedarfe nach § 21 SGB II und Höhe im Bezug zum Regelsatz

Mehrbedarf	Höhe
Werdende Mütter nach der zwölften Schwangerschaftswoche (bis zum Ende des Entbindungsmonats)	17 % des maßgebenden Regelsatzes
Alleinerziehende, die mit einem oder mehreren minderjährigen Kindern zusammenleben	• 36 % des maßgebenden RS, bei einem Kind unter sieben Jahren • 36 % bei zwei oder drei Kindern unter 16 Jahren • 12 % des maßgebenden RS für jedes Kind (vier und mehr Kinder), höchstens jedoch in Höhe von 60 % des maßgebenden Regelsatzes.
Erwerbsfähige behinderte Leistungsberechtigte und • Leistungen zur Teilhabe am Arbeitsleben nach § 49 SGB IX (ohne Berufsvorbereitung, berufliche Anpassung und Weiterbildung), • sonstige Hilfen zur Erlangung eines geeigneten Platzes im Arbeitsleben oder • Eingliederungshilfen.	35 % des maßgebenden Regelsatzes
Kostenaufwändige Ernährung	in angemessener Höhe
Unabweisbarer, laufender vom durchschnittlichen Bedarf abweichender **individueller Bedarf**	individuelle Höhe

Mehrbedarf	Höhe
Dezentrale Warmwassererzeugung	2,3 % des maßgebenden Regelsatzes pro Person außer: • bei Leistungsberechtigten im 15. Lebensjahr: 1,4 % des maßgebenden Regelsatzes • vom Beginn des siebten bis zur Vollendung des 14. Lebensjahres: 1,2 % des maßgebenden Regelsatzes • bei Leistungsberechtigten bis zur Vollendung des sechsten Lebensjahres: 0,8 % des maßgebenden Regelsatzes Alles zusammen darf nicht höher sein als der Regelsatzes für Volljährige

g) Bedarfe für Unterkunft und Heizung (§ 22 SGB II)

Grundsätzlich werden die Bedarfe für Unterkunft und Heizung **in tatsächlicher Höhe** übernommen, jedenfalls soweit sie angemessen sind (§ 22 Abs. 1 Satz 1 SGB II). Grundsätzlich gilt eine Karenzzeit von einem Jahr ab Antragstellung bzw. Leistungsgewährung. Für den Fall, dass eine unangemessen hohe Miete schon vor der Antragstellung gezahlt worden ist und danach die Hilfebedürftigkeit eintritt, besteht ein Anspruch darauf, ein Jahr lang die höhere Miete gezahlt zu bekommen und eine andere (billigere) Wohnung zu suchen zu können. Für die Anerkennung der nicht angemessenen tatsächlichen Unterkunftskosten gilt eine Obergrenze. Diese ist 1,5-mal so hoch, wie die angemessenen Unterkunftskosten wären. Das gilt auch für den Fall, dass die Unterkunftskosten oberhalb der gesetzlich vorgesehenen Höchstgrenze liegen, also ein Verstoß gegen die Vorschriften aus den §§ 556d bis 556g BGB vorliegt.

Stellt der Leistungsträger danach fest, dass die **Bedarfe** für Unterkunft und Heizung **zu hoch** sind (nicht angemessen), dann muss der zu hohe Bedarf so lange weitergezahlt werden, wie es dem Leistungsberechtigten nicht zumutbar oder möglich war, die Kosten durch Umzug oder auf andere Weise zu senken – in der Regel sechs Monate (§ 22 Abs. 1 Satz 3 SGB II). Ein Umzug oder andere Maßnahmen der Kostensenkung sind dann nicht durchzuführen, wenn der dadurch entstehende wirtschaftliche Mehraufwand in keinem Verhältnis zu den zu hohen Kosten für die Unterkunft und Heizung unter den aktuellen Verhältnissen steht (§ 22 Abs. 1 Satz 9 SGB II).

Die Regelungen für die Bedarfe für Unterkunft und Heizung sind sinngemäß auch auf die Kosten anzuwenden, die dann entstehen, wenn der Leistungsberechtigte ein **Eigenheim oder eine Eigentumswohnung** bewohnt. Sollte es in diesen Fällen zu Situationen kommen, in denen Zahlungen erforderlich sind, die als nicht angemessene Instandhaltungskosten angesehenen werden können, kann bei Kostenübernahme der Leistungsträger eine dingliche Sicherung (Sicherungshypothek) verlangen (§ 22 Abs. 2 SGB II).

Die Länder können die Kommunen ermächtigen, für ihr Gebiet **Satzungen** bezüglich der Übernahme von Bedarfen für Unterkunft und Heizung zu erlassen. Für den Fall, dass örtlich genügend freier Wohnraum verfügbar ist, können Bedarfe für Unterkunft und Heizung auf der Grundlage einer Satzung auch pauschal abgegolten werden (§ 22a SGB II). Es geht dabei immer um die Auslegung der gesetzlichen Bestimmung der Angemessenheit der Kosten für Unterkunft und Heizung. Die Satzung kann die Bestimmung, wonach zunächst die tatsächlichen Bedarfe für Unterkunft und Heizung zugrunde zu legen sind, nicht außer Kraft setzen.

Werden für die Bedarfe für Unterkunft und Heizung **Abschlagsbeträge** gezahlt und ergibt sich nach der Abrechnung ein **Guthaben**, so sind diese Guthaben mit den laufenden Zahlungen zu verrechnen. Stromguthaben, soweit sie nicht zu den Bedarfen für Heizung gehören, verbleiben beim Leistungsberechtigten (§ 22 Abs. 3 SGB II).

(1) Abweichende Regelungen für Leistungsberechtigte jünger als 25 Jahre

Auch hier gilt, dass der Kostenübernahme der Bedarfe für Unterkunft und Heizung vor einem Umzug in eine eigene Wohnung? vom zuständigen Leistungsträger zugestimmt werden muss (§ 22 Abs. 5 Satz 1 SGB II). Eine vom zuständigen Leistungsträger Zustimmung muss erfolgen, wenn

1.die oder der Betroffene aus schwerwiegenden sozialen Gründen nicht auf die Wohnung der Eltern oder eines Elternteils verwiesen werden kann,

2.der Bezug der Unterkunft zur Eingliederung in den Arbeitsmarkt erforderlich ist oder

3.ein sonstiger, ähnlich schwerwiegender Grund vorliegt.[78]

(2) Regelungen bei einem Umzug in eine neue Wohnung

Auch als Leistungsberechtigter, der Grundsicherung für Arbeitssuchende erhält, kann man sich grundsätzlich dort eine Wohnung suchen, wo es einem gefällt. Die Freizügigkeit ist allerdings wegen des chronischen Geldmangels eingeschränkt.

Die Wohnungskosten, also die Bedarfe für Unterkunft und Heizung in der neuen Wohnung, dürfen die an diesem Ort geltenden Angemessenheitsgrenzen des dort zuständigen Leistungsträgers nicht überschreiten.

Praxistipp

▶ *Sinnvollerweise erkundigt sich der umzugswillige Leistungsberechtigte vorher, in welchem finanziellen Rahmen eine Suche sinnvoll ist. Der Leistungsberechtigte muss dann im Erfolgsfall mit dem konkreten Mietangebot zu dem dort örtlich zuständigen Leistungsträger gehen und sich eine Kostenzusage holen (§ 22 Abs. 4 Satz 1 SGB II). Das gilt auch für die Kosten einer Mietkaution oder von Genossenschaftsanteilen.*

Auf vorherigen Antrag können auch die Kosten für die **Wohnungsbeschaffung** (z.B. Kosten für Anzeigen in Zeitungen, einen Makler, Kosten aus Anlass der Besichtigung) und für den **Umzug** als Teil der Bedarfe für Unterkunftskosten übernommen werden. Das gilt auch für Kosten der **Renovierung** anlässlich des Auszugs aus der Wohnung.

78 Auszugsweise zitiert § 22 Abs. 5 Satz 2 SGB II

Zuständig für die Kostenübernahme von Wohnungsbeschaffungskosten und Umzug ist der Leistungsträger an dem Ort, von dem der Leistungsberechtigte wegzieht. Mietkaution, Genossenschaftsanteile und laufende Mietzahlungen sind Sache des neuen Leistungsträgers (§ 22 Abs. 6 Satz 1 SGB II). Soweit Nebenkostenabrechnungen der alten Wohnung geltend gemacht werden, ist für die Begleichung der neue Leistungsträger zuständig.

Regelungen im Gesetz, wonach die Kosten für die Wohnungsbeschaffung nur als Darlehen übernommen werden, gibt es nicht. Die Entscheidung zur Kostenübernahme steht aber im Ermessen des Leistungsträgers. Geht der Umzug auf eine Aufforderung des Leistungsträgers zurück, müssen diese Kosten – soweit sie denn notwendig sind – auch übernommen werden. Sie gehören dann in dem Monat, in dem diese Kosten anfallen, zu den angemessenen Unterkunftskosten.

Ist der **Umzug** als **nicht notwendig** einzustufen, werden die Kosten für Wohnungsbeschaffung und Umzug nicht übernommen. Sie gehören dann zwar zu den Unterkunftskosten, sind aber nicht angemessen. In diesen Fällen kommt aber eine **darlehensweise Übernahme** der Kosten in Betracht.

(3) Regelungen bei Mietschulden

Für den Fall, dass ein Wohnungsverlust des Leistungsberechtigten einzutreten droht, kann der Leistungsträger **zur Abwendung der Wohnungslosigkeit** auch Mietschulden übernehmen (§ 22 Abs. 8 Satz 2 SGB II).

Wenn die Schuldenübernahme zur Sicherung der Wohnung oder zur Behebung einer vergleichbaren Notlage führt, kann eine Übernahme der Schulden erfolgen (§ 22 Abs. 8 Satz 1 SGB II). Angerechnet wird auf jeden Fall eventuell vorhandenes Schonvermögen (§ 12 Abs. 2 Satz 1 Nr. 1 SGB XII) und in der Regel erfolgt die Kostenübernahme als Darlehen (§ 22 Abs. 8 Satz 4 SGB II). Die Übernahme der Schulden steht unter dem Vorbehalt der Selbsthilfeverpflichtung. Es muss also erfolglos versucht worden sein, das Schuldenproblem ohne staatliche Unterstützung zu regeln.

Geht bei Gericht eine Räumungsklage ein, die auf die Nichtzahlung der Miete wegen Zahlungsunfähigkeit des Mieters zurückzuführen ist (§ 22 Abs. 9 Satz 3 SGB II), dann teilt das Gericht dies dem zuständigen Leistungsträger mit (§ 22 Abs. 9 Satz 1 SGB II). Dieser kann dann, soweit der Mieter auch Kunde des Leistungsträgers ist, die Mietschulden übernehmen und so die Zahlungsfähigkeit wieder herstellen.

h) Sanktionen

Das Jobcenter kann Fehlverhalten seiner „Kunden" sanktionieren. Das Gesetz unterscheidet zwischen **Pflichtverletzungen** (§ 31 SGB II) und **Meldeversäumnissen** (§ 32 SGB II).

Eine Sanktion kann eintreten, wenn

1. Eine Pflichtverletzung oder ein Meldeversäumnis vorliegt.
2. Der Leistungsberechtigte schriftlich darüber informiert worden ist, was passieren kann, wenn er seiner Pflicht nicht nachkommt.
3. Der Leistungsberechtigte von der Belehrung und Information nachweislich Kenntnis genommen hat.

Wichtig

Alle drei Voraussetzungen müssen erfüllt sein!

Wenn ein wichtiger Grund verhindert hat, die Pflicht zu erfüllen, tritt keine Sanktion ein (§§ 31 Abs. 1 Satz 2 und 32 Abs. 1 Satz 2 SGB II).

Als Pflichtverletzungen werden gewertet (§ 31 SGB II):

- Weigerung, die im Kooperationsplan festgehaltenen Eigenbemühungen zur Beendigung der Erwerbslosigkeit nachzuweisen,
- Weigerung zur Aufnahme einer zumutbaren Arbeit,
- Weigerung zur Aufnahme einer zumutbaren Ausbildung,
- Weigerung der Aufnahme eines vom Jobcenter geförderten zumutbaren Arbeitsverhältnisses,
- Weigerung, an einer zumutbaren Maßnahme zur Eingliederung in Arbeit, einem Integrationskurs oder Deutschsprachförderung teilzunehmen (nicht antreten oder abbrechen oder Abbruch „verursachen"),
- absichtliche Verminderung des eigenen Einkommens oder Vermögens (unwirtschaftliches Verhalten) mit der Zielsetzung oder Folge, nach der Minderung Grundsicherungsgeld beanspruchen zu können (gilt für volljährige Leistungsberechtigte),
- Fortsetzung des unwirtschaftlichen Verhaltens,
- Sperrzeit von der Bundesagentur für Arbeit während des Bezugs von ALG I, nach Feststellung des „Ruhens" oder „Erlöschens" des Anspruchs auf ALG I.

Als Meldeversäumnisse gelten Ereignisse, bei denen der Leistungsberechtigte der Aufforderung des zuständigen Trägers,

- sich bei ihm zu melden oder
- bei einem ärztlichen oder psychologischen Untersuchungstermin zu erscheinen,

nicht nachkommt (§ 32 Abs. 1 SGB XII).

Bestrafungen erfolgen **für jede Zuwiderhandlung.**

Bei Pflichtverletzungen wird der individuelle **Regelsatz** in Stufen **um max. 30 % gemindert** (§ 31a Abs. 1 Satz 1 SGB XII). Diese 30 % stellen gleichzeitig die Höchstgrenze für Kürzungen dar.

Eine Ausnahme bilden Kürzungen wegen der Weigerung der Aufnahme von zumutbarer Arbeit. Hier fällt er Anspruch auf Auszahlung des Regelsatzes **vollständig** weg. Der Wegfall endet nach einem Monat, wenn die Möglichkeit der Arbeitsaufnahme nicht mehr besteht, spätestens aber nach zwei Monaten.

Hinweis

Der teilweise Wegfall des Leistungsanspruchs nach dem SGB II löst keinen Leistungsanspruch nach dem SGB XII aus.

Die Minderung endet auch, wenn nachgewiesen wird, dass man den Anforderungen zukünftig nachkommen wird oder die Pflichtverletzung nachträglich abgeändert worden ist (§ 31a Abs. 1 SGB II).

Meldeversäumnisse werden mit der **Kürzung des individuellen Regelsatzes** für drei Monate um 30 % bestraft.

i) Leistungsausschlüsse bei der Grundsicherung für Arbeitssuchende

Sehr viele Menschengruppen haben keinen Anspruch auf Grundsicherungsgeld, gehören also nicht zu den Leistungsberechtigten (§ 7 Abs. 1 Satz 2 SGB II).

Das sind in einer ersten Gruppe, **Ausländer und ihre Familienangehörigen**

- die sich in Deutschland aufhalten und nicht aus einem EU-Staat kommen (während der ersten drei Monate ihres Aufenthaltes in Deutschland),
- die sich in Deutschland aufhalten aber kein Aufenthaltsrecht haben,
- die sich in Deutschland aufhalten und wegen einer Arbeitssuche ein Aufenthaltsrecht haben,
- die sich wegen der EU-Freizügigkeit hier aufhalten,
- die Leistungen nach dem Asylbewerberleistungsgesetz beanspruchen können.

Leistungen erhält auch der nicht, der in einer stationären Einrichtung untergebracht ist oder eine Rente bezieht (§ 7 Abs. 4 Satz 1 SGB II). Eine Justizvollzugsanstalt gilt als stationäre Einrichtung (§ 7 Abs. 4 Satz 2 SGB II).

Ausnahmen:

- wer sich voraussichtlich weniger als sechs Monate in einem Krankenhaus befindet (§ 7 Abs. 4 Satz 3 Nr. 1 SGB II) und
- wer sich in einer stationären Einrichtung befindet, gleichwohl aber mindestens 15 Std./ Woche einer Erwerbstätigkeit nachgehen kann (§ 7 Abs. 4 Satz 3 Nr. 2 SGB II).

Weiterhin keinen Anspruch auf Zahlung von Grundsicherungsgeld (§ 7 Abs. 4a Satz 1 SGB II) haben **Leistungsberechtigte**, die sich **ohne Zustimmung des Leistungsträgers** außerhalb des „zeit- und ortsnahen Bereiches" aufhalten und deshalb nicht für die berufliche Eingliederung zur Verfügung stehen.

Ausnahmen:

- Abwesenheiten wegen der Teilnahme an einer ärztlich verordneten Maßnahme der medizinischen Vorsorge oder Rehabilitation (§ 7 Abs. 4a Satz 3 Nr. 1 SGB II),
- Abwesenheiten wegen der Teilnahme an einer Veranstaltung, die staatspolitischen, kirchlichen oder gewerkschaftlichen Zwecken dient oder sonst im öffentlichen Interesse liegt (§ 7 Abs. 4a Satz 3 Nr. 2 SGB II),
- Abwesenheiten wegen der Ausübung einer ehrenamtlichen Tätigkeit (§ 7 Abs. 4a Satz 3 Nr. 3 SGB II),
- Dreiwöchiger „Urlaub" pro Kalenderjahr (§ 7 Abs. 4a Satz 4 und 5 SGB II).

Auszubildende, die eine Ausbildung machen, die dem Grunde nach förderungsfähig nach dem BAFöG ist (§ 7 Abs. 5 Satz 1 SGB II), erhalten kein Grundsicherungsgeld (§ 27 Abs. 1 Satz 2 SGB II). Sie gehen aber unter Umständen nicht ganz leer aus.

Ausnahmen:

- Mehrbedarfe werden ausgezahlt (§ 27 Abs. 2 SGB II).
- Bei einer besonderen Härte können Leistungen zum Lebensunterhalt, Unterkunft und Heizung und KV-Beiträge und Leistungen zur Teilhabe an Bildung als Darlehen erbracht werden (§ 27 Abs. 3 Satz 1 SGB II).

  Diese Leistungen können dann als Zuschuss erbracht werden, wenn

  - die Ausbildung für die Eingliederung in das Erwerbsleben zwingend erforderlich ist,
  - der Auszubildende tatsächlich kein BAFöG erhält und er
  - ansonsten die Ausbildung abbrechen müsste (§ 27 Abs. 3 Satz 2 SGB II).
  - Besucher einer Abendhauptschule, einer Abendrealschule oder eines Abendgymnasiums, die kein BAFöG erhalten (§ 7 Abs. 6 Nr. 3 SGB II).

3. Eingliederungsleistungen in Arbeit nach dem SGB II (Jobcenter)

Die Eingliederungsleistungen richten sich an die Leistungsberechtigten des SGB II. Zuständig für die Erbringung der Leistungen zur Eingliederung nach dem SGB II ist die **Bundesagentur für Arbeit** (§ 16 Abs. 1 Satz 1 SGB II). Zusätzlich können dem Jobcenter kommunale Geldmittel zur Verfügung stehen, um Kosten im Zusammenhang mit

- der Betreuung minderjähriger oder behinderter Kinder oder der häuslichen Pflege von Angehörigen,
- der Schuldnerberatung,
- der psychosozialen Betreuung,
- der Suchtberatung

finanzieren zu können (§ 16a SGB II).

Zu den direkt **im Gesetz geregelten Eingliederungshilfen** in Arbeit gehören u.a.:

- das Einstiegsgeld (§ 16b SGB II), das *„zur Überwindung von Hilfebedürftigkeit (...) erwerbsfähigen Leistungsberechtigten bei Aufnahme einer sozialversicherungspflichtigen oder selbständigen Erwerbstätigkeit (...) erbracht"* werden kann,
- Leistungen zur Eingliederung von Selbstständigen (§ 16c SGB II) als Darlehen und Zuschüsse für die Beschaffung von Sachgütern,
- Arbeitsgelegenheiten (§ 16d SGB II) zur Erhaltung oder Wiedererlangung der Beschäftigungsfähigkeit von Selbstständigen,
- Förderung von Arbeitsverhältnissen (§ 16e SGB II) in Form von Lohnkostenzuschüssen in Höhe von bis zu 75 % des berücksichtigungsfähigen Arbeitsentgelts,

- freie Förderung (§ 16f SGB II) im Sinne von gezielten Maßnahmen zur Herstellung der Beschäftigungsfähigkeit bei Langzeitarbeitslosen und erwerbsfähigen Leistungsberechtigten, die das 25. Lebensjahr noch nicht vollendet haben und deren berufliche Eingliederung auf Grund von schwerwiegenden Vermittlungshemmnissen besonders erschwert ist.

Die **Förderung schwer zu erreichender junger Menschen** (§ 16h SGB II) ist umfassend geregelt. Sie bezieht sich auf Leistungsberechtigte, die das 25. Lebensjahr noch nicht vollendet haben. Zuständig ist die Agentur für Arbeit. Sie können Leistungen erbringen mit dem Ziel, individuelle Schwierigkeiten eines jungen Menschen zu überwinden, die dem Abschluss einer schulischen oder beruflichen Ausbildung entgegenstehen. Die Agentur für Arbeit ist in diesem Zusammenhang per Gesetz berechtigt, im Namen des jungen Menschen Sozialleistungen zu beantragen und auch entgegenzunehmen (§ 16h Abs. 1 Nr. 1 und 2 SGB II).

H Lohnersatzleistungen

I. Arbeitslosengeld (ALG I) (§§ 136 bis 162 SGB III)

Arbeitslosengeld (ALG) ist eine **Leistung der deutschen Arbeitslosenversicherung** und als Lohnersatzleistung ausgestaltet. Leistungsträger ist die Bundesagentur für Arbeit. Anträge auf ALG I sind bei der jeweils regional zuständigen Agentur für Arbeit zu stellen.

Grundvoraussetzungen für die Leistung sind die Arbeitslosigkeit, die Verfügbarkeit und die vorherige Beitragszahlung. Die **Bezugsdauer** beträgt in der Regel maximal ein Jahr. Ältere Arbeitslose können ALG I maximal zwei Jahre beziehen. Läuft das ALG I aus, kann beim zuständigen Leistungsträger (z.B. Jobcenter) Grundsicherungsgeld beantragt werden. Grundsicherungsgeld kann auch beantragt werden, wenn die Lohnersatzleistung ALG I zu niedrig ist, um die Kosten für den laufenden Lebensunterhalt zu bestreiten.

Anspruch auf ALG I haben Arbeitnehmer:innen, die

- arbeitslos sind oder
- eine berufliche Weiterbildung absolvieren (§ 136 Abs. 1 SGB III).

Hinweis

Wer eine Altersrente bezieht, erhält kein ALG I (§ 136 Abs. 2 SGB III).

Wer arbeitslos ist und ALG I beziehen will muss des Weiteren folgende Voraussetzungen erfüllen:

- sich bei der Agentur für Arbeit arbeitslos gemeldet haben und
- die Anwartschaftszeit erfüllt haben (§ 137 Abs. 1 SGB III).

Arbeitslos sind Arbeitnehmer,

- die beschäftigungslos sind,
- sich darum bemühen, die Beschäftigungslosigkeit zu beenden und
- die den Vermittlungsbemühungen der Agentur für Arbeit zur Verfügung stehen (§ 138 Abs. 1 Nr. 1 bis 3 SGB III).

Die **Anwartschaft** auf ALG I hat erfüllt, wer innerhalb von zwei Jahren vor der Arbeitslosigkeit mindestens zwölf Monate sozialversicherungspflichtig beschäftigt war (§ 142 Abs. 1 Satz 1 SGB III). Die **Rahmenfrist** für die Anwartschaft beträgt zwei Jahre und beginnt vor dem Tag, an dem alle Voraussetzungen für die Arbeitslosigkeit erfüllt sind (§ 143 Abs. 1 SGB III).

1. Höhe, Berechnung und Dauer

Das ALG I beträgt 67 % vom vorherigen durchschnittlichen Nettoeinkommen für die Leistungsberechtigten, die Kindergeld erhalten und für die Erziehung eines Kindes Sorge tragen (§ 149 Nr. 1 SGB III).

Für alle anderen gilt, dass sie 60 % des vorherigen durchschnittlichen Nettoentgelts als ALG I erhalten (§ 149 Nr. 2 SGB III).

Die Dauer des Bezugs von ALG I hängt davon ab, wie lange innerhalb der letzten fünf Jahre vor Antragstellung Beiträge gezahlt worden sind (also eine versicherungspflichtige Beschäftigung ausgeübt worden ist) und wie alt der Antragsteller bei Entstehen des Anspruchs auf ALG I ist. Wer jünger als 50 Jahre alt ist, kommt über zwölf Monate ALG I-Bezugsdauer nicht hinaus. Nach Vollendung des 50. Lebensjahres steigt die Dauer schrittweise von bis zu zwölf Monaten bis insgesamt 36 Monate an. Wer älter als 58 Jahre ist, kann bis zu 48 Monate ALG I beziehen.

2. Zumutbare Arbeitsverhältnisse

Anders als beim Grundsicherungsgeld sind die Zumutbarkeitsregeln beim ALG I weniger einschneidend. Hier gilt noch ein Schutz vor Einkommensverlust (im Verhältnis zur Vorbeschäftigung), Pendelzeiten und Schutz vor minderqualifizierten Jobangeboten. **Wohngeld** als zusätzliche Sozialleistung kann zusätzlich bezogen werden.

Für Bezieher von

- Grundsicherungsgeld (als Zuschuss),
- Sozialgeld,
- Leistungen für Auszubildende,
- Übergangsgeld,
- Verletztengeld,
- Grundsicherung im Alter und bei Erwerbsminderung,
- Hilfe zum Lebensunterhalt,
- Kriegsopferfürsorge,
- Leistungen nach dem Asylbewerberleistungsgesetz sowie
- Pflegegeld nach dem SGB VIII

ist das Wohngeld eine vorrangige Leistung. Soweit die Wohngeldzahlung dazu führen kann, dass mit dem Wohngeld die Hilfebedürftigkeit entfällt, ist zunächst das Wohngeld in Anspruch zu nehmen.

II. Renten

Das SGB VI (Recht der Rentenversicherung) bietet eine Vielzahl unterschiedlicher Renten. Dazu gehören die **Altersrenten**, bestehend aus

- Regelaltersrente (§ 35 SGB VI),
- Altersrente für langjährig Versicherte (§ 36 SGB VI),
- Altersrente für besonders langjährig Versicherte (§ 38 SGB VI),
- Altersrente für schwerbehinderte Menschen (§ 37 SGB VI),
- Altersrente für langjährig unter Tage beschäftigte Bergleute (§ 40 SGB VI),

Weiterhin gehören dazu die **Erwerbsminderungsrenten**, bestehend aus

- Rente wegen Erwerbsminderung (§ 43 SGB VI),
- Rente für Bergleute (§ 45 SGB VI).

Auch dazu gehören die **Renten wegen Todes**, bestehend aus

- Witwenrente und Witwerrente (§ 46 SGB VI),
- Erziehungsrente (§ 47 SGB VI),
- Waisenrente (§ 48 SGB VI),
- Rente wegen Todes bei Verschollenheit (§ 49 SGB VI).

1. Erwerbsminderungsrente nach dem SGB VI

Die Erwerbsminderungsrente kommt in der Betreuungspraxis relativ häufig vor. Nicht selten ist sie so gering, dass im Falle einer **zeitlich befristeten Erwerbsminderungsrente** ergänzend Hilfe zum Lebensunterhalt nach dem SGB XII oder, falls eine **unbefristete Erwerbsminderungsrente** bewilligt worden ist, Grundsicherung nach SGB XII gezahlt werden.

Für die Zuerkennung der Erwerbsminderungsrente kommt es darauf an, dass dieser Zustand auf absehbare Zeit anhalten wird. Absehbar ist dabei eine Zeit von **über sechs Monaten**. Wer mindestens sechs Monate, voraussichtlich aber nicht auf Dauer erwerbsgemindert ist, bekommt eine zeitlich befristete Rente. Zum Ablauf der Frist prüft die Rentenversicherung, ob die Voraussetzungen weiterhin vorliegen. Die Befristung kann dann verlängert werden oder die Rentenzahlung kann entfristet werden mit der Folge, dass die Erwerbsminderungsrente dann auf Dauer gezahlt wird. Eine **Regel für die Befristung** (Dauer und Häufigkeit) gibt es nicht.

Grundvoraussetzung für die Erwerbsminderungsrente ist, dass wegen der Erwerbsminderung nicht mehr oder nur noch stundenweise gearbeitet werden kann. Ziel ist es, durch die Erwerbsminderung verursachte Einkommenseinbußen auszugleichen. Eine Erwerbsminderungsrente kann beansprucht werden, solange die Regelaltersgrenze noch nicht erreicht worden ist.

Grundsätzlich kommt es bei der Erwerbsminderungsrente nicht darauf an, ob diese wegen eines Arbeitsunfalls oder eines privaten Unfalls eingetreten ist. Die Rentenversicherung als zuständiger Träger würde aber auf jeden Fall zuerst prüfen, ob sich die Erwerbsfähigkeit durch eine medizinische **Rehabilitation** oder eine berufliche Rehabilitation wieder herstellen lässt.

Liegt das **„Restleistungsvermögen"** unter drei Stunden täglich, dann liegt eine **volle Erwerbsminderung** vor. Die volle Erwerbsminderung ist auch eine Voraussetzung für die Inanspruchnahme von Leistungen zur Teilhabe am Arbeitsleben in der Werkstatt für Menschen mit Behinderungen. Liegt das „Restleistungsvermögen" zwischen drei und sechs Stunden täglich, dann liegt eine **teilweise Erwerbsminderung** vor. Das Restleistungsvermögen wird anhand der medizinischen Unterlagen, ggf. durch Einschaltung eines Gutachters von der Rentenversicherung festgestellt.

Eine Erwerbsminderungsrente setzt voraus, dass man eine sogenannte **Wartezeit** erfüllt hat (fünf Jahre **anerkannte Versicherungszeiten** müssen erfüllt sein) und innerhalb der letzten fünf Jahre vor Eintritt der Erwerbsminderung müssen mindestens **drei Jahre Pflichtbeitragszeiten** erzielt worden sein.

Als Versicherungszeit auf die Wartezeit können auch folgende Zeiten **angerechnet** werden:

- Beitragszeiten (Pflichtbeitragszeiten und unter bestimmten Voraussetzungen auch Zeiten des Bezuges von Krankengeld, Arbeitslosengeld, im Zeitraum vom Januar 2005 bis Dezember 2010 ALG II, Übergangsgeld, Zeiten der Kindererziehung und der nicht erwerbsmäßigen häuslichen Pflege sowie freiwillige Beitragszeiten),
- Ersatzzeiten (z.B. Zeiten der politischen Verfolgung in der DDR),
- Zeiten aus einem Versorgungsausgleich bei Scheidung,
- Zeiten aus Zuschlägen für eine geringfügige versicherungsfreie Beschäftigung (z.B. Minijob),
- Zeiten aus einem Rentensplitting.

Sollte man innerhalb der Fünfjahresfrist nicht alle Zeiten gegenüber der Rentenversicherung belegen können und ist dafür nicht verantwortlich zu machen (unverschuldet) wird der Fünfjahreszeitraum um diese Zeiten nach hinten ausgedehnt.

Wenn man wegen

- eines Arbeitsunfalls oder einer Berufskrankheit,
- einer Wehrdienst- oder Zivildienstbeschädigung oder
- wegen politischen Gewahrsams

vermindert erwerbsfähig geworden ist, genügt es im Prinzip schon, einmal einen Beitrag in die Rentenversicherung gezahlt zu haben, um einen Versicherungsanspruch zu haben. Wird man wegen eines Arbeitsunfalls oder einer Berufskrankheit erwerbsunfähig, muss man zum Zeitpunkt des Unfalls oder der Erkrankung versicherungspflichtig gewesen sein. In den anderen Fällen müssen während der letzten zwei Jahre mindestens zwölf Monate Beiträge gezahlt worden sein.

2. Regelaltersrente

Die Regelaltersrente kann beansprucht werden, wenn

- das 67. Lebensjahr vollendet ist (§ 35 Satz 2 SGB VI) und
- die allgemeine Wartefrist (fünf Jahre), § 50 Abs. 1 SGB VI, erfüllt ist.

Die **Höhe** der Rente ist abhängig davon, wie viel Beiträge in welcher Höhe im Verlauf des „Versicherungslebens" gezahlt worden sind (§ 63 Abs. 1 SGB VI). Der erzielte Verdienst wird in Entgeltpunkte (§ 63 Abs. 2 SGB VI) umgerechnet und mit einem Rentenartfaktor (§ 63 Abs. 4 SGB VI), einem Zugangsfaktor (§ 63 Abs. 5 SGB VI) und dem aktuellen Rentenwert (§ 63 Abs. 6 SGB VI) ergänzt.

Der Zugangsfaktor bildet zusammen mit den errechneten Verdiensten der Vergangenheit die persönlichen Entgeltpunkte, die mit dem aktuellen Rentenwert und dem Rentenartfaktor vervielfältigt werden. Daraus ergibt sich die zu zahlende monatliche Rente (§ 63 Abs. 7 SGB VI).

Die Regelaltersrente wird **auf Antrag** gewährt und die Rentenzahlung endet mit dem Sterbemonat (§ 102 Abs. 5 SGB VI).

3. Teilrente

Die Altersrente kann auch als Teilrente (§ 42 SGB VI) in Anspruch genommen werden. Die Rente beträgt dann, je nach Hinzuverdienstmöglichkeit mindestens 10 % oder ein Drittel, die Hälfte oder zwei Drittel der Vollrente. Die **Hinzuverdienstgrenzen** werden individuell ermittelt (siehe auch unter II. 1. Erwerbsminderungsrente).

4. Renten wegen Todes

a) Witwen oder Witwerrente

Unterschieden wird im Gesetz **die kleine und die große** Witwenrente. Sie unterscheiden sich dadurch, dass bei der kleinen Witwenrente eine zeitliche Begrenzung auf zwei Jahre (§ 46 Abs. 1 SGB VI) besteht. Anspruch auf eine Witwenrente hat immer der überlebende Ehegatte, solange er nicht erneut geheiratet hat (§ 46 Abs. 1 und 2 SGB VI).

Die große Witwenrente kann beanspruchen, wer mit dem verstorbenen Ehegatten zusammen ein Kind erzogen hat (oder erzieht) und mindestens 47 Jahre alt ist. Die Altersgrenze spielt keine Rolle, wenn der überlebende Ehegatte erwerbsgemindert ist.

b) Waisenrente

Hier unterscheidet das Gesetz zwischen einer **Vollwaisen-** (§ 48 Abs. 2 SGB VI) **und** einer **Halbwaisenrente** (§ 48 Abs. 1 SGB VI). Grundsätzlich besteht der Anspruch auf Waisenrente ab dem Monat, an der die Eltern oder der Elternteil verstorben und die Wartezeit erfüllt worden ist. Die Zahlung erfolgt längstens bis zum 18. Lebensjahr (§ 48 Abs. 4 Nr. 1 SGB VI). Die Zahlung kann bis zum 27. Lebensjahr ausgedehnt werden, wenn das Kind

- sich in Schulausbildung oder Berufsausbildung befindet oder
- sich in einer Übergangszeit von höchstens vier Kalendermonaten befindet, die zwischen zwei Ausbildungsabschnitten oder zwischen einem Ausbildungsabschnitt und der Ableistung des gesetzlichen Wehr- oder Zivildienstes oder der Ableistung eines freiwilligen Dienstes liegt, oder
- einen freiwilligen Dienst i.S.d. § 32 Abs. 4 Satz 1 Nr. 2d EStG leistet oder
- wegen körperlicher, geistiger oder seelischer Behinderung außerstande ist, sich selbst zu unterhalten.[79]

79 Auszugsweise zitiert § 48 Abs. 4 Nr. 2 SGB VI

5. Rente als Opfer einer Straftat

Rechtsgrundlage für eine Rente im Zusammenhang mit einer Straftat ist das SGB XIV. Dabei handelt es sich um den Ausgleich eines erlittenen Schadens. Anspruch auf eine **Entschädigung nach dem SGB XIV** hat, wer als

> „Geschädigte(r) (haben) Anspruch auf Leistungen der Sozialen Entschädigung wegen der anerkannten gesundheitlichen und der wirtschaftlichen Folgen einer gesundheitlichen Schädigung, die ursächlich auf ein schädigendes Ereignis zurückzuführen ist, hat."[80]

Die Höhe der Rente ergibt sich aus dem Bundesversorgungsgesetz und ist abhängig vom Grad der Schädigung (GdS 10% bis 100%).

▶ *Siehe auch Ausführungen zu dem neuen SGB XIV.*

III. Elterngeld

Das Elterngeld hat das bis 2006 geltende Erziehungsgeld abgelöst. Es ist bis auf einen Grundbetrag in Höhe des früheren Erziehungsgeldes als Lohnersatzleistung ausgestaltet und schwankt zwischen 300 EUR und 1.800 EUR. Die Höhe ist also **abhängig vom Verdienst** und nicht vom Bedarf. Grundsätzlich anspruchsberechtigt sind Eltern, die ihre Erwerbstätigkeit wegen der Erziehung eines Kindes unterbrechen.

Die **Höhe** des Elterngeldes beträgt 67 % (§ 2 Abs. 1 Satz 1 BEEG) – vergleichbar mit der Lohnersatzleistung „Arbeitslosengeld" – des vorherigen Nettoentgelts und ist auf maximal 1.800 EUR (§ 2 Abs. 1 Satz 2 BEEG) im Monat begrenzt. Der Anspruch auf Elterngeld entfällt, soweit das Einkommen 175.000 EUR jährlich übersteigt. Durch einen Geschwisterbonus kann sich das Elterngeld um 10 % oder 75 EUR im Monat erhöhen (§ 2a BEEG). Einige sonstige Einnahmen werden auf das Elterngeld angerechnet (z.B. Mutterschaftsgeld, § 3 BEEG). Mindestens wird 300 EUR Elterngeld gezahlt (§ 2 Abs. 4 BEEG), dass in der Regel auch auf andere Sozialleistungen nicht angerechnet wird.

Bei der **Dauer** des Bezugs von Elterngeld unterscheidet man zwischen dem Elterngeld und dem Elterngeld Plus. Das Elterngeld kann bis zum 14. Lebensmonat (§ 4 Abs. 1 Satz 1 BEEG) des Kindes bezogen werden, Elterngeld Plus zwei Monate länger (§ 4 Abs. 3 BEEG). Es ist in diesen beiden Monaten dann allerdings nur halb so hoch wie das Elterngeld.

80 Auszugsweise zitiert § 4 Abs. 1 SGB XIV

I Sonstige Geldleistungen

I. Wohngeld

Die Sozialleistung Wohngeld ist im Wohngeldgesetz (WoGG) geregelt. Man unterscheidet den **Mietzuschuss** für Menschen, die eine Wohnung zur Miete bewohnen und den **Lastenzuschuss** für Menschen, die ein Eigenheim oder eine Eigentumswohnung bewohnen. Es wird immer dann gezahlt, wenn das Einkommen des Mieters oder Eigentümers so gering ist, dass es zur wirtschaftlichen **Sicherung des Wohnraums** erforderlich ist (§ 1 Abs. 1 WoGG). Es ist insoweit eine zweckgebundene Leistung.

Die Zugangsberechtigung ist reguliert. Der tatsächliche Verbrauch hingegen nicht. Deshalb kann es schwierig werden, Wohngeld zu beanspruchen, wenn der Lebensunterhalt als solches nicht gedeckt ist. Das müsste nachgewiesen werden. Kann das nicht nachgewiesen werden, dann entfällt der Anspruch auf Wohngeld und es muss/kann Bürgergeld/Grundsicherungsgeld, Grundsicherung oder Hilfe zum Lebensunterhalt beantragt werden. Diese Leistungen umfassen auch die Kosten für die Unterkunft.

Der **Mieter** einer Wohnung (§ 3 Abs. 1 WoGG) und der **Eigentümer** einer Wohnung (§ 3 Abs. 2 WoGG) sind anspruchsberechtigt. Wohngeld wird auch für Wohnraum gezahlt, der sich im Heim befindet (§ 2 WoGG). Leben mehrere Personen in der Wohnung, muss mindestens eine Person die Anspruchsvoraussetzungen erfüllen, damit Wohngeld gezahlt werden kann (§ 3 Abs. 4 WoGG). Ausländer erhalten das Wohngeld unabhängig von ihrem Aufenthaltsstatus (§ 3 Abs. 5 WoGG).

Ein zu hohes **Vermögen** steht dem Bezug von Wohngeld als Sozialleistung entgegen. Dafür gibt es Grenzen, die bei 60.000 EUR für das erste zu berücksichtigende Haushaltsmitglied und weitere je 30.000 EUR für jedes weitere zu berücksichtigende Haushaltsmitglied liegen.[81]

Das Wohngeld errechnet sich aus dem Einkommen im Vergleich zur Belastung des Einkommens durch die Mietzahlung. Vom Einkommen (Gesamteinkommen aller zu berücksichtigenden Haushaltsmitglieder, § 13 WoGG) werden z.B. für pflegebedürftige Personen (§ 17 WoGG) und zur Erfüllung gesetzlicher Unterhaltspflichten (§ 18 WoGG) Freibeträge abgezogen. Zusätzlich werden pauschal 10 % für Steuern und Sozialversicherungsbeiträge abgezogen. Bestehen die Einnahmen ausschließlich aus steuer- und sozialversicherungsfreien Einnahmen, werden pauschal 6 %abgezogen (§ 16 WoGG).

II. Kindergeld

Im Rahmen des Familienlastenausgleichs, also dem Versuch, den zusätzlichen Aufwand der Familien mit Kindern gegenüber denen, die keine Kinder haben, auszugleichen, dient das Kindergeld. Soweit Einkommenssteuer gezahlt wird, tritt noch der Kinderfreibetrag als zusätzlich entlastendes Moment hinzu. Auch wenn das Kindergeld hauptsächlich der Unterstützung „eher armer" Familien dient, bleiben Bürgergeld-/Grundsicherungsgeld- und „Sozialhilfeemp-

81 Siehe § 21 Nr. 3 WoGG und Verwaltungsvorschrift zum WoGG

fänger" insoweit außen vor, als das Kindergeld als Einkommen auf die Leistung zum Lebensunterhalt angerechnet wird.

Zuständig sind die Familienkassen, die sich mit zwei Rechtsquellen auseinanderzusetzen haben:

1. dem Einkommensteuergesetz und
2. dem Bundeskindergeldgesetz.

Das betrifft aber auch den Kindergeldberechtigten. Dieser hat seine Mitwirkungspflicht z.B. an dem Einkommenssteuerrecht auszurichten (§ 68 EstG).

Wer in Deutschland unbeschränkt steuerpflichtig ist (§ 1 Abs. 1 EstG), ist anspruchsberechtigt nach dem Einkommenssteuergesetz. Wer nicht unbeschränkt einkommenssteuerpflichtig ist, ist anspruchsberechtigt auf der Grundlage des Bundeskindergeldgesetzes (§ 1 Abs. 1 BKGG).

Die Familienkassen sind Teil der Bundesagentur für Arbeit und für die Umsetzung zuständig, immer die Familienkasse, in dessen Bereich der Kindergeldberechtigte wohnt. Gibt es Streit, landet die Sache beim Sozialgericht. Wer im öffentlichen Dienst beschäftigt ist, kann das Kindergeld mit seinem Gehalt auch über den Dienstherrn beziehen.

1. Wer erhält Kindergeld

Vor allem **Eltern**, aber auch **Adoptiveltern** oder **Pflegeeltern** eines Kindes können Kindergeld beziehen. Großeltern und Stiefeltern können auch Kindergeld beziehen, wenn sie das Kind in den eigenen Haushalt aufgenommen haben (§ 63 Abs. 1 Satz 1 Nr. 3 EstG).

Eltern erhalten entweder hälftiges Kindergeld oder sie müssen sich einigen, wer Kindergeld erhält (§ 64 Abs. 1 EstG). Gibt es darüber Streit, entscheidet das Familiengericht. Im Falle einer Unterbringung des Kindes außerhalb des Haushalts der Eltern bekommt das Kindergeld der Elternteil, der am meisten zum Unterhalt des Kindes beträgt.

Wird kein Unterhalt geleistet, kann das Kind einen Abzweigungsantrag stellen (§ 74 EstG). Das gilt dem Grunde nach auch für Vollwaisen und Kinder, die ihre Eltern nicht kennen (§ 1 Abs. 2 BKGG). Das Recht, einen Abzweigungsantrag zu stellen, geht unter Umständen auf einen anderen Leistungsträger (z.B. dem Träger der Sozialhilfe) über.

2. Berücksichtigungsfähige Kinder

Für den Anspruch auf Kindergeld werden die Kinder berücksichtigt, die ihren Wohnsitz oder den gewöhnlichen Aufenthalt in Deutschland haben. Das gilt auch für Kinder, die ihren Wohnsitz oder gewöhnlichen Aufenthalt in einem Mitgliedstaat der Europäischen Union oder in einem Staat, auf den das Abkommen über den Europäischen Wirtschaftsraum Anwendung findet, haben (§ 63 Abs. 1 Satz 6 EstG). Zur Identifizierung des Kindes wird neben der Geburtsurkunde die ID-Nummer des Kindes vom Finanzamt benötigt (§ 63 Abs. 1 Satz 2 EStG).

Befindet sich das Kind außerhalb dieser Region, wird es beim Kindergeld nicht berücksichtigt. Eine Ausnahme ist für die Eltern geregelt, die außerhalb dieser Region ihren Wohnsitz haben und das Kind lebt in ihrem Haushalt. Dann wird das Kind auch dann berücksichtigt, wenn der Kindergeldberechtigte in Deutschland uneingeschränkt steuerpflichtig ist: Es gibt einen

Arbeitsvertrag mit einem deutschen Unternehmen in Deutschland und die Arbeitsleistung wird im Ausland erbracht.

3. Höhe und Zahlung des Kindergeldes

Kindergeld wird immer für den Kalendermonat gezahlt (§ 66 Abs. 2 EstG). Sollte eine Antragstellung verspätet erfolgen, kann Kindergeld auch sechs Monate rückwirkend gezahlt werden (§ 66 Abs. 3 EstG).

Übersicht: Höhe des Kindergeldes (§ 66 Abs. 1 EstG)

für	1.1.2024	1.1.2025	1.1.2026
1 Kind	250 EUR	255 EUR	259 EUR
2 Kinder	500 EUR	510 EUR	518 EUR
3 Kinder	750 EUR	765 EUR	777 EUR
4 Kinder	1.000 EUR	1.020 EUR	1.036 EUR
5 Kinder	1.250 EUR	1.275 EUR	1.295 EUR

4. Wie lange wird Kindergeld gezahlt

Kindergeld kann in der Regel von der Geburt bis zur Vollendung des 18. Lebensjahres beansprucht werden (§ 32 Abs. 3 EstG).

Über das **18. Lebensjahr hinaus** kann Kindergeld beansprucht werden, wenn

- das Kind noch nicht 21 Jahre alt ist und in keinem Beschäftigungsverhältnis steht *und* bei der Bundesagentur für Arbeit arbeitssuchend gemeldet ist (§ 32 Abs. 4 Nr. 1 EstG).

Über das **21. Lebensjahr hinaus** kann Kindergeld beansprucht werden, wenn

- das Kind noch nicht 25 Jahre alt ist und sich in der Berufsausbildung befindet (§ 32 Abs. 4 Nr. 2a EstG),
- das Kind eine Berufsausbildung nicht fortsetzen kann, weil kein geeigneter Platz zur Verfügung steht (§ 32 Abs. 4 Nr. 2c EstG),
- das Kind sich in einer Übergangszeit zwischen zwei Ausbildungsabschnitten befindet oder die Zeit zwischen Ausbildung und Wehr- oder Zivildienst überbrücken muss (längstens vier Monate), § 32 Abs. 4 Nr. 2b EstG,
- das Kind FSJ, FÖJ oder andere Freiwilligendienste ableistet (§ 32 Abs. 4 Nr. 2d EstG).

Über das **25. Lebensjahr hinaus** kann Kindergeld beansprucht werden, wenn

- das Kind wegen körperlicher, geistiger oder seelischer Behinderung außerstande ist, sich selbst zu unterhalten, und wenn die Behinderung vor Vollendung des 25. Lebensjahres eingetreten ist (§ 32 Abs. 4 Nr. 3 EstG).

In diesem Fall ist zu beachten, dass die Familienkasse für die Beurteilung der Frage, ob man sich selbst unterhalten kann, alle zur Verfügung stehenden Geldmittel heranzieht, also auch die Grundsicherung, Hilfe zu Lebensunterhalt und Eingliederungshilfe. Sachbezüge (z.B. das kostenlose Mittagessen in einer WfbM) werden als Einkommen gerechnet.

Maßstab für die Beurteilung ist der steuerliche Grundfreibetrag (§ 32a Abs. 1 EstG), also der Betrag, ab dem überhaupt bei einem Einkommen Steuern gezahlt werden müssten (derzeit 12.096 EUR in 2025 und 12.348 EUR ab 2026) zzgl. eines behinderungsbedingten Mehrbedarfs. Die erhaltene Eingliederungshilfe wird allerdings als behinderungsbedingter Mehrbedarf gerechnet.

III. Das Persönliche Budget (§ 29 SGB IX)

Das Persönliche Budget **ist** aus Sicht von Betreuer:innen vor allem dann **eine** geeignete **Form der Ausführung von Teilhabeleistungen**, wenn an die Ausführung der Teilhabeleistungen wegen der Besonderheit des Einzelfalles besonders hohe Anforderungen bezüglich der „Passgenauigkeit" gestellt werden müssen. Das kann sich auch darauf beziehen, dass Bedarfe eine nicht immer gleich hohe oder gleichartige Bedarfsdeckung erfordern.

Hinweis

Unabhängig diesbezüglicher fachlicher Überlegungen sei aber darauf hingewiesen, dass Teilhabeleistungen auf Antrag als Persönliches Budget auszuführen sind (Rechtsanspruch) und es keiner besonderen Begründung bedarf, diesen Antrag zu stellen.

Betreuer haben (natürlich immer den „passenden" Aufgabenkreis vorausgesetzt) bei der Frage, ob sie Teilhabeleistung zur Ausführung als Persönliches Budget beantragen wollen dann **keinen eigenen Ermessensspielraum**, wenn

1. der Klient es so will und
2. die Umsetzung des Willens keine nachhaltigen Schäden für das Vermögen oder Leben des Klienten nach sich ziehen (§ 1821 Abs. 3 BGB).

Der Wunsch nach Ausführung der Rehabilitations- und Teilhabeleistungen im Rahmen eines Persönlichen Budgets beruht auf einem **Rechtsanspruch**. Dem Wunsch, einen Rechtsanspruch auch zu verwirklichen, darf ein Betreuer nur widersprechen, wenn diese Form der Ausführung nachweislich dem Klienten schaden würde.

Der veränderten Leistungsform (pauschale Bedarfsdeckung als Geldzahlung anstelle von Sachleistung) liegt ein **Paradigmenwechsel** in der Behindertenpolitik zugrunde. Der Erfolg dieser Leistungsform hängt davon ab, inwieweit die Beteiligten diesen Paradigmenwechsel auch für sich nachvollziehen. Entgegen den Hoffnungen vieler Menschen mit Behinderungen hat sich diese Leistungsform bisher aber nicht so entwickelt, wie es sich der Gesetzgeber ursprünglich gedacht hatte. Ganz klar unterschätzt worden sind die Folgen, die sich daraus ergeben, dass die am Verfahren beteiligten Menschen mit dem damit verbundenen Paradigmenwechsel zurechtkommen müssen. Das gilt für die Klienten auf der einen Seite genauso, wie für die Leistungsträger und die Leistungserbringer auf der anderen Seite.

Der Paradigmenwechsel besteht vor allem darin, dass

- der Rehabilitationsträger anerkennt, dass der Budgetnehmer Experte in eigener Sache ist,
- eine Teilhabeleistung bewilligt wird und nicht wie bisher üblich keine Maßnahme und demzufolge,
- die Bedarfsbefriedung durch den Rehabilitationsträger als monatliche Geldpauschale erfolgt (§ 29 Abs. 2 Satz 3 SGB IX),
- es bei der Ausführung der Teilhabeleistungen nicht auf das „Wie" (also wie wird die notwendige Unterstützung geleistet) ankommt, sondern darauf, ob die im Rahmen des Budgets gewährte Geldleistung zur Zielerreichung eingesetzt worden ist.

Nachgewiesen werden muss, ob

- die vereinbarten Ziele erreicht worden sind und
- die erhaltene Geldpauschale zur Zielerreichung eingesetzt worden ist.

Hinweis

Die Umsetzung verlangt also von allen Beteiligten ein anderes Denken und Handeln.

Der Paradigmenwechsel richtet sich aber nicht nur an die direkt am Verfahren beteiligten Personen. Auch Rechtsabteilungen bei Rehabilitationsträgern und Richter an den Sozialgerichten müssen diesen Paradigmenwechsel nachvollziehen.

Drei Probleme sind dabei nach wie vor vorherrschend:

- die Befürchtung, dass zur Verfügung gestellte Geld zum Einkauf der vorher festgestellten Rehabilitations- und Teilhabeleistungen könnte anders als für die vom Leistungsträger für „richtig" erachteten Hilfen ausgegeben werden;
- der Verlust von Bedeutung auf Seiten der Leistungsträger, die sich bisher vor allem an der Gewährungsmacht und der Kontrollmacht bezüglich der gewährten Hilfen, vor allem der zur Verfügung gestellten Gelder, deutlich machte, ohne gleichzeitig die Ressourcen dafür zu haben, dem gefühlten Bedeutungsverlust eine andere Bedeutung (Bedarfserhebung und -feststellung; Zielerreichungsüberprüfung) entgegenzusetzen;
- dass vorhandene gesetzliche Verpflichtungen für Beratung und Unterstützung nicht oder nur unzureichend bei der Höhe des Persönlichen Budgets berücksichtigt werden.

Das Problem eines anderweitigen Verfahrens der Leistungsgewährung ist zwischenzeitlich ausgeräumt. Teilhabeleistungen werden nach demselben Verfahren gewährt, egal ob später in Form eines Persönlichen Budgets oder anders.

Die vorgenannten Probleme führen dann in der Konsequenz dazu, dass der notwendige **Spielraum** bei der Ausführung der gewährten Hilfen über die Regelungen in der Zielvereinbarung und dem sich anschließenden Leistungsbescheid **stark eingegrenzt** oder auf „Null" reduziert wird und es sich für den Klienten unter diesen Umständen nicht lohnt, diese Leistungsform zu wählen.

Dass das Persönliche Budget bisher nicht seine volle Wirksamkeit entfalten konnte, liegt aber auch an den Menschen, die die Leistungsberechtigten bei der Antragstellung unterstützen müssen. So weisen rechtliche Betreuer darauf hin, dass sie die **Beantragung eines Persönlichen Budgets** deshalb nicht unterstützen, weil der daraus resultierende Arbeitsaufwand innerhalb der pauschalen Vergütung der Betreuerarbeit nicht abgedeckt ist. Rechtliche Betreuer arbeiten derzeit ohnehin schon 25 % ihrer Arbeitszeit ohne Vergütung.[82] Daran hat sich bis heute nichts geändert.

Leider gehen die meisten Rehabilitationsträger davon aus, der gesetzlich vorgesehene Anspruch auf Beratung und Unterstützung beim Persönlichen Budget entfiele in den Fällen, in denen ein Betreuer eingesetzt worden ist. In dieser Hinsicht sei darauf hingewiesen, dass es seit Einführung des neuen SGB IX (BTHG) den **Anspruch auf Beratung und Unterstützung** im Vorfeld der Gewährung von Teilhabeleistung bei der EUTB gibt (§ 32 Abs. 1 Satz 1 SGB IX) und daneben der Rechtsanspruch auf Finanzierung der erforderlichen Beratung und Unterstützung beim Persönlichen Budget besteht (§ 29 Abs. 2 Satz 6 SGB IX).

Praxistipp

Folge eines Paradigmenwechsels ist immer ein anderes Verhalten oder ein anderes Denken. Der Rehabilitationsträger muss in diesen Fällen davon ausgehen, der Budgetnehmer ist Experte in eigener Sache und das Expertenwissen des Rehabilitationsträger hat dieser zurückzustellen. Zum anderen muss er die Bereitschaft zeigen, genau auf dieses beim Budgetnehmer angesiedelte Expertenwissen bezüglich der Ausführung der Teilhabeleistungen zu vertrauen.

Zielvereinbarungen, die den Budgetnehmer unzulässig in seiner Gestaltungsfreiheit behindern, sind tunlichst zu vermeiden!

1. Regelungen und Verfahren beim Persönlichen Budget

Wie bei den Sachleistungen auch gilt für die Antrags- und Bewilligungsphase das, was im SGB IX zu Zuständigkeit und Verfahren geregelt ist (§§ 14 ff. SGB IX, §§ 31 bis 51, 53 SGB X).

▶ *Siehe hierzu auch die Ausführungen im Kapitel F Teilhabeleistungen.*

Regelungsbedürftige Unterschiede beim Antrags- und Bewilligungsverfahren, die bisher in der Budgetverordnung geregelt waren, entfallen. Die Planungsverfahren bei der Sachleistung haben sich dem schon bisher beim Persönlichen Budget geltenden Verfahren angeglichen. Einige Unterschiede wird es aber auch in Zukunft geben. In der Mehrzahl der Fälle werden **Teilhabeplankonferenzen** (§ 20 SGB IX) bzw. **Gesamtplankonferenzen** (§ 119 SGB IX, § 143 SGB XII) stattfinden müssen. Und zum Ende des Antrags- und Bewilligungsverfahren steht beim Persönlichen Budget immer eine **Zielvereinbarung** (§ 29 Abs. 4 Satz1 SGB IX).

Im Unterschied zur Sachleistung gibt es aber kein Verfahren, das die Umsetzungsphase (offiziell die Phase der Ausführung der Sozialleistung) betrifft. Das ergibt sich aus der Besonderheit dieser Leistungsform, die ja im Sinne der Förderung der Selbstbestimmung darauf setzt,

82 Vgl. „Qualität in der rechtlichen Betreuung", Endbericht | 28. November 2017 Institut für Sozialforschung und Gesellschaftspolitik im Auftrag des BMJV

dass die Ausführung der Leistung vorrangig in der **Entscheidungs- und Gestaltungshoheit des Budgetnehmers** liegen soll (§ 29 Abs. 1 Satz 1 SGB IX).

Während die Umsetzungsregeln bei der Sachleistung in den Leistungs- und Vergütungsvereinbarungen zwischen Leistungsträger und Leistungserbringer „versteckt" sind (§§ 123 bis 134 SGB IX), müssen beim Persönlichen Budget die Umsetzungsregeln zwischen Leistungsträger und Budgetnehmer verhandelt werden und in einer (Ziel)-Vereinbarung festgehalten oder – wenn keine Einigung herbeigeführt werden kann – einseitig per Bescheid vom Leistungsträger bestimmt werden. Sie ergeben sich

- direkt aus den Gesetzen (SGB I, SGB X, SGB IX oder andere leistungs- und verfahrensrechtliche Vorschriften) oder
- aus der Regelung in der Zielvereinbarung oder
- aus dem Leistungsbescheid, der ergänzend zur Zielvereinbarung vom leistenden Leistungsträger erlassen wird.

Öffentlich-rechtliche Leistungen können per Verwaltungsakt (Leistungsbescheid, § 31 ff. SGB X) oder auch mittels öffentlich-rechtlichen Vertrags (§ 53 ff. SGB X) gewährt werden. Soweit sich die Zielvereinbarung darauf beschränkt, die im Gesetz vorgesehenen Mindestregelungen abzubilden, wird in der Regel neben der Zielvereinbarung ein **Leistungsbescheid** erforderlich sein. Ist der Inhalt der Zielvereinbarung weitergehend bzw. umfassend, dann ist ein Leistungsbescheid entbehrlich und die Leistung kann auf der Grundlage der Zielvereinbarung als vertragliche Verpflichtung des Leistungsträgers gegenüber dem Leistungsberechtigten ausgezahlt werden.

Wird die Leistung ausschließlich auf der Grundlage der Zielvereinbarung erbracht, kann bei **Änderung der Verhältnisse** die Zielvereinbarung gekündigt werden oder es kann eine Anpassung verlangt werden. Streitigkeiten um den Inhalt der Zielvereinbarung würden in diesem Fall direkt vor dem Sozialgericht auszufechten sein.

Wird die Leistung auf der Grundlage eines Leistungsbescheides erbracht, dann kann innerhalb der gesetzlichen Frist Widerspruch eingelegt werden. Außerhalb der Frist kann die Aufhebung des Bescheides beantragt werden.

Wurde die Zielvereinbarung als Teil des Leistungsbescheides deklariert, kann grundsätzlich auch die Zielvereinbarung als Bestandteil des Leistungsbescheides per Widerspruch und weitergehend mit Klage angefochten werden.

2. Bedarfserhebung, Bedarfsplanung und Bedarfsfeststellung

Für die Bedarfserhebung beim Persönlichen Budget müssen die gleichen Instrumente genutzt werden, wie sie auch bei der Sachleistung Anwendung finden (sollen), §§ 13 SGB IX.

Sozialleistungen werden nach der Beantragung in der Regel nur insoweit gewährt, wie es dafür auch einen Bedarf gibt. Bedarfserhebung, Bedarfsplanung und Bedarfsfeststellung unterscheiden sich seit Integration des Bundesteilhabegesetzes in das SGB IX nicht mehr von dem Verfahren, das für die Gewährung von Sachleistungen vorgeschrieben ist.

3. Zielvereinbarung

Die Zielvereinbarung beim Persönlichen Budget muss mindestens zu folgenden Punkten Regelungen enthalten:

1. die Ausrichtung der individuellen Förder- und Leistungsziele,
2. die Erforderlichkeit eines Nachweises zur Deckung des festgestellten individuellen Bedarfs,
3. die Qualitätssicherung sowie
4. die Höhe der Teil- und des Gesamtbudgets (§ 29 Abs. 4 Satz 2 SGB IX).

Während die individuellen Förder- und Leistungsziele als Ergebnis der Bedarfserhebung bereits im Teilhabeplan bzw. im Gesamtplan festgehalten sind, kann es bei der Zielvereinbarung im Rahmen des Persönlichen Budgets nur darum gehen, die Ziele der Teilhabeplanung mit dem Budgetnehmer zu vereinbaren und damit auch für ihn verbindlich zu machen. Das umfasst natürlich auch die gesetzliche Anforderung nach einer „Ausrichtung" der individuellen Förder- und Leistungsziele.

4. Qualitätssicherung

Wie bei allen Teilhabeleistungen Qualitätssicherung gesetzlich festgeschrieben ist (in den Leistungs- und Vergütungsvereinbarungen zwischen Leistungsträger und Leistungserbringer), soll auch beim Persönlichen Budget eine Aussage dazu im Rahmen der Erstellung der Zielvereinbarung getroffen werden. Grundsätzlich wird dabei davon ausgegangen, dass der Mensch mit Behinderung als Experte in eigener Sache am besten weiß, welche Qualität für ihn gut ist (oder auch nicht). Konsequent zu Ende gedacht würde dies bedeuten, dass Qualitätssicherungsmaßnahmen entbehrlich sind. Das ist aber nicht der Fall. Selbstverständlich gelten die Qualitätsanforderungen aus dem Gesetz auch für die Teilhabeleistungen, die als Persönliches Budget ausgeführt werden. Die Rehabilitationsträger haben aber ein eigenes Interesse daran, Qualitätsanforderungen zu definieren und zu kontrollieren.

Im Rahmen der Ausführung von Leistungen zur Teilhabe im Rahmen eines Persönlichen Budgets wird sich das Maß der Qualitätssicherung irgendwo zwischen der **Selbstkontrolle** durch den Budgetnehmer und der **Fremdkontrolle** durch den Leistungsträger bewegen. Eine Grenze dürfte dort erreicht sein, wo der Budgetnehmer durch die Festlegung von Qualitätsanforderungen in der selbstbestimmten Ausführung der Teilhabeleistungen unzulässig eingeschränkt wird.

5. Budgethöhe

Wie viel Geld für die Realisierung von Teilhabeleistungen zur Verfügung steht ist für die Umsetzung von großer Bedeutung. *„Ohne Moos nichts los"* gilt auch hier. Es ist u.a. aber auch ein Faktor, der die Qualität der eingekauften Leistung beeinflusst.

Da jedes Budget anders ist, gibt es **keine allgemeinen Vorschriften oder Vereinbarungen** über die Höhe eines Budgets. Hinzu kommt, dass zu dem Zeitpunkt des Abschlusses der Zielvereinbarung zur Berechnung der Budgethöhe eine gemeinsame Vorstellung darüber entwickelt worden ist, wie der festgestellte Bedarf möglicherweise gedeckt werden könnte. Weil der Budgetnehmer aber in der Ausführung der Teilhabeleistungen frei ist, können die von ihm tatsächlich eingeleiteten Maßnahmen zur Umsetzung durchaus von den „Berechnungsbeispielen“ abweichen. Das ändert allerdings nichts daran, dass das Budget natürlich **zweckgebunden**, das heißt zur Erreichung der vereinbarten Ziele, eingesetzt werden muss.

Im Gesetz geregelt ist lediglich der **Entscheidungsrahmen** für die Budgethöhe: Ausgangspunkt ist der Teilhabeplan bzw. der Gesamtplan.

Die Höhe des Budgets **muss**

- den in diesem Teilhabeplan festgestellte Bedarf **und**
- einen eventuell erforderlichen Beratungs- und Unterstützungsbedarf decken.

Das Budget **soll**

- nicht höher sein als die Kosten aller bisher individuell festgestellten Leistungen (§ 29 Abs. 2 Satz 6, 7 SGB IX).

Praxistipp

▶ *Zu beachten ist hierbei, dass die Höhe der Leistungen im Persönlichen Budget gedeckelt sind (nicht höher als eine vergleichbare „Sachleistung“). Allerdings sei aber darauf verwiesen, dass die Bedarfsdeckung eine Grenze nach unten definiert.*

Bei der Höhe des Budgets werden ausschließlich **erforderliche Beratungs- und Unterstützungsleistungen** berücksichtigt. Die Rehabilitationsträger haben bisher kein geeignetes Mittel und auch keine verabredeten Kriterien dafür entwickelt, unter welchen Bedingung eine Beratung und Unterstützung erforderlich ist. Man kann aber davon ausgehen, dass für die **Beurteilung der Erforderlichkeit** die gleichen Kriterien zugrunde gelegt werden könnten, wie sie auch für die Einrichtung einer Betreuung mit dem passenden Aufgabenbereich gelten. Diese inhaltliche **Nähe zur Betreuung** ist letztlich auch der Grund, warum hier große Abgrenzungsschwierigkeiten in der Praxis entstehen.

6. Rechtliche Betreuung und Persönliches Budget

In der Praxis gehen viele Leistungsträger davon aus, dass für den Fall der erforderlichen Beratung und Unterstützung dieser Bedarf durch einen rechtlichen Betreuer gedeckt werden muss. Unter pragmatischen Gesichtspunkten betrachtet könnte man sich zunächst die Frage stellen, wieviel Arbeit durch das Persönliche Budget denn tatsächlich verursacht wird.

Reduziert sich die zusätzliche Arbeit für den Betreuer darauf, einen Antrag zu stellen, das bewilligte Geld entgegenzunehmen und eine oder zwei monatlich eingehende Rechnungen zu bezahlen, erübrigt sich möglicherweise die Frage. Wie bei so vielen Situationen im Betreuungsalltag *„macht man das mal eben mit“*.

Besteht der Beratungs- und Unterstützungsbedarf aber darüber hinaus auch aus der Steuerung und Kontrolle der eingesetzten Hilfen und Helfer, ergibt sich ein größerer Absprache- und Koordinationsaufwand, der nicht *„mal eben nebenbei“* erledigt werden kann. Das gilt insbesondere dann, wenn unterschiedliche Helfer koordiniert werden müssen, damit keine Leistungslücken, also Zeiten, in denen kein Helfer zur Verfügung steht, entstehen.

Praxistipp

In diesen Situationen muss der rechtliche Betreuer seine Aufgabe darin sehen, den mit dem Persönlichen Budget verbundenen Rechtsanspruch auf Beratung und Unterstützung gegenüber dem oder den Rehabilitationsträgern durchzusetzen.

Ob diese Leistung vom Betreuer gegenüber den Leistungsträgern auch für Personen abgerechnet werden kann, bei denen der Betreuer auch für diese Menschen zum Betreuer bestellt worden ist, wird unterschiedlich beantwortet. Entscheidend für die Antwort ist die Beurteilung darüber, was der Beruf des Betreuers ist. Derzeit kann davon ausgegangen werden, dass der Betreuer der vom Gesetz her vorgesehene **Spezialist für Beratung, Unterstützung und Vertretung** ist. Diese Aufgaben gehören demnach zu seinem Beruf.

Klienten, für die ein Betreuer bestellt worden ist, sollen Leistungen, für die üblicherweise eine Vergütung gezahlt wird, nicht dadurch „umsonst" bekommen, weil der Betreuer diesen Beruf hat (das gilt z.B. für Rechtsanwälte, Steuerberater etc.). Die Leistung ist auch **nicht durch die Betreuervergütung abgedeckt**, weil diese Leistung durch den Betreuer in seiner Eigenschaft als Betreuer nicht erforderlich i.S.v. § 1821 Abs. 1 BGB ist.

Hinweis

Ansprüche auf Sozialleistungen – und die Beratung und Unterstützung im Rahmen eines Persönlichen Budgets ist eine Sozialleistung – dürfen nicht dadurch eingeschränkt werden, dass ein Betreuer bestellt worden ist.

Sollte diese Leistung in Personengleichheit erbracht werden, dann handelt es sich auch so lange nicht um ein „In-Sich-Geschäft", wie der Klient sich vertraglich binden kann. Ist ein Einwilligungsvorbehalt bei der Vermögenssorge beschlossen oder liegt eine Geschäftsunfähigkeit vor, müsste zum Vertragsabschluss über diese Leistung ein **Ersatzbetreuer** bestellt werden. Sollte keine Personengleichheit vorliegen, ist es problemlos möglich.

Allerdings muss der Betreuer sich seiner Aufgaben bewusst sein und nicht einfach dem Verlangen des Leistungsträgers folgen.

J Rechtsbehelfe und Rechtsmittel

Rechtsbehelf ist der Oberbegriff für alle Möglichkeiten des Bürgers, sich gegen belastende oder als falsch angesehene behördliche Entscheidungen zu wehren. Rechtsbehelfe umfassen auch **Widerspruch, Einspruch und Erinnerung**, die ja im gleichen Rechtszug bearbeitet und entschieden werden. Mit dem Einlegen eines Rechtsmittels (**Berufung, Revision, Beschwerde**) erreicht man, dass sich die jeweils höhere gerichtliche Instanz mit dem Sachverhalt beschäftigt.

Entscheidungen der Leistungsträger im Sozialrecht können mit einem Widerspruch (§§ 62, 63 SGB X, §§ 79, 80 VwVG) angefochten werden. Klagen sind bis auf wenige Ausnahmen, in denen das Verwaltungsgericht zuständig ist, vor den Sozialgerichten zu führen. Für Entscheidung nach dem SGB VIII, dem BAFöG und dem Wohngeld ist der Verwaltungsgerichtszug maßgeblich.

Das **Widerspruchsverfahren** wird auch „Vorverfahren" genannt, weil es im Vorfeld einer gerichtlichen Entscheidung und zur Vermeidung unnötiger gerichtlicher Entscheidungen stattfindet. Die Leistungsträger sind verpflichtet, die Leistungsbescheide mit einer **Rechtsbehelfsbelehrung** zu versehen (§§ 36 SGB X und 37 VwVG). Welcher Rechtsweg beschritten werden kann, ergibt sich aus der Rechtsbehelfsbelehrung. Näheres regelt dann das Sozialgerichtsgesetz (SGG) oder die Verwaltungsgerichtsordnung (VwGO), die aber weitestgehend inhaltsgleich ist. Für alle Entscheidungen zu Leistungen aus den Sozialgesetzbüchern ist auf jeden Fall der **Rechtszug der Sozialgerichte** zuständig (§ 51 Abs. 1 SGG).

Das Widerspruchsverfahren und der **einstweilige Rechtsschutz** („einstweilige Anordnung", „ER-Verfahren") sind in einem gesetzlichen Zusammenhang geregelt (§§ 77 bis 86b SGG). Das ergibt insoweit auch einen Sinn, als – auch wenn man dazu ein Gericht anrufen muss – es in den Fällen zur Anwendung kommt, wenn ein Sachverhalt kurzfristig vorläufig geregelt werden soll, weil auf eine Entscheidung im Widerspruchsverfahren nicht gewartet werden kann (§ 86b Abs. 2 Satz 1 und 2 SGG).

Gegen einen **Widerspruchbescheid** kann Klage eingelegt werden (§§ 87 bis 122 SGG). Das Rechtsmittel gegen eine abgewiesene Klage ist die Berufung (§§ 143 bis 159 SGG). Gegen eine Berufung kann Revision beantragt werden (§§ 160 bis 171 SGG).

I. Der Widerspruch

Der Widerspruch ist innerhalb einer **Frist** von einem Monat einzulegen (§ 36 SGB X i.V.m. § 84 Abs. 1 SGG). Der Widerspruch ist bei dem Leistungsträger einzulegen, der den Bescheid erlassen hat. Wird der Widerspruch irrtümlich bei einem anderen Leistungsträger eingelegt, so muss dieser den Widerspruch an den zuständigen Leistungsträger weiterleiten. Die Frist bleibt auch in diesen Fällen gewahrt (§ 84 Abs. 2 SGG).

Der Widerspruch wird zunächst von dem Leistungsträger, der den Bescheid erlassen hat, geprüft.

- Kommt der Leistungsträger zu der Überzeugung, dass der Widerspruch **zu Recht** eingelegt worden ist, muss der Leistungsträger dem Widerspruch auch abhelfen (§ 85 Abs. 1 SGG). In diesen Fällen wird der vorherige Leistungsbescheid aufgehoben und stattdessen ein neuer Leistungsbescheid erlassen.
- Kommt der Leistungsträger zu dem Ergebnis, alles richtig entschieden zu haben, wird der Widerspruch an die für die Entscheidung zuständige Stelle (z.B. die nächsthöhere Behörde) weitergeleitet (§ 85 Abs. 2 SGG).
- Kommt der Leistungsträger zu dem Ergebnis, dass der Widerspruch nur **teilweise berechtigt** ist, so erlässt er einen Teil-Abhilfebescheid und reicht den Widerspruch an die für die Entscheidung zuständige Stelle weiter. In diesen Fällen ist auch der Teil-Abhilfebescheid Teil des Widerspruchverfahrens (§ 86 SGG).

II. Klagen

Klagen sind Rechtsbehelfe, die beim Gericht eingelegt werden. Bei Klagen vor dem Sozialgericht gilt, dass grundsätzlich **vorher ein Widerspruchsverfahren** (Vorverfahren) durchzuführen (§ 78 Abs. 1 Satz 1 SGG) ist. Im Widerspruchsbescheid hat der Leistungsträger eine Rechtsbehelfsbelehrung verfasst und eine Klagefrist von einem Monat festgesetzt. Innerhalb dieser Frist ist die Klage beim zuständigen Sozialgericht einzulegen. Die Frist bleibt auch dann gewahrt, wenn eine unzuständige Behörde angerufen wird (§ 91 SGG).

1. Anfechtungs- und Verpflichtungsklage

In der Regel handelt es sich um eine Anfechtungsklage, kombiniert mit einer Verpflichtungsklage: Man fechtet eine Entscheidung an und will den Leistungsträger zu einer anderen Entscheidung verpflichten.

Weil im Gesetz **kein Anwaltszwang** vorgesehen ist, kann eine Klage auch durch den Leistungsberechtigten selbst durchgeführt werden. Das empfiehlt sich im Falle einer Klageerhebung zur Fristwahrung. Die Klage kann schriftlich oder auch mündlich in der Geschäftsstelle des Gerichts eingelegt werden (§ 90 SGG).

2. Untätigkeitsklage

Ist ein Antrag auf eine Leistung gestellt worden und der Leistungsträger hat auch nach sechs Monaten noch keine Entscheidung getroffen und kann dafür auch keine nachvollziehbaren Gründe nennen, kann er mit Hilfe einer Untätigkeitsklage zu einer Entscheidung gezwungen werden (§ 88 Abs. 1 Satz 1 SGG).

Im Falle einer noch nicht getroffenen Entscheidung im Widerspruchsverfahren verkürzt sich die **Frist** auf drei Monate (§ 88 Abs. 2 SGG).

3. Vorläufiger Rechtsschutz

Um einen vorläufigen Rechtsschutz zu erreichen, müssen **zwei Bedingungen** erfüllt sein:

1. Es muss einen Anordnungsgrund geben.
2. Es muss eilbedürftig sein.

Ein Anordnungsgrund liegt dann vor, wenn für die Bewilligung der beantragten Leistung die Voraussetzungen dem Grunde nach vorliegen. Eine Eilbedürftigkeit ist dann gegeben, wenn eine spätere Zuerkennung der beantragten Leistung die Verwirklichung eines Rechts des Leistungsberechtigten vereiteln oder wesentlich erschweren würde bzw. eine vorläufige Regelung zur Abwendung wesentlicher Nachteile des Leistungsberechtigten nötig erscheint (§ 86b Abs. 2 Satz 1 und 2 SGG).

Anhang

I. Muster einer Zielvereinbarung beim Persönlichen Budget

Muster: Zielvereinbarung beim Persönlichen Budget

Zielvereinbarung – Persönliches Budget

zwischen

der Stadt ... *(Name der Stadt)*, vertreten durch ... *(z.B. den Oberbürgermeister)*,

als zuständigem Leistungsträger für das Persönliche Budget, gemäß § 29 Neuntes Buch Sozialgesetzbuch (SGB IX)

und

Frau/Herrn

... *(Vorname, Nachname)*, **geb. am** ... *(Datum)*

... *(Straße, Hausnummer)*

... *(Postleitzahl, Stadt)*

wird im Rahmen des Persönlichen Budgets folgende Zielvereinbarung geschlossen:

Frau/Herr ... *(Name)* sind die Bedingungen und die Leistungen der beteiligten Leistungsträger im Rahmen des Persönlichen Budgets bekannt. Frau/Herr ... *(Name)* verpflichtet sich, entsprechend zu verfahren und am Persönlichen Budget aktiv teilzunehmen und mitzuwirken.

1. **Rechtsgrundlage**

   Bei der Zielvereinbarung handelt es sich um eine Vereinbarung zur Ausführung von Leistungen zur Teilhabe behinderter Menschen im Rahmen des Persönlichen Budgets nach § 29 Abs. 4 SGB IX.

2. **Ziele des Persönlichen Budgets**

   Das Persönliche Budget soll Frau/Herr ... *(Name)* ein möglichst selbstbestimmtes Leben und die Teilhabe am Leben der Gesellschaft in eigener Verantwortung ermöglichen.

   Im Einvernehmen werden hierzu folgende Ziele vereinbart:

   - Das Globalziel ist der Erhalt der eigenständigen Lebensführung.
   - Aktive Gestaltung der Freizeit außerhalb der eigenen Wohnung.
   - Sicherstellung zufriedenstellender Kontakte zur Familie und zu Freunden.
   - Sicherstellung des eigenständigen Wohnens in der eigenen Wohnung.
   - Stabilisierung der psychischen und körperlichen Gesundheit.

3. **Bedarf und Leistungen**

3.1 Das Persönliche Budget deckt folgenden Bedarf ab:

- Ambulante Einzelfallhilfe 4 Std./Woche als Eingliederungshilfe im Sinne eines betreuten Wohnens,
- Grundpflege durch eine selbstbeschaffte Pflegekraft abzüglich des durch die Pflegekasse gedeckten Bedarfs (24 Std. Pflege),
- Miete und Verpflegung für 24 Std. Pflegekraft,
- Hauswirtschaftliche Hilfe 8 Std./Woche,
- Behörden/Schreibassistenz 4 Std./Woche,
- Reise- und Übernachtungskosten für außerhäusliche Besuche der Familie und Freunde,
- Mobilitätshilfen für die Teilnahme an außerhäuslichen Veranstaltungen,
- Beratung und Unterstützung gem. § 29 Abs. 2 SGB IX.

Das gewährte Persönliche Budget umfasst:

1. Leistungen der Hilfe zur Pflege nach § 61 ff. SGB XII,
2. Leistungen zur Teilhabe behinderter Menschen am Leben in der Gemeinschaft gemäß § 113 i.V.m. §§ 76 bis 78 SGB.

3.2 Das Persönliche Budget wird als Geldleistung in Form einer

monatlichen Pauschale in Höhe von insgesamt 6.723,33 € (7.208,67 € ./. 2/3 Pflegegeld der Pflegekasse)

von der Stadt ... *(Name der Stadt)* als leistender Leistungsträger erbracht.

Diese Leistung wird von der Stadt ... *(Name der Stadt)* jeweils zum Ende eines Monats für den darauf folgenden Monat im Voraus gezahlt.

Der dem Persönlichen Budget zugrunde liegende Stundensatz beinhaltet für Frau/Herr ... *(Name)* evtl. anfallenden Arbeitgeberkosten (z.B. Lohnnebenkosten, Lohnersatzleistungen, Beiträge an die Knappschaft Bahn-See/Minijobzentrale, Kostenerhöhungen aufgrund evtl. Ausfallzeiten eigener Assistenten).

3.3 Unterschreiten die tatsächlichen Kosten unter Berücksichtigung vorhandener Verbindlichkeiten den Betrag des Persönlichen Budgets, wird dieser Betrag einer Schwankungsreserve zugeführt, aus der Kostenüberschreitungen zu bestreiten sind. Der Gesamtbetrag der Schwankungsreserve beträgt insgesamt max. zwei Monatspauschalen. Frau/Herr ... *(Name)* verpflichtet sich, die Stadt ... *(Name der Stadt)* umgehend zu informieren, sofern der Maximalbetrag der Schwankungsreserve überschritten wird. Der Überschreitungsbetrag aus der Schwankungsreserve wird mit der Folgezahlung verrechnet.

4. **Pflichten und Qualitätssicherung**

4.1 Frau/Herr ... *(Name)* kann die Mittel des Persönlichen Budgets innerhalb der vereinbarten Ziele nach eigenem Ermessen einsetzen. Die Mittel des Persönlichen Budgets sind zweckgebunden, d.h. für die vereinbarten Ziele zu verwenden und zielorientiert einzusetzen. Vor diesem Hintergrund verpflichtet sich Frau/Herr ... *(Name)* die zweckentsprechende und zielorientierte Verwendung der Mittel sechs Wochen vor Ablauf des Bewilligungszeitraums nachzuweisen und vor dem Hintergrund der Qualitätssicherung im Rahmen eines persönlichen Gespräches die Wirksamkeit der Hilfen darzulegen.

4.2 Veränderungen in den persönlichen und wirtschaftlichen Verhältnissen sind unaufgefordert und umgehend mitzuteilen.

5. **Beratung**

Frau/Herr ... *(Name)* entscheidet in eigener Verantwortung, wie, wo und von wem sie sich beraten und unterstützen lässt. Entstehen für die Beratung und Unterstützung oder durch eine sog. „Budgetassistenz" Kosten, so hat Frau/Herr ... *(Name)* diese aus den Mitteln des Persönlichen Budgets zu bestreiten.

6. **Geltungsdauer und Kündigungsfristen**

6.1 Die Vereinbarung wird für die Zeit vom ... *(Datum TT.MM.JJJJ)* bis zum ... *(Datum TT.MM.JJJJ)* geschlossen.

6.2 Die Beteiligten können entsprechend § 29 Abs. 4 SGB IX die Zielvereinbarung aus wichtigem Grund mit sofortiger Wirkung schriftlich kündigen, wenn ihnen die Fortsetzung nicht zumutbar ist.

Ein solcher Grund kann unter anderem insbesondere in der persönlichen Lebenssituation liegen.

6.3 Aus wichtigem Grund kann die Stadt ... *(Name der Stadt)* mit sofortiger Wirkung schriftlich kündigen, wenn die Leistung nicht zweckbestimmt verwendet wird, insbesondere die Vereinbarung hinsichtlich des Nachweises zur Zielerreichung und Qualitätssicherung nicht eingehalten wird und/oder die Leistungsvoraussetzungen entfallen sind.

7. **Schlussbestimmung**

7.1 Die Stadt ... *(Name der Stadt)* verpflichtet sich, nach dem Abschluss der Zielvereinbarung zügig einen Verwaltungsakt über die Leistungen zu erlassen.

7.2 Änderungen und Ergänzungen der Zielvereinbarung bedürfen zu ihrer Wirksamkeit der Schriftform.

7.3 Sollte eine Bestimmung dieser Zielvereinbarung unwirksam sein, so bleibt die Zielvereinbarung im Übrigen wirksam und die Vertragsparteien verpflichten sich, eine neue Regelung zu treffen, die dem Zweck der unwirksamen Regelung in zulässiger Weise am nächsten kommt.

... *(Name der Stadt)*, den ... *(Datum TT.MM.JJJJ)*

Stadt ... *(Name der Stadt)*

... *(z.B. Der Oberbürgermeister)*

Im Auftrag

(...)

Leistender Rehabilitationsträger

(...)

Budgetnehmer/in

II. Gesetze, Verordnungen, Richtlinien

Übersicht: Relevante Gesetze und Verordnungen

Sozialgesetzbücher

- Sozialgesetzbuch (SGB) Erstes Buch (I) - Allgemeiner Teil - (SGB I)

  Artikel I G. v. 11.12.1975 BGBl. I S. 3015; zuletzt geändert durch Artikel 62 Abs. 3 G. v. 04.02.2026 BGBl. 2026 I Nr. 33
- Sozialgesetzbuch (SGB) Zweites Buch (II) - Bürgergeld, Grundsicherung für Arbeitsuchende - (SGB II)

  neugefasst durch B. v. 13.05.2011 BGBl. I S. 850, 2094; zuletzt geändert durch Artikel 1a G. v. 16.04.2026 BGBl. 2026 I Nr. 107
- Sozialgesetzbuch (SGB) Drittes Buch (III) - Arbeitsförderung - (SGB III)

  Artikel 1 G. v. 24.03.1997 BGBl. I S. 594, 595; zuletzt geändert durch Artikel 2 G. v. 16.04.2026 BGBl. 2026 I Nr. 107
- Viertes Buch Sozialgesetzbuch (SGB IV) - Gemeinsame Vorschriften für die Sozialversicherung - (SGB IV)

  neugefasst durch B. v. 12.11.2009 BGBl. I S. 3710, 3973, 2011 I 363; zuletzt geändert durch Artikel 8 G. v. 27.04.2026 BGBl. 2026 I Nr. 119
- Sozialgesetzbuch (SGB) Fünftes Buch (V) - Gesetzliche Krankenversicherung - (SGB V)

  Artikel 1 G. v. 20.12.1988 BGBl. I S. 2477, 2482; zuletzt geändert durch Artikel 4 G. v. 23.04.2026 BGBl. 2026 I Nr. 112
- Sozialgesetzbuch (SGB) Sechstes Buch (VI) - Gesetzliche Rentenversicherung - (SGB VI)

  neugefasst durch B. v. 19.02.2002 BGBl. I S. 754, 1404, 3384; zuletzt geändert durch Artikel 9 G. v. 27.04.2026 BGBl. 2026 I Nr. 119

- Siebtes Buch Sozialgesetzbuch (SGB VII) - Gesetzliche Unfallversicherung - (SGB VII)

  Artikel 1 G. v. 07.08.1996 BGBl. I S. 1254; zuletzt geändert durch Artikel 6 G. v. 16.04.2026 BGBl. 2026 I Nr. 107

- Neuntes Buch Sozialgesetzbuch (SGB IX)

  Artikel 1 G. v. 23.12.2016 BGBl. I S. 3234; zuletzt geändert durch Artikel 13 G. v. 16.01.2026 BGBl. 2026 I Nr. 14

- Sozialgesetzbuch (SGB) Elftes Buch (XI) - Soziale Pflegeversicherung - (SGB XI)

  Artikel 1 G.v. 26.05.1994 BGBl. I S. 1014, 1015; zuletzt geändert durch Artikel 8 G. v. 16.04.2026 BGBl. 2026 I Nr. 107

- Sozialgesetzbuch (SGB) Zwölftes Buch (XII) - Sozialhilfe - (SGB XII)

  Artikel 1 G. v. 27.12.2003 BGBl. I S. 3022, 3023; zuletzt geändert durch Artikel 9 G. v. 16.04.2026 BGBl. 2026 I Nr. 107

Bürgerliches Gesetzbuch (BGB)

neugefasst durch B. v. 02.01.2002 BGBl. I S. 42, 2909; 2003, 738; zuletzt geändert durch Artikel 1 G. v. 29.03.2026 BGBl. 2026 I Nr. 83

UN-Behindertenrechtskonvention

Regelbedarfs-Ermittlungsgesetz

Artikel 1 G. v. 09.12.2020 BGBl. I S. 2855 (Nr. 61); zuletzt geändert durch Artikel 11 G. v. 16.04.2026 BGBl. 2026 I Nr. 107

Wohngeldgesetz (WoGG)

Artikel 1 G. v. 24.09.2008 BGBl. I S. 1856 (Nr. 42); zuletzt geändert durch Artikel 11 G. v. 16.04.2026 BGBl. 2026 I Nr. 107

Bundeskindergeldgesetz (BKGG)

neugefasst durch B. v. 28.01.2009 BGBl. I S. 142, 3177; zuletzt geändert durch Artikel 10 G. v. 16.04.2026 BGBl. 2026 I Nr. 107

Bundeselterngeld- und Elternzeitgesetz (BEEG)

neugefasst durch B. v. 27.01.2015 BGBl. I S. 33; zuletzt geändert durch Artikel 19 Abs. 2 G. v. 22.12.2025 BGBl. 2025 I Nr. 370

Kraftfahrzeughilfe-Verordnung (KfzHV)

V. v. 28.09.1987 BGBl. I S. 2251; zuletzt geändert durch Artikel 51 G. v. 20.08.2021 BGBl. I S. 3932

Versicherungsaufsichtsgesetz (VAG)

Artikel 1 G. v. 01.04.2015 BGBl. I S. 434; zuletzt geändert durch Artikel 25 G. v. 25.03.2026 BGBl. 2026 I Nr. 81

Bundesversorgungsgesetz (BVG)

neugefasst durch B. v. 22.01.1982 BGBl. I S. 21; zuletzt geändert durch Artikel 12 G. v. 22.12.2023 BGBl. 2023 I Nr. 408; aufgehoben durch Artikel 58 Nr. 2 G. v. 12.12.2019 BGBl. I S. 2652

Opferentschädigungsgesetz (OEG)

neugefasst durch B. v. 07.01.1985 BGBl. I S. 1; zuletzt geändert durch Artikel 9 G. v. 06.06.2023 BGBl. 2023 I Nr. 146; aufgehoben durch Artikel 58 Nr. 15 G. v. 12.12.2019 BGBl. I S. 2652

III. Katalog der Sozialleistungen im Überblick

1. Leistungen zur Rehabilitation und Teilhabe behinderter Menschen (§ 29 SGB I)

Leistung/Leistungsträger	Bundesagentur für Arbeit	Sozialhilfeträger	Jugendhilfeträger	Gesetzliche Krankenkasse	Gesetzliche Pflegekasse	DRV, Knappschaft	Berufsgenossenschaften	Gesetzliche Unfallversicherung für Kinder, Schüler, Studierende[1]	Jobcenter	Alterssicherung der Landwirte	Träger der Kriegsopferversorgung und die Träger der Kriegsopferfürsorge[2]	Träger der Eingliederungshilfe	Familienkasse	Pflegekasse	Wohngeldstellen der Länder	Ämter und die Landesämter für Ausbildungsförderung
Leistungen zur medizinischen Rehabilitation (§ 5 Nr. 1 SGB IX)				x		x	x	x		x	x	x				
§ 42 Leistungen zur medizinischen Rehabilitation																
§ 43 Krankenbehandlung und Rehabilitation																
§ 44 Stufenweise Wiedereingliederung																
§ 45 Förderung der Selbsthilfe																
§ 46 Früherkennung und Frühförderung																
§ 47 Hilfsmittel																
Leistungen der Teilhabe am Arbeitsleben (§ 5 Nr. 2 SGB IX)	x					x		x			x	x				
§ 49 Leistungen zur Teilhabe am Arbeitsleben	x					x		x			x	x				
§ 50 Leistungen an Arbeitgeber																
§ 51 Einrichtungen der beruflichen Rehabilitation																
§ 52 Rechtsstellung der Teilnehmenden																
§ 53 Dauer von Leistungen																
§ 54 Beteiligung der Bundesagentur für Arbeit																
§ 55 Unterstützte Beschäftigung																
§ 56 Leistungen in Werkstätten für behinderte Menschen																
§ 57 Leistungen im Eingangsverfahren und im Berufsbildungsbereich																
§ 58 Leistungen im Arbeitsbereich																
§ 59 Arbeitsförderungsgeld																
§ 60 Andere Leistungsanbieter																
§ 61 Budget für Arbeit																

[1] Versicherte nach § 2 Abs. 1 Nr. 8 SGB VII
[2] im Rahmen des Rechts der sozialen Entschädigung bei Gesundheitsschäden

Übersicht 1: Leistungen zur Rehabilitation und Teilhabe behinderter Menschen (§ 29 SGB I)

Leistung/Leistungsträger	Bundesagentur für Arbeit	Sozialhilfeträger	Jugendhilfeträger	Gesetzliche Krankenkasse	Gesetzliche Pflegekasse	DRV, Knappschaft	Berufsgenossenschaften	Gesetzliche Unfallversicherung für Kinder, Schüler, Studierende[3]	Jobcenter	Alterssicherung der Landwirte	Träger der Kriegsopferversorgung und die Träger der Kriegsopferfürsorge[4]	Träger der Eingliederungshilfe	Familienkasse	Pflegekasse	Wohngeldstellen der Länder	Ämter und die Landesämter für Ausbildungsförderung
Unterhaltssichernde und andere ergänzende Leistungen (§ 5 Nr. 3 SGB IX)	X			X		X	X	X		X	X					
§ 64 Ergänzende Leistungen	X			X		X	X	X		X	X					
• Krankengeld,	X			X		X	X	X		X	X					
• Versorgungskrankengeld,	X			X		X	X	X		X	X					
• Verletztengeld,	X			X		X	X	X		X	X					
• Übergangsgeld,	X			X		X	X	X		X	X					
• Ausbildungsgeld oder Unterhaltsbeihilfe,	X			X		X	X	X		X	X					
• Beiträge und Beitragszuschüsse,	X			X		X	X	X		X	X					
• ärztlich verordneten Rehabilitationssport in Gruppen unter ärztlicher Betreuung und Überwachung,	X			X		X	X	X		X	X					
• ärztlich verordnetes Funktionstraining in Gruppen unter fachkundiger Anleitung und Überwachung,	X			X		X	X	X		X	X					
• Reisekosten,	X			X		X	X	X		X	X					
• Betriebs- oder Haushaltshilfe und Kinderbetreuungskosten	X			X		X	X	X		X	X					
Leistungen der Teilhabe an Bildung (§ 5 Nr. 4 SGB IX)								X			X	X				
§ 75 Leistungen zur Teilhabe an Bildung								X			X	X				
• Hilfen zur Schulbildung, insbesondere im Rahmen der Schulpflicht einschließlich der Vorbereitung hierzu,								X			X	X				
• Hilfen zur schulischen Berufsausbildung,								X			X	X				
• Hilfen zur Hochschulbildung								X			X	X				
• Hilfen zur schulischen und hochschulischen beruflichen Weiterbildung.								X			X	X				
Leistungen der sozialen Teilhabe (§ 5 Nr. 5 SGB IX)							X	X			X	X				
§ 76 SGB IX Leistungen zur Sozialen Teilhabe							X	X			X	X				
§ 77 Leistungen für Wohnraum							X	X			X	X				
§ 78 Assistenzleistungen							X	X			X	X				
§ 79 Heilpädagogische Leistungen							X	X			X	X				
§ 80 Leistungen zur Betreuung in einer Pflegefamilie							X	X			X	X				
§ 81 Leistungen zum Erwerb und Erhalt praktischer Kenntnisse und Fähigkeiten							X	X			X	X				
§ 82 Leistungen zur Förderung der Verständigung							X	X			X	X				
§ 83 Leistungen zur Mobilität							X	X			X	X				
§ 84 Hilfsmittel							X	X			X	X				

[3] Versicherte nach § 2 Abs. 1 Nr. 8 SGB VII
[4] im Rahmen des Rechts der sozialen Entschädigung bei Gesundheitsschäden

Übersicht 2: Leistungen zur Rehabilitation und Teilhabe behinderter Menschen (§ 29 SGB I)

2. Leistungen der Eingliederungshilfe (§ 28a SGB I)

Leistung/Leistungsträger	Bundesagentur für Arbeit	Sozialhilfeträger	Jugendhilfeträger	Gesetzliche Krankenkasse	Gesetzliche Pflegekasse	DRV, Knappschaft	Berufsgenossenschaften	Gesetzliche Unfallversicherung für Kinder, Schüler, Studierende[1]	Jobcenter	Alterssicherung der Landwirte	Träger der Kriegsopferversorgung und die Träger der Kriegsopferfürsorge[2]	Träger der Eingliederungshilfe	Familienkasse	Pflegekasse	Wohngeldstellen der Länder	Ämter und die Landesämter für Ausbildungsförderung
Eingliederungshilfe nach SGB IX (§§ 90–150 SGB IX), § 102 SGB IX Leistungen der Eingliederungshilfe												X				
Leistungen zur medizinischen Rehabilitation												X				
• Die Leistungen zur medizinischen Rehabilitation sind insbesondere die in § 42 Absatz 2 und 3 und § 64 Absatz 1 Nummer 3 bis 6 SGB IX genannten Leistungen												X				
Leistungen zur Teilhabe am Arbeitsleben (§ 111 SGB IX Leistungen zur Beschäftigung)												X				
• Leistungen im Arbeitsbereich der WfbM und bei anderen Leistungsanbietern entsprechend §§ 60 und 62 SGB IX												X				
• Leistungen bei privaten und öffentlichen Arbeitgebern entsprechend § 61 SGB IX												X				
• Hilfsmittel												X				
Leistungen zur Teilhabe an Bildung (§ 112 SGB IX)												X				
• Hilfen zu einer Schulbildung, insbesondere im Rahmen der allgemeinen Schulpflicht und zum Besuch weiterführender Schulen einschließlich der Vorbereitung hierzu												X				
• Hilfen zur schulischen oder hochschulischen Ausbildung oder Weiterbildung für einen Beruf												X				
Leistungen zur Sozialen Teilhabe (§ 113 SGB IX)												X				
• Leistungen für Wohnraum												X				
• Assistenzleistungen												X				
• Heilpädagogische Leistungen												X				
• Leistungen zur Betreuung in einer Pflegefamilie												X				
• Leistungen zum Erwerb und Erhalt praktischer Kenntnisse												X				
• Leistungen zur Förderung der Verständigung												X				
• Leistungen zur Mobilität												X				
• Hilfsmittel												X				
• Besuchsbeihilfen												X				

[1] Versicherte nach § 2 Abs. 1 Nr. 8 SGB VII
[2] im Rahmen des Rechts der sozialen Entschädigung bei Gesundheitsschäden

Übersicht: Leistungen der Eingliederungshilfe (§ 28a SGB I)

3. Leistungen der sozialen Pflegeversicherung (§ 21a SGB I)

Leistung/Leistungsträger	Bundesagentur für Arbeit	Sozialhilfeträger	Jugendhilfeträger	Gesetzliche Krankenkasse	Gesetzliche Pflegekasse	DRV, Knappschaft	Berufsgenossenschaften	Gesetzliche Unfallversicherung für Kinder, Schüler, Studierende[1]	Jobcenter	Alterssicherung der Landwirte	Träger der Kriegsopferversorgung und die Träger der Kriegsopferfürsorge[2]	Träger der Eingliederungshilfe	Familienkasse	Pflegekasse	Wohngeldstellen der Länder	Ämter und die Landesämter für Ausbildungsförderung
Leistungen der Pflegeversicherung nach SGB XI (§ 28 SGB XI)														X		
1. Pflegesachleistung (§ 36),														X		
2. Pflegegeld für selbst beschaffte Pflegehilfen (§ 37),														X		
3. Kombination von Geldleistung und Sachleistung (§ 38),														X		
4. häusliche Pflege bei Verhinderung der Pflegeperson (§ 39),														X		
5. Pflegehilfsmittel und wohnumfeldverbessernde Maßnahmen (§ 40),														X		
6. Tagespflege und Nachtpflege (§ 41),														X		
7. Kurzzeitpflege (§ 42),														X		
8. vollstationäre Pflege (§ 43),														X		
9. Pflege in vollstationären Einrichtungen der Hilfe für behinderte Menschen (§ 43a),														X		
9a. Zusätzliche Betreuung und Aktivierung in stationären Pflegeeinrichtungen (§ 43b),														X		
10. Leistungen zur sozialen Sicherung der Pflegepersonen (§ 44),														X		
11. zusätzliche Leistungen bei Pflegezeit und kurzzeitiger Arbeitsverhinderung (§ 44a),														X		
12. Pflegekurse für Angehörige und ehrenamtliche Pflegepersonen (§ 45),														X		
12a. Umwandlung des ambulanten Sachleistungsbetrags (§ 45a),														X		
13. Entlastungsbetrag (§ 45b),														X		
14. Leistungen des Persönlichen Budgets nach § 29 des Neunten Buches,														X		
15. zusätzliche Leistungen für Pflegebedürftige in ambulant betreuten Wohngruppen (§ 38a).														X		

[1] Versicherte nach § 2 Abs. 1 Nr. 8 SGB VII
[2] im Rahmen des Rechts der sozialen Entschädigung bei Gesundheitsschäden

Übersicht: Leistungen der sozialen Pflegeversicherung (§ 21a SGB I)

4. Leistungen der Sozialhilfe (§ 28 SGB I)

Leistung/Leistungsträger	Bundesagentur für Arbeit	Sozialhilfeträger	Jugendhilfeträger	Gesetzliche Krankenkasse	Gesetzliche Pflegekasse	DRV, Knappschaft	Berufsgenossenschaften	Gesetzliche Unfallversicherung für Kinder, Schüler, Studierende	Jobcenter	Alterssicherung der Landwirte	Träger der Kriegsopferversorgung und die Träger der Kriegsopferfürsorge[2]	Träger der Eingliederungshilfe	Familienkasse	Pflegekasse	Wohngeldstellen der Länder	Ämter und die Landesämter für Ausbildungsförderung
Hilfe zur Pflege nach SGB XII (§§ 61 bis 66a SGB XII)		X														
§ 64a Pflegegeld		X														
§ 64b Häusliche Pflegehilfe		X														
§ 64c Verhinderungspflege		X														
§ 64d Pflegehilfsmittel		X														
§ 64e Maßnahmen zur Verbesserung des Wohnumfeldes		X														
§ 64f Andere Leistungen		X														
§ 64g Teilstationäre Pflege		X														
§ 64h Kurzzeitpflege		X														
§ 64i Entlastungsbetrag bei den Pflegegraden 2, 3, 4 oder 5		X														
§ 65 Stationäre Pflege		X														
§ 66 Entlastungsbetrag bei Pflegegrad 1		X														
Hilfe zum Lebensunterhalt nach SGB XII (§§ 27 bis 40 SGB XII)		X														
GruSi nach SGB XII (§§ 41 bis 46b SGB XII)		X														
Hilfen zur Gesundheit		X														
§ 47 Vorbeugende Gesundheitshilfe		X														
§ 48 Hilfe bei Krankheit		X														
§ 49 Hilfe zur Familienplanung		X														
§ 50 Hilfe bei Schwangerschaft und Mutterschaft		X														
§ 51 Hilfe bei Sterilisation		X														
§ 52 Leistungserbringung, Vergütung		X														
Hilfe zur Überwindung besonderer sozialer Schwierigkeiten (§§ 67 bis 69 SGB XII) insbesondere		X														
• Beratung und persönliche Betreuung für die Leistungsberechtigten und ihre Angehörigen,		X														
• Hilfen zur Ausbildung,		X														
• Hilfen zur Erlangung und Sicherung eines Arbeitsplatzes,		X														
• Maßnahmen bei der Erhaltung und Beschaffung einer Wohnung,		X														
Hilfe in anderen Lebenslagen (§§ 70 bis 74 SGB XII)		X														
§ 70 Hilfe zur Weiterführung des Haushalts		X														
§ 71 Altenhilfe		X														
§ 72 Blindenhilfe		X														
§ 73 Hilfe in sonstigen Lebenslagen		X														
§ 74 Bestattungskosten		X														

[1] Versicherte nach § 2 Abs. 1 Nr. 8 SGB VII
[2] Im Rahmen des Rechts der sozialen Entschädigung bei Gesundheitsschäden

Übersicht: Leistungen der Sozialhilfe (§ 28 SGB I)

5. Leistungen der gesetzlichen Unfallversicherung (§ 22 SGB VII)

Leistung/Leistungsträger	Bundesagentur für Arbeit	Sozialhilfeträger	Jugendhilfeträger	Gesetzliche Krankenkasse	Gesetzliche Pflegekasse	DRV, Knappschaft	Berufsgenossenschaften	Gesetzliche Unfallversicherung für Kinder, Schüler, Studierende[1]	Jobcenter	Alterssicherung der Landwirte	Träger der Kriegsopferversorgung und die Träger der Kriegsopferfürsorge[2]	Träger der Eingliederungshilfe	Familienkasse	Pflegekasse	Wohngeldstellen der Länder	Ämter und die Landesämter für Ausbildungsförderung
1. Maßnahmen zur Verhütung von Arbeitsunfällen, Berufskrankheiten und arbeitsbedingten Gesundheitsgefahren und zur Ersten Hilfe sowie Maßnahmen zur Früherkennung von Berufskrankheiten und arbeitsbedingten Gesundheitsgefahren,							X									
2. Heilbehandlung, Leistungen zur Teilhabe am Arbeitsleben und andere Leistungen zur Erhaltung, Besserung und Wiederherstellung der Erwerbsfähigkeit sowie zur Erleichterung der Verletzungsfolgen einschließlich wirtschaftlicher Hilfen,							X									
3. Renten wegen Minderung der Erwerbsfähigkeit,							X									
4 Renten an Hinterbliebene, Sterbegeld und Beihilfen,							X									
5. Rentenabfindungen,							X									
6. Haushaltshilfe,							X									
7. Betriebshilfe für Landwirte.							X									

[1] Versicherte nach § 2 Abs. 1 Nr. 8 SGB VII
[2] im Rahmen des Rechts der sozialen Entschädigung bei Gesundheitsschäden

Übersicht: Leistungen der gesetzlichen Unfallversicherung (§ 22 SGB VII)

6. Leistungen der Grundsicherung für Arbeitsuchende (§ 19a SGB I)

Leistung/Leistungsträger	Bundesagentur für Arbeit	Sozialhilfeträger	Jugendhilfeträger	Gesetzliche Krankenkasse	Gesetzliche Pflegekasse	DRV, Knappschaft	Berufsgenossenschaften	Gesetzliche Unfallversicherung für Kinder, Schüler, Studierende[1]	Jobcenter	Alterssicherung der Landwirte	Träger der Kriegsopferversorgung und die Träger der Kriegsopferfürsorge[2]	Träger der Eingliederungshilfe	Familienkasse	Pflegekasse	Wohngeldstellen der Länder	Ämter und die Landesämter für Ausbildungsförderung
1. Leistungen zur Sicherung des Lebensunterhalts									X							
GruSi (ALG II und Sozialgeld) nach SGB II (§§ 20–23 SGB II)									X							
2. Leistungen zur Eingliederung in Arbeit									X							
§ 16 SGB II Leistungen zur Eingliederung									X							
§ 16a SGB II Kommunale Eingliederungsleistungen									X							
§ 16b SGB II Einstiegsgeld									X							
§ 16c SGB II Leistungen zur Eingliederung von Selbständigen									X							
§ 16d SGB II Arbeitsgelegenheiten									X							
§ 16e SGB II Förderung von Arbeitsverhältnissen									X							
§ 16f SGB II Freie Förderung									X							
§ 16g SGB II Förderung bei Wegfall der Hilfebedürftigkeit									X							
§ 16h SGB II Förderung schwer zu erreichender junger Menschen									X							

[1] Versicherte nach § 2 Abs. 1 Nr. 8 SGB VII
[2] im Rahmen des Rechts der sozialen Entschädigung bei Gesundheitsschäden

Übersicht: Leistungen der Grundsicherung für Arbeitsuchende (§ 19a SGB I)

7. Leistungen der Arbeitsförderung (§ 19 SGB I)

Leistung/Leistungsträger	Bundesagentur für Arbeit	Sozialhilfeträger	Jugendhilfeträger	Gesetzliche Krankenkasse	Gesetzliche Pflegekasse	DRV, Knappschaft	Berufsgenossenschaften	Gesetzliche Unfallversicherung für Kinder, Schüler, Studierende[1]	Jobcenter	Alterssicherung der Landwirte	Träger der Kriegsopferversorgung und die Träger der Kriegsopferfürsorge[2]	Träger der Eingliederungshilfe	Familienkasse	Pflegekasse	Wohngeldstellen der Länder	Ämter und die Landesämter für Ausbildungsförderung
1. Berufsberatung und Arbeitsmarktberatung,	X															
2. Ausbildungsvermittlung und Arbeitsvermittlung,	X															
3. Leistungen a) zur Aktivierung und beruflichen Eingliederung, b) zur Berufswahl und Berufsausbildung, c) zur beruflichen Weiterbildung, d) zur Aufnahme einer Erwerbstätigkeit, e) zum Verbleib in Beschäftigung, f) der Teilhabe behinderter Menschen am Arbeitsleben	X															
4. Arbeitslosengeld	X															
Arbeitslosengeld I nach SGB III (§§ 136 bis 162 SGB III)	X															
Teilarbeitslosengeld	X															
Arbeitslosengeld bei Weiterbildung und Insolvenzgeld	X															
Ausbildungsgeld	X															
Übergangsgeld nach SGB III (§§ 119 bis 126 SGB III)	X															

[1] Versicherte nach § 2 Abs. 1 Nr. 8 SGB VII
[2] im Rahmen des Rechts der sozialen Entschädigung bei Gesundheitsschäden

Übersicht: Leistungen der Arbeitsförderung (§ 19 SGB I)

8. Leistungen der gesetzlichen Krankenversicherung (§ 21 SGB I)

Leistung/Leistungsträger	Bundesagentur für Arbeit	Sozialhilfeträger	Jugendhilfeträger	Gesetzliche Krankenkasse	Gesetzliche Pflegekasse	DRV, Knappschaft	Berufsgenossenschaften	Gesetzliche Unfallversicherung für Kinder, Schüler, Studierende[1]	Jobcenter	Alterssicherung der Landwirte	Träger der Kriegsopferversorgung und die Träger der Kriegsopferfürsorge[2]	Träger der Eingliederungshilfe	Familienkasse	Pflegekasse	Wohngeldstellen der Länder	Ämter und die Landesämter für Ausbildungsförderung
Leistungen bei Krankheit nach dem SGB V				X												
1. Leistungen zur Förderung der Gesundheit, zur Verhütung und zur Früherkennung von Krankheiten,				X												
2. bei Krankheit Krankenbehandlung, insbesondere				X												
a) ärztliche und zahnärztliche Behandlung, b) Versorgung mit Arznei-, Verband-, Heil- und Hilfsmitteln, c) häusliche Krankenpflege, Soziotherapie und Haushaltshilfe, d) Krankenhausbehandlung, e) medizinische und ergänzende Leistungen zur Rehabilitation, f) Betriebshilfe für Landwirte, g) Krankengeld				X												
3. bei Schwangerschaft und Mutterschaft ärztliche Betreuung, Hebammenhilfe, stationäre Entbindung, häusliche Pflege, Haushaltshilfe, Betriebshilfe für Landwirte, Mutterschaftsgeld,				X												
4. Hilfe zur Familienplanung und Leistungen bei durch Krankheit erforderlicher Sterilisation und bei nicht rechtswidrigem Schwangerschaftsabbruch.				X												
§ 39a SGB V Stationäre und ambulante Hospizleistungen				X												
§ 39c SGB V Kurzzeitpflege bei fehlender Pflegebedürftigkeit				X												
§ 41 SGB V Medizinische Rehabilitation für Mütter und Väter				X												
§ 42 SGB V Belastungserprobung und Arbeitstherapie				X												
§ 43a SGB V Nichtärztliche sozialpädiatrische Leistungen				X												
§ 43b SGB V Nichtärztliche Leistungen für Erwachsene mit geistiger Behinderung oder schweren Mehrfachbehinderungen				X												
Persönliches Budgets nach § 29 des Neunten Buches				X												
Leistungen zur medizinischen Rehabilitation				X												
unterhaltssichernde und andere ergänzende Leistungen				X												
Begleitperson bei stationärer Behandlung				X												
Versorgungsmanagement insbesondere zur Lösung von Problemen beim Übergang in die verschiedenen Versorgungsbereiche				X												

[1] Versicherte nach § 2 Abs. 1 Nr. 8 SGB VII
[2] im Rahmen des Rechts der sozialen Entschädigung bei Gesundheitsschäden

Übersicht: Leistungen der gesetzlichen Krankenversicherung (§ 21 SGB I)

9. Leistungen der Kinder- und Jugendhilfe (§ 27 SGB I)

Leistung/Leistungsträger	Bundesagentur für Arbeit	Sozialhilfeträger	Jugendhilfeträger	Gesetzliche Krankenkasse	Gesetzliche Pflegekasse	DRV, Knappschaft	Berufsgenossenschaften	Gesetzliche Unfallversicherung für Kinder, Schüler, Studierende[1]	Jobcenter	Alterssicherung der Landwirte	Träger der Kriegsopferversorgung und die Träger der Kriegsopferfürsorge[2]	Träger der Eingliederungshilfe	Familienkasse	Pflegekasse	Wohngeldstellen der Länder	Ämter und die Landesämter für Ausbildungsförderung
1. Angebote der Jugendarbeit, der Jugendsozialarbeit und des erzieherischen Jugendschutzes			X													
2. Angebote zur Förderung der Erziehung in der Familie			X													
3. Angebote zur Förderung von Kindern in Tageseinrichtungen und in Tagespflege			X													
4. Hilfe zur Erziehung, Eingliederungshilfe für seelisch behinderte Kinder und Jugendliche sowie Hilfe für junge Volljährige			X													

[1] Versicherte nach § 2 Abs. 1 Nr. 8 SGB VII
[2] im Rahmen des Rechts der sozialen Entschädigung bei Gesundheitsschäden

Übersicht: Leistungen der Kinder- und Jugendhilfe (§ 27 SGB I)

10. Leistungen der Ausbildungsförderung (§ 18 SGB I)

Leistung/Leistungsträger	Bundesagentur für Arbeit	Sozialhilfeträger	Jugendhilfeträger	Gesetzliche Krankenkasse	Gesetzliche Pflegekasse	DRV, Knappschaft	Berufsgenossenschaften	Gesetzliche Unfallversicherung für Kinder, Schüler, Studierende[1]	Jobcenter	Alterssicherung der Landwirte	Träger der Kriegsopferversorgung und die Träger der Kriegsopferfürsorge[2]	Träger der Eingliederungshilfe	Familienkasse	Pflegekasse	Wohngeldstellen der Länder	Ämter und die Landesämter für Ausbildungsförderung
BAFöG																X
Zuschüsse und Darlehen für den Lebensunterhalt und die Ausbildung																X

[1] Versicherte nach § 2 Abs. 1 Nr. 8 SGB VII
[2] im Rahmen des Rechts der sozialen Entschädigung bei Gesundheitsschäden

Übersicht: Leistungen der Ausbildungsförderung (§ 18 SGB I)

11. Wohngeld (§ 26 SGB I)

Leistung/Leistungsträger	Bundesagentur für Arbeit	Sozialhilfeträger	Jugendhilfeträger	Gesetzliche Krankenkasse	Gesetzliche Pflegekasse	DRV, Knappschaft	Berufsgenossenschaften	Gesetzliche Unfallversicherung für Kinder, Schüler, Studierende[1]	Jobcenter	Alterssicherung der Landwirte	Träger der Kriegsopferversorgung und die Träger der Kriegsopferfürsorge[2]	Träger der Eingliederungshilfe	Familienkasse	Pflegekasse	Wohngeldstellen der Länder	Ämter und die Landesämter für Ausbildungsförderung
Zuschuss zur Miete															X	
Zuschuss zu den Aufwendungen für den eigengenutzten Wohnraum															X	

[1] Versicherte nach § 2 Abs. 1 Nr. 8 SGB VII
[2] im Rahmen des Rechts der sozialen Entschädigung bei Gesundheitsschäden

Übersicht: Wohngeld (§ 26 SGB I)

12. Kindergeld, Kinderzuschlag, Leistungen für Bildung und Teilhabe, Elterngeld und Betreuungsgeld (§ 25 SGB I)

Leistung/Leistungsträger	Bundesagentur für Arbeit	Sozialhilfeträger	Jugendhilfeträger	Gesetzliche Krankenkasse	Gesetzliche Pflegekasse	DRV, Knappschaft	Berufsgenossenschaften	Gesetzliche Unfallversicherung für Kinder, Schüler, Studierende[1]	Jobcenter	Alterssicherung der Landwirte	Träger der Kriegsopferversorgung und die Träger der Kriegsopferfürsorge[2]	Träger der Eingliederungshilfe	Familienkasse	Pflegekasse	Wohngeldstellen der Länder	Ämter und die Landesämter für Ausbildungsförderung
Kindergeld													X			
Elterngeld und Elternzeit													X			
Betreuungsgeld													X			
Unterhaltsvorschuss													X			

[1] Versicherte nach § 2 Abs. 1 Nr. 8 SGB VII
[2] im Rahmen des Rechts der sozialen Entschädigung bei Gesundheitsschäden

Übersicht: Kindergeld, Kinderzuschlag, Leistungen für Bildung und Teilhabe, Elterngeld und Betreuungsgeld (§ 25 SGB I)

13. Leistungen der gesetzlichen Rentenversicherung einschließlich der Alterssicherung der Landwirte (§ 23 SGB I)

Leistung/Leistungsträger	Bundesagentur für Arbeit	Sozialhilfeträger	Jugendhilfeträger	Gesetzliche Krankenkasse	Gesetzliche Pflegekasse	DRV, Knappschaft	Berufsgenossenschaften	Gesetzliche Unfallversicherung für Kinder, Schüler, Studierende[1]	Jobcenter	Alterssicherung der Landwirte	Träger der Kriegsopferversorgung und die Träger der Kriegsopferfürsorge[2]	Träger der Eingliederungshilfe	Familienkasse	Pflegekasse	Wohngeldstellen der Länder	Ämter und die Landesämter für Ausbildungsförderung
1. in der gesetzlichen Rentenversicherung:						X										
a) Leistungen zur Prävention, Leistungen zur medizinischen Rehabilitation, Leistungen zur Teilhabe am Arbeitsleben, Leistungen zur Nachsorge sowie sonstige Leistungen zur Teilhabe einschließlich wirtschaftlicher Hilfen						X										
b) Renten wegen Alters, Renten wegen verminderter Erwerbsfähigkeit und Knappschaftsausgleichsleistung						X										
c) Renten wegen Todes						X										
d) Witwen- und Witwerrentenabfindungen sowie Beitragserstattungen						X										
e) Zuschüsse zu den Aufwendungen für die Krankenversicherung						X										
f) Leistungen für Kindererziehung						X										
2. in der Alterssicherung der Landwirte:						X										
a) Leistungen zur Prävention, Leistungen zur medizinischen Rehabilitation, Leistungen zur Nachsorge sowie ergänzende und sonstige Leistungen zur Teilhabe einschließlich Betriebs- oder Haushaltshilfe						X										
b) Renten wegen Erwerbsminderung und Alters						X										
c) Renten wegen Todes						X										
d) Beitragszuschüsse						X										
e) Betriebs- und Haushaltshilfe oder sonstige Leistungen zur Aufrechterhaltung des Unternehmens der Landwirtschaft.						X										

[1] Versicherte nach § 2 Abs. 1 Nr. 8 SGB VII
[2] im Rahmen des Rechts der sozialen Entschädigung bei Gesundheitsschäden

Übersicht: Leistungen der gesetzlichen Rentenversicherung einschließlich der Alterssicherung der Landwirte (§ 23 SGB I)

14. Versorgungsleistungen bei Gesundheitsschäden (§ 24 SGB I)

Leistung/Leistungsträger	Bundesagentur für Arbeit	Sozialhilfeträger	Jugendhilfeträger	Gesetzliche Krankenkasse	Gesetzliche Pflegekasse	DRV, Knappschaft	Berufsgenossenschaften	Gesetzliche Unfallversicherung für Kinder, Schüler, Studierende[1]	Jobcenter	Alterssicherung der Landwirte	Träger der Kriegsopferversorgung und die Träger der Kriegsopferfürsorge[2]	Träger der Eingliederungshilfe	Familienkasse	Pflegekasse	Wohngeldstellen der Länder	Ämter und die Landesämter für Ausbildungsförderung
1. Heil- und Krankenbehandlung sowie andere Leistungen zur Erhaltung, Besserung und Wiederherstellung der Leistungsfähigkeit einschließlich wirtschaftlicher Hilfen,											X					
2. besondere Hilfen im Einzelfall einschließlich Leistungen zur Teilhabe am Arbeitsleben,											X					
3. Renten wegen anerkannten Schädigungsfolgen,											X					
4. Renten an Hinterbliebene, Bestattungsgeld und Sterbegeld,											X					
5. Kapitalabfindung, insbesondere zur Wohnraumbeschaffung.											X					

[1] Versicherte nach § 2 Abs. 1 Nr. 8 SGB VII
[2] im Rahmen des Rechts der sozialen Entschädigung bei Gesundheitsschäden

Übersicht: Versorgungsleistungen bei Gesundheitsschäden (§ 24 SGB I)

Stichwortverzeichnis

H

J

K

L

M

N

P

R

S